서울대학교 한국학 모노그래프 41

韓國詩話에 보이는 杜詩

이 영 주

서울대학교출판부

Du Fu in Korean Critical Essays on Poetry

Yeong-Ju Lee

Seoul National University Press

머리말

필자가 우리나라 詩話에 수록된 杜詩 관련 평론을 검토해 본 것은 단순한 동기에서였다. 두시를 전공한 터라 우리 先人들이 두시를 어떻게 이해하고 있었는지 알고 싶었기 때문이었다.

두시가 우리나라에 전래된 이후, 비록 시대 풍조에 따라서 차이를 보이기는 하지만 많은 시인들에 의해서 시의 전범으로 받들어져 읽혔다. 이런 사실은 여러 기록에 전해지며, 시화집에서도 관련된 이야기를 쉽게 찾을 수 있다. 조정에서도 널리 보급하고자 하였으니 이는 조선조에서 유독 두시를 완역하여 『두시언해』를 간행하였다는 사실에서 단적으로 알 수 있다. 이처럼 두시가 장려되었고 열심히 읽혔다면 우리 선인들의 두시에 대한 이해는 깊은 수준에 이르렀을 것이며, 그 구체적 양상은 시 평론집이라 할 수 있는 시화에 잘 드러나 있을 것이다. 이러한 기대를 하면서 우리나라 시화를 검토하게 되었던 것이다.

현전하는 우리나라의 시화는 100종이 넘고, 여기에 수록된 두시 관련 평론은 헤아리기가 어려울 정도로 많다. 단 중국 시화와 마찬가지로 대다수의 우리 시화가 체재 및 내용상 잡기류의 성격을 띠는 것이었고, 따라서 단편적인 정보를 전달하는 데에 그치고 말았다. 아쉬운 점이기는 하지만, 시화의 성격을 고려했을 때 충분히 예견되는 결과라고 할 것이다. 사실 체계적이고 논리적인 논평을 기대한 것 자체가 애당초 무리였을 것이다. 그렇기는 하지만 예리한 관찰력이나 정밀한 분석력이 돋보이는 평론도 적지 않았으며, 이를 통해 우리 선인들의 견식이 뛰어남을 확인할 수 있었다. 내용상으로도 다양하여 작가론, 창작방법론, 풍격론 등 시학 이론의 모든 영역을 포괄하고 있어서 우리 선인들의 광박한 학식을 반영하고 있었다.

시화 속의 가치 있는 내용을 심도 있게 분석하고 입체적으로 이론화하였으면 좋았을 터인데, 필자의 우둔함 때문에 단순히 분류 정리한 정도에 그치고 말아서 아쉬운 마음 금할 길 없다. 게다가 시화가 워낙 많아서 일일이 검토하지 못하였으며, 특히 조선 후기에 편찬된 몇몇 시화는 양도 많고 필사된 것이어서 참고할 엄두조차 내지 못했다. 당연히 본고는 일부만 보고 전체를 논단했다는 혐의를 피할 길이 없을 것이다.

앞으로 많고 많은 沙礫 속에서 옥돌을 골라내는 힘과 그것을 조리 있게 꿰어서 모양새 있게 보물로 만드는 재주를 가진 이가 나오기를 기대하며 본고가 그에게 조금이나마 도움이 되었으면 하는 마음 간절하다.

본고는 서울대학교 한국학 장기기초 연구비 지원을 받아 이루어진 것이다. 지원해 준 것에 대해 감사드린다. 책으로 만들어 준 서울대출판부에도 감사의 뜻을 전한다.

2006년 7월 28일
이 영 주

차 례

I. 서 론

杜詩는 中唐 때부터 여러 시인들에게 높은 평가를 받기 시작하였고, 송대 이후에는 대다수의 시인에게서 시의 전범으로 받아들여져서 많은 주석서가 출현하였다. 두시가 널리 알려진 이후에 거의 모든 시인들이 두시를 숙독하였으며, 자신의 창작에 두시를 활용하였다. 그리고 두시의 오묘한 작법에 대하여 많은 평론가들이 다양한 관점에서 논의를 하고 그에 대한 기록을 전하였다.

우리나라도 시대 풍조에 따라서 차이를 보이기는 하지만 두시의 전래 이후 많은 시인들이 두시를 최고의 시로 간주하였다. 국가에서도 두시를 시 창작의 전범으로 받아들여서 널리 보급하고자 하였으니, 이는 조선조에서 유독 두시를 완역하여 『두시언해』를 간행하였다는 사실에서 단적으로 알 수 있다. 이로 인하여 세계 최초의 두시 완역본이 우리나라에 출현하게 된 것이다.

우리나라 시인이 두시를 극도로 존숭하였다는 사실은 여러 기록에 전해지고 있으며, 시화집에서도 쉽게 이런 내용을 찾을 수 있다.

> 國風과 二雅가 없어진 뒤로부터 詩人이 모두 杜子美를 獨步라고 추숭하였

으니, 어찌 오직 말을 한 것이 정밀하고 힘이 있어서 天地의 精華를 다 긁어 내었기 때문일 뿐이겠는가. 비록 한 끼 밥을 먹을 때에도 일찍이 임금을 잊은 적이 없어서 굳센 忠義의 節操가 속에 뿌리를 박아 밖으로 드러나서 구절구절마다 稷과 契의 입으로부터 흘러나오지 않은 것이 없으므로 이것을 읽으면 족히 나약한 사람으로 하여금 뜻을 세우게 할 수 있기 때문이니, 그 소리가 영롱하니 그 바탕이 옥이라는 것이 대개 이런 것이다. 어제 내가 相國 金永夫의 「有感」 詩를 보니, "近來에 이웃 나라 形勢가 위태로울 것이라는 소식을 들었으니 疆土를 開拓하는 일은 바로 이때에 달렸도다. 흰 머리털이 나부끼어 서리와 눈이 떨어진 듯하나 붉은 마음 정성스러움은 鬼神이 알 것이다. 廉頗가 밥을 잘 먹은 것은 뜻이 없지 아니하고 霍去病이 집을 辭讓한 것도 하려는 일이 있어서이다. 默默히 이 懷抱를 하소연할 곳이 없어 매양 술을 만나면 잔뜩 취하도다"라고 하였다. 그의 拳拳하게 나라를 근심하는 精誠이 늙을수록 더욱 장하여 凜然히 泰山, 華山과 높은 것을 다투었으니 진실로 우러러 볼 만하다. (自雅缺風亡, 詩人皆推杜子美爲獨步, 豈唯立語精硬, 刮盡天地菁華而已. 雖在一飯, 未嘗亡君, 毅然忠義之節, 根於中而發於外, 句句無非稷契口中流出, 讀之足以使懦夫有立志. 玲瓏其聲, 其質玉乎, 盖是也. 昨見金相國永夫有感詩云, 近聞隣國勢將危, 拓地開疆在此時. 素髮飄飄霜雪落, 丹心耿耿鬼神知. 廉頗能飯非無意, 去病辭家亦有爲. 默默此懷無處說, 每逢樽酒醉如泥. 其拳拳憂國之誠, 老而益壯, 凜然與泰華爭高, 眞可仰也.)[1]

고려조의 유명한 문인인 李仁老가 편찬하였고 우리나라 시화집의 남상이라고 할 수 있는 『파한집』에 수록된 내용이다. 여기에서 이인로는 두보를 독보로 추숭하는 전인의 평을 싣고서, 두시가 그러한 평을 받게 된 이유를 밝혔다. 아울러 김영부의 시를 평가하면서 두보를 평가 기준으로 삼고 있으니 그가 두시를 시의 전범으로 받아들였음이 분명하다.

조선조의 시화집에서도 두시를 추숭하는 내용은 자주 눈에 띈다.

두보의 시를 옛 사람은 주공이 예악 문물을 제정한 것에 비유하였는데 참으로 적실한 논의라 하겠다. (杜詩, 故人比之周公制作, 誠的論也.)[2]

---

1. 『破閑集』 卷中.

조선조 신흠의 『晴窓軟談』에 수록된 것이다. 두시의 가치를 주공의 예악, 문물의 제정에 비유하였으니, 최상의 극찬이다.[3] 이처럼 두시를 시의 전범으로 자리매김하는 평가는 고려조와 조선조를 막론하고 많은 시화에서 발견된다.

시의 전범으로 받아들여졌으니 두시를 읽고 그것을 통하여 시의 작법을 배우려는 것은 당연한 일이다. 많은 시인들이 두시를 숙독하였으며 이 사실은 여러 기록에서 확인할 수 있다. 심지어는 두시를 수천 번이나 읽은 이도 있었다고 한다.

> 소재 노수신은 『논어』와 두시를 이천 번 읽었고, ……동악 이안눌은 두시를 수천 번 읽었다. (盧蘇齋, 讀論語杜詩二千回, ……李東岳, 讀杜詩數千周.)[4]

詩話에 전해지는 이 이야기는 그 사실 여부를 알 수 없지만 이를 통해 많은 시인들이 두시를 극도로 존숭하였고 두시를 배우려는 열기가 대단했음은 짐작할 수 있다. 수천 번 두시를 읽었다는 것은 오늘날에는 상상하기 힘든 사실이다. 이러한 두시 학습 결과는 두시에 대한 깊은 이해를 하게 하였을 것이고 자연히 창작에 반영되었을 것이다.

중국에서와 마찬가지로 우리나라에서도 시인이 전인의 시를 학습하는 주된 동기는 작시에 활용하는 것이다. 즉 학문 연구의 대상으로 시를 접하기보다는 자신의 창작에 도움을 받기 위하여 전인의 시를 학습

---

2. 『象村先生集』 59권 「晴窓軟談」 中.
3. 申欽은 특히 蘇軾의 시를 중요시하였지만 두시도 아울러 높이 평가하였다.
4. 『終南叢志』.
노수신은 두시를 좋아한 대표적 시인으로 그의 시 중에는 두시를 모방한 작품이 많다. 그리고 그가 두시를 수천 번 읽었다는 사실은 다른 기록에서도 보여서 널리 알려져 있다. 예를 들어 柳夢寅의 『於于野談』 卷上에는 "소재 노수신은 진도에서 19년간 귀양살이를 하였는데 겨울이면 토굴을 짓고 책을 읽었다. 어떤 책도 읽지 않은 것이 없었고, 특히 『논어』와 두시는 2천 번에 이르렀다(盧蘇齋守愼, 謫珍島十九年, 冬則爲窟室而讀書, 於書無所不讀, 而偏論語及杜詩至二千周)"라 하여 좀더 자세한 상황까지 밝히고 있다.

한 것이다. 따라서 두시가 우리의 선인에게 끼친 영향의 결과는 주로 선인들 詩作 자체에 드러나게 된다. 실제로 고려, 조선을 막론하고 많은 시가 두시를 습용하거나 두시의 풍격을 닮았다. 그리고 많은 시인이 두보의 시작 정신에 입각하여 시를 지었다.

선인의 시작에 반영된 두시의 영향에 대해서는 현재 선행 연구가 적지 않아서 그 개황을 조감할 수 있다.[5] 그러나 작품 자체를 두고 두시의 학습 과정이나 방법을 논의하는 것은 쉽지가 않다. 우리 선인들이 구체적으로 어떤 인식을 가지고 두시를 학습하였는지 알기가 어려운 것이다. 따라서 선행 연구도 두시를 습용한 시구나 두시를 찬양하는 내용이 담긴 시를 들어 용례를 살피는 수준을 벗어나지 못하였는데, 이러한 한계는 앞으로도 극복하기가 쉽지 않을 것으로 보인다.

두시를 어떻게 인식하고 평가하였는지를 구체적으로 알기 위하여서는 우리 선인들의 평론을 분석하는 것이 필요한데, 이러한 평론이 집중적으로 수록된 것이 詩話이다. 현전하는 한국의 시화는 100종이 넘고,[6] 여기에 수록된 두시 관련 평론은 이루 다 헤아리기 어려울 정도로 많다.[7] 한국의 시화는 중국 시화의 영향을 받았기 때문에 체제 및 내용상 중국의 시화와 큰 차이가 없어서 雜記類의 성격을 띠는 것이 많다. 즉 체제상으로는 일정한 형식이 없고, 내용상으로는 작가론, 창작방법론, 풍격론 등 본격적인 시학 이론뿐만 아니라 시인의 신변잡사, 시구의 전고 등 자잘한 문제에 대해서도 다양하게 논의하고 있다. 이 점은 두시 관련 평론에서도 마찬가지이다.

시화를 통하여 우리 선인들의 두시 수용 양상을 논의한 선행 연구도 적지 않다. 특히 전영란의 연구는 시화만을 한정하여 우리 선인들의 두

---

5. 李丙疇의 『杜詩의 比較文學的 연구』와 『韓國文學上의 杜詩研究』, 李昌龍의 『韓中詩의 比較文學的 研究』 등이 선구적인 역할을 한 것이다.
6. 全英蘭, 『韓國詩話中有關杜甫及其作品之研究』, 文史哲出版社, 1990, 183쪽.
7. 전영란, 『杜甫, 忍苦의 詩史』, 태학사, 2000, 197쪽 참고. 전영란은 1천 條가 넘는다고 하였는데, 사실 여부를 필자는 아직 확인하지 못하였다.

시 수용 양상을 체계적으로 정리하였는데,[8] 관련 시화를 소개하고 시화 속의 자료를 내용에 따라서 열거하여 두시 수용 양상을 일목요연하게 보여 준 점에서 큰 가치가 있다. 단 내용적 측면에 치우쳤고 형식 방면의 논의가 유관 사항을 분류한 수준을 그다지 벗어나지 못한 점이 아쉽다. 따라서 이 부분에 대한 연구를 좀더 진행할 필요가 있다고 여겨진다.

두보의 詩는 내용이 훌륭할 뿐만 아니라 형식도 중국 고전시가의 최고의 경지를 이루었는데, 특히 章法・句法・字法 등이 치밀하여 후인들에게 詩作의 모범을 제시하였다. 이런 점은 우리 선인에게도 인식되었으리라 예견되는데, 실제로 한국 시화를 검토해 보면 적지 않은 평론이 구법・자법 등 두시의 형식과 연관되어 있다. 따라서 두시가 우리나라에 끼친 영향의 총체적 면모를 밝히기 위해서는 형식 방면에 대한 심도 있는 검토가 이루어져야 할 것이다. 본고는 이러한 연구 필요성에 의하여 한국 시화집 속에 보이는 두시의 수용 양상을 전면적으로 검토하되 장법・구법・자법 및 압운 양상 등 형식과 관련된 평론에 무게를 실어서 두시 수용의 양상을 조망할 것이다.

끝으로 본고에서 인용한 시화는 趙鍾業 編『韓國詩話叢編』에 수록된 것을 따랐음을 밝혀둔다.

8. 전영란의『韓國詩話中有關杜甫及其作品之研究』와『杜甫, 忍苦의 詩史』등을 들 수 있다.

II. 杜詩의 전래와 수용

서언에서 이미 지적하였듯이 우리 선인들의 두시 수용은 일차적으로 창작을 위한 것이었다. 시화에 보이는 두시에 대한 여러 기록은 두시를 창작에 활용하는 과정에서 부산물로 나온 것일 뿐이다. 따라서 이 장에서는 우리 선인들의 시에 두시가 어떻게 활용되었는가 하는 점을 살펴보기로 한다. 그리고 이에 앞서서 두시의 전래 과정에 대해서도 소략하나마 소개하여 다음 장의 본론을 이해하는 데에 참고거리로 제공하고자 한다.

두시가 언제 우리나라에 전래되었는지는 확실하지 않지만, 고려조에 두시가 이미 전래되었음은 여러 문헌 기록을 통하여 알 수 있다. 우선 「翰林別曲」의 제2연을 보면 두보의 시집을 다른 여러 시문집과 병렬하고 있다.

> 唐漢書 · 莊老子 · 韓柳文集 · 李杜集 · 蘭臺集 · 白樂天集 · 毛詩 · 尙書 · 周易 · 春秋 · 周戴禮記……[1]

---

1. 『高麗史』 권71.

따라서 두보 시집이 당시에 이미 전래되었을 가능성이 있다.[2]

그러면 우리나라 최초로 두보 시를 접한 사람은 누구일까? 이 물음에 대한 답은 현재 알 수가 없고, 아마 앞으로도 밝혀지지 않을 것 같다. 단 기록에 입각해 볼 때 스스로 두시를 읽었다고 밝힌 최초의 사람은 이인로일 것이다.[3]

> 내가 일찍이 두자미의 「음중팔선가」를 읽으니, 황홀하게도 내가 천보 연간에 살아서 팔선과 더불어 팔을 끼고 같이 노는 것 같았다. 그때의 화공들이 팔선도를 그리어 자미의 노래와 더불어 서로 안팎이 되어 세상에 전한 것이 아마 적지 않았을 것인데, 어찌하여 쓸쓸하게도 오늘까지 전하여 이르게 한 사람이 하나도 없단 말인가. 이를 통해 옷을 벗고 다리를 뻗고 그림을 그리는 능한 화가의 교묘함이, 시인이 한 번 읊어 부르는 공에 미치지 못하였음을 분명히 알게 된다. (僕嘗讀杜子美飮中八仙歌, 恍然若生於天寶間, 得與八仙交臂而同遊焉, 其時畵工作八仙圖, 以與子美之歌相爲表裏, 用傳於世者, 蓋不少矣, 乃何闃然無一人傳之, 以至於今耶, 是知解衣磐礴之巧, 其不及詞人一嘯之功, 審矣.)[4]

이 글은 「題李佺海東耆老圖後」인데, 이 글 속에서 이인로는 스스로 두시를 읽었다는 사실을 명기하였다. 뿐만 아니라 그의 시화집인 『파한집』에서 그는 두시를 본격적으로 평론하였다.

이인로 이전에 두시를 읽은 독자들이 누구인지, 최초로 읽은 사람이 누구인지 등에 대해서는 지금 단언할 수가 없어서 아쉽지만, 그 당시에 두시는 이미 지식인들에게 널리 알려지고 읽혔으리라 짐작된다. 『파한집』의 다음 기록은 이런 사실을 말해 준다.

> 朴君 公襲은 가난하게 살면서도 술을 좋아하였다. 어떤 客이 찾아왔을 때

2. 이병주, 『韓國文學上의 杜詩硏究』, 亞細亞文化史, 1976, 153쪽 참고.
3. 이창룡, 『韓中詩의 比較文學的 硏究』, 一志社, 1984, 27쪽 참고.
4. 『東文選』 권102.

마실 술이 없어 靈通寺 중에게 술을 부탁하였다. 그가 배가 불룩한 술통에 샘물을 담아서 단단하게 封하여 보내왔다. 朴公이 처음 보고는 기뻐하며 "이 그릇은 두 말 남짓 들어갈 수 있겠다. 옛날에 陳王은 말술 만 兩어치로 平樂殿에서 宴會를 베풀었고 杜子美도 또한 가로되 '모름지기 나에게로 와서 술 한 말 마셔야 할지니 마침 靑銅錢 삼백 냥이 있도다(還須相就飮一斗, 恰有三百靑銅錢)'[5]라고 했는데 이제 우리 두 사람은 돈 일 전도 쓰지 않고 좋은 술을 얻었으니 각각 한 말씩 마신다면 얼근한 興이 옛 사람에 못하지 아니하리로다"라 말하고 열어 보니 물이었다. 眼目이 좋지 않아서 늙은 중의 計策에 빠진 것을 한스럽게 생각하고 시를 지어 보내어 "손이 찾아 왔으나 주머니에 일 전도 없도다. 내 복에 여산의 술이 없어 부질없이 惠山의 샘물을 얻었도다. 범인 줄 알았더니 수풀 속의 돌이요, 뱀인 줄 알았더니 壁에 걸린 활시위로다. 고기 파는 저자에서도 오히려 크게 입을 벌려 씹었거늘 더군다나 술통을 對함에 있어서리오"라 하였더니 중이 시를 보고 다시 좋은 술을 보냄으로써 답을 하였다. (朴君公襲居貧嗜酒, 客至無以飮, 求酒於靈通寺僧. 用皤復山罇, 盛以泉水, 封纏甚牢固, 送之. 朴公初見, 喜曰, 此器可受二斗許. 昔陳王, 斗酒十千, 宴於平樂, 杜子美亦曰, 還須相就飮一斗, 恰有三百靑銅錢. 今吾二人不費一錢, 而得美酒. 各飮一斗, 則酣適之興不減於古人. 開視之, 乃水也. 恨眼目不長, 落老胡計中. 作詩寄之曰, 有客來相過, 囊中欠一錢, 分無廬岳酒, 浪得惠山泉, 似虎林中石, 如蛇壁上弦, 屠門猶大嚼, 何况對樽前.[6] 僧見詩, 更以美酒酬之.)[7]

위의 일화에 나오는 박공습은 이백의 「將進酒」와 두보의 「偪側行贈畢四曜」에 보이는 시구를 들어서 술을 얻은 기쁨을 이야기하고 있다. 이 일화를 통하여 당시에 이백과 두보의 시가 널리 알려졌음을 짐작할 수 있다.[8]

---

5. 「偪側行贈畢四曜」.
6. 이 시는 『東文選』에 「靈通寺僧貯山泉封寄見戱」라는 시제로 수록되어 있다. 단 내용에 약간의 차이가 있다.
   有客來相過, 囊空欠一錢, 本求廬阜酒, 謾得惠山泉, 虎伏林中石, 蛇懸壁上弦, 屠門猶大嚼, 何況對樽前.
7. 『破閑集』 卷下.
8. 「將進酒」의 "陳王昔時宴平樂, 斗酒十千恣歡謔" 2구는 曹植 「名都篇」의 "歸來宴平樂, 美酒斗十千"에 근거한 것이다. 따라서 박공습이 조식의 시를 직접 보았을 가

이인로보다 십여 년 뒤에 출생한 李奎報도 두시와 관련한 언급을 여럿 남겼다. 그는 「唐書杜甫傳史臣贊議」에서 "이백과 두보는 그 시가 곰 고기와 표범 태와 같아서 사람 입에 맞지 않은 것이 없다. 그 명성이 본시 우레와 북두성 같아서 세상에서 그 빛을 우러러보고 그 소리에 놀라지 않은 사람이 없으니 반드시 한창려 시의 한 구절이 있은 뒤[9]에야 더욱 드러나게 된 것은 아니다(李杜則其詩如熊膰豹胎, 無有不適於人口者. 其名固已若雷霆星斗, 世無不仰其光駭其響者, 非必待昌黎詩之一句, 然後益顯者也.)"[10]라고 하여 두보와 이백을 병칭하면서 그 가치를 높이 평가하고 두시가 세상에 많이 알려져 있음을 지적하였다. 그리고 「吳先生德全哀詞幷序」에서는 "시문을 지은 것이 한유와 두보의 체를 얻어서 비록 소먹이 아이나 하인일지라도 이름을 모르는 자가 없었다(爲詩文, 得韓杜體, 雖牛童走卒, 無有不知名者.)"[11]라고 하여 당시 사람들이 두시를 익히려는 풍조가 있었음을 알려준다. 그리고 그 자신이 두시를 익혔음을 여러 글에서 알리고 있는데, 다음 「白酒詩幷序」는 그 한 예이다.

> 전에 두자미가 시에서 "탁주에 묘한 작용이 있다"고 하였는데 무슨 말인가? 내가 전에 늘 술을 마셨을 때에도 습관적으로 마셨을 뿐이지 실제로 묘미를 알지 못했으니 하물며 지금에 있어서랴? 또한 습관적으로 말한 게 아니겠는가? (昔杜子美詩云, 濁醪有妙理, 何也. 予昔常飮時, 慣飮而已, 實未知妙處, 況今乎. 亦豈其以習而言之耶.)[12]

능성도 있지만, '斗酒十千'이라는 표현으로 보아 「장진주」에서 연유한 것일 가능성이 더 커 보인다.

9. 한유는 「調張籍」 시에서 이백과 두보의 시를 찬양하여 "이백과 두보의 문장이 있으니 그 광염을 발하는 것이 만장이나 된다(李杜文章在, 光焰萬丈長)"라고 하였다.
10. 『東國李相國集』 권22.
11. 『東文選』 권116.
12. 『東國李相國集』 후집 권2.

'濁醪有妙理'는 「晦日尋崔戢李封」 시에 나오는 구절이다. 이 시는 두시 중 명편에 속한다고 할 수 없는데도 이규보가 이 시의 구절을 인용하였으니 그가 두시를 숙독했음이 분명하다. 이규보는 술을 좋아한 사람으로 유명하다. 시와 琴과 술 셋을 특히 좋아한다 하여 자칭 '三酷好先生'이라 하였을 정도이다. 두보는 어떠한가? 두시에 자주 술이 등장하고 두보도 시름을 달래는 수단으로 술을 마셨지만, 그가 술에 탐닉했다고 말하기는 어렵다. 그런데도 이규보가 술 이야기를 하면서 두보를 끌어들여 견주고 있으니, 이규보의 마음속에 두보가 하나의 규범적 인물로 자리매김하였음을 알 수 있다.

忠宣王 때의 李齊賢은 성도의 두보 초당을 방문하여 「洞仙歌」를 남겼는데, 가사의 구절구절이 두시에 출처를 두었다.

> 百花潭上, 但荒爛秋草, 猶想君家屋烏好. 記當年, 遠途華髮歸來, 妻子冷, 短褐天吳顚倒. 卜居少塵事, 留得囊錢, 買酒尋花被春惱. 造物亦何心, 枉了賢才, 長羈旅, 浪生虛老. 却不解, 消磨盡詩名, 百代下, 令人暗傷懷抱.[13] (백화담 가에 가을 풀 황량하니, 오히려 그대 집 까마귀도 좋은 듯 생각된다. 그 해를 기억하나니, 먼 길을 흰 머리로 돌아오니 처자는 춥고 옷에 수놓은 천오가 뒤죽박죽이었지. 터를 점쳐 집을 짓고 나니 세상사 적어져서 주머니에 남긴 돈으로 술을 사서 꽃을 찾았더니 봄이 마음 괴롭혔다. 조물주는 무슨 심사인가? 어진 인재를 그르쳐서 길이 나그네 생활하며 헛늙게 하였으니. 도리어 몰랐는가? 시명이 다 마멸하여 백대 뒤에 사람들 마음 상하게 할 것을.)

「동선가」는 詞牌이다. 이 詞는 구절구절이 두시의 구나 내용을 따다 사용하고 있다. 아마도 두시를 숙독하고 두시를 습용하는 것은 이제현 한 사람에 한정되지 않은, 당시 지식인 사회의 보편적 현상이었을 것이다.

이제현 이후 고려 말까지 두시를 학습하는 풍조는 지속되었고 조선조에 들어와서는 더욱 심화되었다. 이에 따라 『纂註分類杜詩』·『虞註

13. 『益齋亂藁』 권10.

杜律』 등이 覆刊되고 두시의 완역본인 『分類杜工部詩』가 印行되었으니, 두시가 조선 시단에 끼친 영향은 지대하였다. 따라서 두시의 수용과 관련된 기록은 이루 다 열거할 수 없다.

두시는 전래된 뒤 당연히 詩歌 창작에 영향을 미치게 되었다. 두시의 흔적이 보이는 최초의 시로 흔히 鄭知常의 「送人」이 언급된다.[14] 이 시는 '海東三疊'이라는 평을 받은 정도로 인구에 회자한 명편인데, 끝구인 '別淚年年添綠波'가 두보 「奉寄高常侍」 시의 '別淚遙添錦水波'와 닮았다는 것이다.[15]

정지상의 시가 두시의 영향을 받았다는 사실은 고려조의 시화집인 『補閑集』에서 이미 지적되었다.

> 대동강은 서도 사람이 송별하는 나루이다. 강과 산의 형세가 빼어난 곳으로 천하의 절경이다. 사인 정지상은 「送人」시에 "大同江水何時盡, 別淚年年添作波(대동강의 물은 언제 다 없어질까, 이별의 눈물 해마다 더해져 물결을 이루는데)"라 했다. 당시 사람들은 이 시구를 警策으로 여겼다. 그러나 두보는 "別淚遙添錦江水(이별의 눈물을 멀리서 금강의 물결에 보탠다)"라고 읊었고, 이백도 "願結九江波, 添成萬行淚(구강의 물결 모아 만 줄기 눈물에 보태었으면)"[16]라 읊었으니 모두 한 거푸집에서 나온 것이다. (大同江是西都人送別之渡. 江山形勝. 天下絶景. 鄭舍人知常送人云, 大同江水何時盡, 別淚年年添作波, 當時以爲警策. 然杜小陵云, 別淚遙添錦江水. 李太白云, 願結九江波, 添成萬行淚, 皆出一模也.)[17]

---

14. 이창룡, 『한중시의 비교문학적 연구』, 일지사, 1984, 127쪽, 이병주, 『한국문학상의 두시 연구』, 二友出版社, 1979, 154쪽 참고.
이창룡은 두시의 영향이 보이는 최초의 작품으로 張延祐의 「寒松亭」을 들었다. 시 속의 '一沙鷗'가 두보 「旅夜書懷」의 '一沙鷗'와 동일하다는 사실에 기인한 것인데 논자 자신도 자신할 수 없었듯이 지나친 견강부회로 보인다(이창룡, 『한중시의 비교문학적 연구』, 125-126쪽 참고).

15. 이병주는 이 외에도 『東人詩話』 卷下에서 곤궁한 시인의 시구로 열거한 盧永綏의 '老妻容寂寞, 稚子淚飄零' 구와 林椿의 '恒飢窮子美'가 각각 두시 「江村」과 「狂夫」의 영향을 받았음을 지적하였는데, 그러할 개연성은 있어 보인다(『한국문학상의 두시 연구』, 154쪽 참고).

16. 「流夜郎永華寺寄尋陽群官」.

정지상의 시구가 두보 시와 이백 시의 표현에서 나왔다는 『보한집』의 지적은 정확하다.[18]

정지상 이후 여러 시인의 시에 두시의 영향이 드러나는데, 우선 두시를 찬양하는 내용을 담은 시에서 예를 찾아보자.

고려 말의 李穡은 「讀杜詩」라는 제명으로 오언고시와 칠언율시를 각각 한 수씩 남기고 있다. 그가 두시를 읽고 난 뒤의 소감이 남달랐음을 알 수 있다.

操心如孟子　마음가짐은 맹자와 같고
紀事如馬遷　일을 적기는 사마천과 같다
文章振厥聲　글로써 명성을 떨쳤고
惻怛全爾天　어진 마음으로 천성을 보전하였다
法服坐廊廟　예복으로 조정에 앉고
禮樂趨群賢　예악으로 뭇 어진 이를 추창하게 했다
門墻高數仞　담장이 높기가 여러 길이니
後來徒比肩　후인이 헛되이 어깨 견준다.
何曾望堂奧　어찌 마루와 방을 바라다 본 적이 있겠는가?
矯首時茫然　머리 들어 쳐다보니 아득하기만 하다.

---

17. 『補閑集』 卷上.
18. 사실 오늘날까지도 「送人」 시는 제3구와 제4구의 기발한 시상으로 인해서 널리 읽히고 있고 또 우리 한시를 대표하는 작품으로 꼽히고 있다. 그러나 이 2구는 이처럼 중국 시의 표현을 흉내 낸 것일 가능성이 크다. 게다가 이 시의 제2구인 '送君南浦'에도 중국 시를 흉내 낸 흔적이 뚜렷하다. 『楚辭 · 九歌 · 河伯』에 '送美人兮南浦'라는 표현이 있은 이후 '남포'는 여러 시에서 송별하는 곳을 뜻하였다. 특히 남조 梁 나라의 江淹은 「別賦」에서 "春草碧色, 春水淥波, 送君南浦, 傷如之何(봄풀은 푸른빛이고 봄물은 맑은 파도이네. 남포에서 그대 보내니 이 아픈 마음 어이하나?)"라 하였는데, '送君南浦'라는 표현은 물론이거니와 풀의 빛과 물의 물결을 모티프로 한 것이 정지상의 시와 너무나 흡사하다. 정지상의 시 학습 과정을 알 수 없어 단언하기 어렵지만, 강엄의 작품을 표절한 것이라는 평가도 있음직하다. 이런 사실들을 고려한다면 이 시에 대한 과도한 찬상은 도리어 우리 한시의 위상에 부정적 결과를 초래할 수도 있다는 우려가 생긴다. 우리 한시를 평가할 때 중국 한시의 영향 관계를 고려해야만 하는 것은 싫든 좋든 우리의 현실 상황인 것이다.

錦里先生豈是貧　금리의 선생이 어찌 가난하랴?
桑麻杜曲又回春　뽕과 삼을 심은 두곡에 또 봄이 왔도다.
鉤簾丸藥身無病　발을 걸고 환약을 만드니 몸에 병이 없고
畫紙敲針意更眞　종이에 바둑판 그리고 바늘을 두드리니 뜻이 더욱 참되다.
偶値亂離增節義　우연히 난리를 만나 절의를 더하였으니
肯因衰老損精神　늙었다 하여 정신을 손상하리오?
古今絶唱誰能繼　고금의 절창 뉘라서 이을까?
賸馥殘膏乞後人　남은 향기와 기름을 후인에게 주었다네.[19]

위의 두 수 모두 구절구절에 두보에 대한 경모의 정이 배어 있다. 오언체에서는 두보를 맹자와 사마천에 비겼고 칠언체에서는 후인에게 영향을 끼친 공을 찬양하였다. 특히 칠언체에는 두시와 관련된 시어뿐만 아니라『新唐書』「杜甫傳」의 글귀마저 차용하고 있어서 그의 두시에 대한 관심과 학습이 상당하였음을 알 수 있다.[20]

조선조의 시인 중에도 두시를 읽고 그 소감을 시로 읊으면서 두시를 찬양한 이가 있다. 아래 예는 權韠의 「讀杜詩偶題」이다.

杜甫文章世所宗　두보의 시는 세상의 祖宗
一回披讀一開胸　한 번 펴볼 때마다 한 번 가슴 트인다.
神飈習習生陰壑　신령스런 바람이 그늘진 골짝에 이는 듯
天樂嘈嘈發古鐘　하늘의 음악이 오래된 종에서 발하는 듯.
雲盡碧空橫快鶻　구름 다한 파란 창공에 빠른 매가 비껴날고

19.『牧隱詩藁』 권8.
20.「南隣」: 錦里先生烏角巾, 園收芋栗不全貧. (금리선생이 오각건을 쓰고 동산에서 토란과 밤을 거두니 완전히 가난한 것은 아니라네.)
「曲江三章章五句」: 杜曲幸有桑麻田. (두곡에는 다행히 뽕과 삼을 심은 밭이 있다네.)
「水閣朝霽奉簡嚴雲安」: 鉤簾宿鷺起, 丸藥流鶯囀. (발을 걷으니 자던 해오라기가 날아오르고 약을 환으로 만들 때 꾀꼬리 소리 들린다.)
「江村」: 老妻畫紙爲棋局, 稚子敲針作釣鉤. (늙은 처는 종이에다 바둑판을 그리고 어린 자식은 바늘을 두드려서 낚시 바늘 만든다.)
『新唐書』「杜甫傳」: 殘膏賸馥沾乞後人, 多矣. (남은 기름과 남은 향기가 후인에게 혜택을 준 것이 많다.)

月明滄海戲群龍　달 밝은 창해에는 뭇 용이 노는 듯.
依然步入仙山路　사모하며 신선의 산길을 걸어 들어
領略千峰更萬峰　천 봉우리 보고 나니 또 만 봉우리가 있네.[21]

두시를 학습하고 영향을 받은 흔적은 흔히 次韻詩의 형태로 나타나는데, 그 예는 이루 열거할 수 없을 정도로 많고 고려조에 이미 그 예가 보인다. 다음에 李穀의 시를 예로 보자.

元日至人日　원일부터 인일까지
兒童數歲時　아이들 나이 헤아리는 때.
一年行又減　한 해가 또 줄어들었으니
百歲豈云遲　백 년인들 어찌 더디랴?
事業南柯夢　사업은 남가의 꿈,
英雄上蔡悲　영웅은 상채의 사냥을 회상하며 슬퍼하였지.
何當問花柳　언제나 꽃과 버들의 길을 물어
信馬雨絲絲　실같이 내리는 빗속에서 말 가는 대로 가게 될까?[22]

위의 시는 시제가 「人日讀杜詩, 仍用其韻(인일에 두시를 읽고 그 운을 따라서 쓰다)」이다. 따라서 이 시의 저작 동기가 두보의 「人日」 시를 읽은 것임을 알 수 있다. 그리고 그 운을 그대로 사용한 차운시임도 알 수 있다. 인일은 정월 초이렛날인데 두보는 大曆 3년(768) 夔州에서 이 날에 「人月二首」를 지었다. 제1수는 오언율시로 흐린 날씨의 타향에서 본 경물로 촉발된 시름을 읊었는데, 미련에서 나이 들었음을 탄식하고 있다. 제2수는 칠언율시로 三峽을 벗어나고 싶은 바람을 읊었다.[23]

---

21. 『石洲集』 권4.
22. 『稼亭集』 권18.
23. 두보의 시는 다음과 같다.
   제1수: 元日到人日, 未有不陰時. 氷雪鶯難至, 春寒花較遲. 雲隨白水落, 風振紫山悲. 蓬鬢稀疏久, 無勞比素絲. (원일부터 인일까지 흐리지 않은 날이 없었다. 얼음 같은

위의 시는 오언율시로 두시 중 오언율시의 운을 차운한 것이다. 세월의 덧없음과 인간사의 무상함을 말하였다. 그리고 미련의 내용으로 미루어 보면 고향으로 돌아가고자 하는 뜻도 담고 있다. 그렇다면 이 시는 단순히 두시의 운만 빌려 쓴 것이 아니라 그 의경까지 수용한 것임을 알 수 있다. 그리고 제1구는 두시의 오언율시 제1구 '元日到人日'을 한 자만 바꾸어 그대로 채택하였다.

조선조의 예는 이루 다 열거할 수 없을 정도로 많다. 조선 초기의 金時習을 예로 들어 보자. 김시습은 도연명의 시를 화작한 '和陶詩'를 많이 썼지만,[24] 두시를 차운한 시도 있다. 「和少陵詩三首」가 그것이다.

一室僅容膝　겨우 무릎 들일 정도의 방 하나,
蕭然如磬懸　썰렁하니 안에는 아무것도 없다.
生涯淡若水　이내 생애 담담하기는 물과 같고
踪跡泛於船　발자취는 배보다도 더 떠다닌다.
偶爾留三月　우연히 석 달을 머물더니
居然已隔年　결국 한 해가 지났구나.
峰巒雖信美　산 모습이 아름답기는 하지만
爭似華山前　어찌 화산 앞과 같으리오?
(一室)

눈이 내리니 꾀꼬리가 오기 어렵고, 봄인데도 날씨가 추워 꽃 피는 것이 비교적 더디다. 구름은 백수 따라서 떨어져 내려가고 바람은 紫岩山에 소리 떨치며 슬피 분다. 쑥대 같은 살쩍은 듬성듬성한 지 오래되었으니 수고롭게 흰 실에 견줄 것도 없겠다.)

제2수: 此日此時人共得, 一談一笑俗相看. 樽前柏葉休隨酒, 勝裏金花巧耐寒. 佩劍衝星聊暫拔, 匣琴流水自須彈. 早春重引江湖興, 直道無憂行路難. (이 날 이때를 사람들이 함께 하니 한 번 말하고 한 번 웃으며 풍속을 서로 지켜 왔네. 술 그릇 앞에서 잣나무 잎은 술을 따르지 않지만, 머리 장식의 금화는 추위를 잘 견딘다. 애오라지 잠시 차고 있던 검을 뽑으니 그 기운이 북두성을 찌르고, 갑 속의 금으로는 스스로 모름지기 流水曲을 타볼 일이다. 이른 봄이 다시 강호로 가려는 흥을 일으키니 이제부터는 행로가 어렵다고 근심하지 않으리라.)

24. 「和淵明飮酒詩二十首」를 위시하여 20여 편의 和陶詩가 있다.

老病侵尋裏　늙고 병들어 가는 중에
三年濊貊中　예맥에서 삼년을 지냈다.
相逢無故舊　옛 친구 만난 적 없고
相對有花叢　그저 꽃무더기만 마주 하였다.
不禁懸空月　하늘에 매달린 달은 견딜 수 없는 법,
生憎捎樹風　나무 스치는 바람이 밉기만 하다.
今年何處泊　올해는 어디서 머물까?
天地一飄蓬　천지에 떠도는 다북쑥 신세.
(老病)

春愁日日緣底生　날마다 봄 시름이 무엇 때문에 생기나?
江草江花無限情　강 풀과 강 꽃의 무한한 정이지.
三年爲客關塞險　삼년 나그네 노릇한 험난한 관새,
幾度厭見雲水明　구름 물 밝은 모습을 지겹게 본 것이 몇 번이던가?
野店白煙生海國　바닷가 지역에 시골 객사의 연기 피어오르고
譙樓畵角動山城　성루의 화각 소리 산성을 진동한다.
此是愁人斷腸處　이 곳은 시름 많은 사람이 애끊는 곳,
不敢西望涕縱橫　감히 서쪽을 보랴? 눈물을 줄줄 흘리면서.[25]
(愁)

제1수는 두보의 「一室」을, 제2수는 「老病」을, 제3수는 「愁」를 각각 차운한 것이다. 한 번 비교만 해보면 곧 알 수 있을 정도로 의경이 두보의 원시와 서로 비슷하다. 즉 두시와 똑같이 객지에서 떠돌이 생활을 하며 느끼는 시름을 그리고 있는 것이다.[26]

---

25. 『梅月堂集』 권14.
26. 원시는 다음과 같다.
「一室」: 一室他鄕遠, 空林暮景懸. 正愁聞塞笛, 獨立見江船. 巴蜀來多病, 荊蠻去幾年. 應同王粲宅, 留井峴山前. (먼 타향의 방 하나, 빈숲에는 석양이 매달렸다. 시름 속에 변새의 피리 소리를 듣고 홀로 서서 강의 배를 본다. 파촉에 와서 병 많아진 몸, 형만으로 갈 날은 어느 해인가? 응당 왕찬의 집처럼 현산 앞에 우물을 남기리.)
「老病」: 老病巫山裏, 稽留楚客中. 藥殘他日裹, 花發去年叢. 夜足沾沙雨, 春多逆水風. 合分雙賜筆, 猶作一飄蓬. (무산에서 늙고 병들어 초 땅의 나그네로 체류하고

두보의 시 중에는 제1구의 첫 몇 자를 시제로 사용한 것이 있는데 「一室」과 「老病」이 바로 그런 예이다. 제1수는 두보의 「一室」을 차운한 것인데, 김시습에게는 '一室'이라는 제명으로 다른 시가 있으니 그가 이 시제를 좋아했음을 알 수 있다.[27]

제2수의 제6구의 '生憎'은 '아주 싫어하다'의 뜻으로 한시에서 자주 쓰이는 일반적인 표현이 아니다. 두보의 「送路六侍御入朝」는 어릴 적 벗인 路侍御와 이별하면서 아름다운 봄 경치에 대해 불만을 터뜨리는 시인데, 그 중 제6구가 "生憎柳絮白於綿(버들 솜이 솜보다 흰 것을 아주 미워한다)"이다. 시의 의경이나 자연물에 화풀이하는 심사 등이 유사한 것으로 보아 김시습 시의 '生憎' 구는 바로 이 시구에서 유래한 것임이 확실하다. 그리고 제2수의 마지막 구는 두보의 「旅夜書懷」 시의 마지막 구를 모방한 것이다. 두보는 이 구에서 정처 없이 떠돌아다니는 자기의 신세를 비유하여 "天地一沙鷗(천지간에 한 마리 외로운 갈매기이다)"라고 하였는데, 김시습의 시구는 바로 이것을 모방한 것임이 분명하다.

두보의 「愁」는 이른바 '吳體'로서 拗體律詩이다.[28] 따라서 平仄의 배

있다. 지난 날 싸둔 약은 없어져 가고 작년의 꽃 더미에서 올해도 꽃이 피었다. 밤에는 모래를 적시는 비가 많이 내리고 봄날에 물길을 거슬러 부는 바람이 많다. 한 쌍의 붓을 하사 받아야 할 몸이 여전히 다북쑥 신세로구나.)

「愁」: 江草日日喚愁生, 巫峽泠泠非世情. 盤渦鷺浴底心性, 獨樹花發自分明. 十年戎馬暗萬國, 異域賓客老孤城. 渭水秦山得見否, 人今罷病虎縱橫. (강가의 풀이 날마다 시름을 불러일으키고, 무협의 물소리는 세간의 정이 아니로다. 소용돌이에서 목욕하는 백로는 무슨 마음일까? 외로운 나무에 꽃이 피니 절로 선명하구나. 십년간의 전쟁 먼지로 모든 나라가 어둡고 이역의 나그네는 외로운 성에서 늙어간다. 위수와 진산을 볼 수 있을까? 사람은 지금 지치고 병들었는데 호랑이는 이리저리 설쳐대고 있으니.)

27. 「一室」: 茅簷踈雨滴, 一室正蕭然. 詩句疑催老, 松醪欲伴眠. 固窮安老境, 護病養殘年, 何以娛幽獨, 關門寫太玄. (초가 처마에 성근 비 방울져 떨어지니 한 채 집은 정녕 썰렁하기만 하다. 시구는 늙기를 재촉하나? 솔 술로 잠 벗을 삼고자 한다. 고궁의 신세 노경을 편하게 받아들이고 병을 다스리며 남은 삶을 기른다. 무엇으로 고적한 생을 즐기나? 문을 닫고 태현경을 베껴 본다.)

28. 두보는 시제 아래 원주에서 "强戱爲吳體(억지로 장난삼아 오체를 짓다)"라고 하였다.

열이 정격의 율시와는 다르다. 김시습의 제3수는 이 「愁」를 차운한 것인데, 이 시도 평측의 배열이 정격의 율시와 다르다. 즉 요체인 것이다. 그렇다면 김시습이 원시의 운만 차운한 것이 아니라 그 평측의 파격마저 흉내 내었던 것이다. 두보는 울적하고 불평스러운 심사를 시로 표현할 때 종종 요체를 사용하였다. 이 시의 예를 통해 본다면, 비록 단언할 수는 없겠지만, 김시습이 이런 사실을 알고 있었을 개연성이 있다. 여하튼 이상의 사실들은 김시습이 두시를 깊이 학습하였음을 말해 준다.

앞에서 언급한 정지상의 시는 두시의 구를 시 속에 활용한 경우인데, 이런 예는 열거하는 것이 무의미할 정도로 많다. 일례로 조선 말기의 黃玹의 시를 보자.

千秋讀杜競尋源	천 년 전 두시를 읽어서 근원을 다투어 찾고
新解滄浪與後村	새로 창랑과 후촌을 풀이한다.
問渠底癖耽佳句	어떤 性癖이라서 아름다운 구를 찾는가?
語不驚人定不傳	말이 사람을 놀라게 하지 않으면 반드시 전해지지 않아서라네.[29]

위의 시는 「和小川論詩六絶」의 제5수이다. 시제가 두보의 「戱爲六絶句」를 연상시킬 뿐만 아니라, 후반 2구는 두보의 「江上値水如海勢聊短述」의 "爲人性癖耽佳句, 語不驚人死不休(타고난 성벽이 훌륭한 구를 탐닉하여 말이 사람을 놀라게 하지 않으면 죽어서도 그만 두지 못한다)"를 그대로 옮겨다 놓은 것이다.

두시를 읽고 두시를 찬양하거나 두시를 차운할 정도로 두시를 존숭하여 학습한 마당에 두시 구절이 우리나라 선인의 시 속에 응용된 것은 지극히 당연한 일인 것이다. 그리고 앞에서 인용한 두시를 찬양한 시나 두시를 차운한 시만 일별해 보아도 이미 그런 예는 보이기 때문

29. 『梅泉詩集』 권1.

에 다시 다른 예를 열거하지 않겠다.

이상의 예를 통하여 두시가 고려조 이후부터 지속적으로 우리나라 한시에 영향을 끼쳤음을 짐작할 수 있다. 그리고 그 영향이 시의 내용과 형식 방면 모두에 걸쳐 있음을 알 수 있다.

III. 고려 詩話에 보이는 杜詩에 대한 논의

현전하는 우리나라의 시화 중 최초의 것은 고려조의 문인인 李仁老가 저술한 『破閑集』이다. 고려조의 시화집은 많지 않지만, 조선조에는 시화집의 편찬이 활발하여 100종을 넘어서는 것으로 추정된다. 이 장과 다음 장에서 시화에 보이는 두시 관련 조항을 검토하여 주로 어떤 문제에 대하여 논의를 하였는지 살펴볼 것이다.

고려조의 시화로는 이인로의 『破閑集』, 李奎報의 『白雲小說』, 崔滋의 『補閑集』, 李齊賢의 『櫟翁稗說』 등이 현전하는데,[1] 이 중 『백운소설』은 편찬자의 진위에 대하여 의심을 받고 있다.[2] 따라서 세 편에 불과하며 자연 두시 관련 조항도 많지 않지만, 이를 통해서도 고려 문인들이 두시를 어떻게 이해하고 평가하였는지 그 일단을 엿볼 수 있다.

---

1. 張鴻在는 최자의 「續破閑集序」를 통하여 鄭叙의 『雜書』가 우리나라 시화의 남상이라 하였고(『高麗時代詩話批評研究』, 40-41쪽 연구), 安大會는 이규보의 시를 통하여 覺月이라는 승려가 『詩評』이라는 책을 편찬하였음을 입증하고, 그것도 고려조의 시화집으로 간주하였다(『朝鮮後期詩話史研究』, 22쪽 참고). 단 이들은 현전하지 않아 사실 여부를 확인할 수 없다.
2. 『韓國詩話叢編』 1권 『백운소설』 해제 참고.

이인로는 앞 장에서 지적하였듯이 두시를 읽었다는 기록을 남긴 최초의 인물이고, 이제현은 성도의 초당까지 방문하고 두보를 숭모한 시인이다. 따라서 이들의 시화집에서 두시가 논급되리라는 사실은 당연히 예측할 수 있다. 그리고 최자는 『보한집』의 내용을 검토하는 과정에 절로 드러나겠지만, 고려조 최고의 두시 비평가라 할 만하다. 왜냐하면 논평한 양이 가장 많기 때문이다. 게다가 일관되게 우호적인 평가를 하였으니 최고의 두시 옹호자라고 칭할 수도 있겠다.

주지하다시피 고려조의 시단은 송시 특히 소식의 시를 숭상하는 경향이 강하였다. 그런데 현전하는 세 시화집의 편찬자가 두시를 숭상하였거나 혹은 애호하여서 우호적인 평가를 하였던 것은 두시로서는 다행한 일이라 할 것이다.

1. 杜詩의 존숭과 학습

1) 杜詩의 존숭

이인로의 『파한집』은 서언에서 이미 말하였듯이 우리나라 시화집 중 최초의 것인데, 여기에 이미 두시에 대한 언급이 있다.

> 國風과 二雅가 없어진 뒤로부터 詩人이 모두 杜子美를 獨步라고 추숭하였으니, 어찌 오직 말을 한 것이 정밀하고 힘이 있어서 天地의 精華를 다 긁어내었기 때문일 뿐이겠는가. 비록 한 끼 밥을 먹을 때에도 일찍이 임금을 잊은 적이 없어서 굳센 忠義의 節操가 속에 뿌리를 박아 밖으로 드러나서, 구절구절마다 稷과 契의 입으로부터 흘러나오지 않은 것이 없으므로, 이것을 읽으면 족히 나약한 사람으로 하여금 뜻을 세우게 할 수 있기 때문이니, 그 소리가 영롱하니 그 바탕이 옥이라는 것이 대개 이런 것이다. (自雅缺風亡, 詩人皆推杜子美爲獨步, 豈唯立語精硬, 刮盡天地菁華而已. 雖在一飯, 未嘗亡君, 毅然忠義之節, 根於中而發於外, 句句無非稷契口中流出, 讀之足以使懦夫有立志. 玲瓏其聲其質玉乎, 盖是也.)[3]

두시가 후대에 존숭되었던 주된 이유 중 하나는 군주에 대한 충성심이 시에 잘 표현되었기 때문이다. 이인로도 바로 이 점을 지적하면서 두시를 극찬하였던 것이다. 고려조의 대다수 시인들은 소식의 시를 존숭하고 학습하였는데, 이인로도 예외는 아니었다.[4] 그러나 위의 글을 보면 두보의 시도 동시에 존숭하고 있었음을 알 수 있을 것이다.

고려조의 시화집 중 두시에 대한 언급이 가장 많은 것은 崔滋의 『補閑集』이다. 이 책은 이인로의 『파한집』을 이어 보충하려는 취지에서 저술된 것인데,[5] 두시에 관련된 내용이 10여 조항이나 수록되어 있다.

최자는 소식을 숭상하던 당시의 풍조와 달리 두보를 높이 평가했다는 점에서 특별하다.

> 근세 시인들은 소동파를 숭상하였다. 대개 그의 氣韻이 호매하고 뜻이 깊으며 시어가 풍부하고 용사가 해박한 것을 사랑하여 그의 체를 배우고자 해서이리라. 지금의 후진들은 동파집을 읽으면서 그를 본받아 풍골을 얻으려고 하지 않고 단지 근거로 삼아 용사의 도구로 삼고자 한다. 표절하는 것도 계도하기에 부족한데, 하물며 두보를 배워 그 파란을 얻을 수 있겠는가? 문안공이 말하기를 무릇 국조의 제작에서 고사를 인용함에 글은 육경과 삼사, 시는 문선과 이백・두보・한유・유종원이니 이 밖의 제가의 문집은 인용하여 써서는 안 될 것이라고 하였다. (近世尙東坡, 蓋愛其氣韻豪邁, 意深言富, 用事恢博, 庶幾效得其體也. 今之後進讀東坡集, 非欲倣效以得其風骨, 但欲證據以爲用事之具, 剽竊不足導也, 況敢學杜甫得其波耶, 文安公常言, 凡爲國朝制作, 引用古事, 於文則六經三史, 詩則文選李杜韓柳, 此外諸家文集不宜據引爲用.)[6]

---

3. 『破閑集』 권중.
4. 『보한집』 권중: 학사 이미수가 말하기를 "내가 문을 닫고 소동파와 황산곡의 두 시집을 읽었다. 그런 뒤에 시어가 힘이 있고 시운이 아름답게 울려 작시의 삼매경을 얻게 되었다. (李學士眉叟曰, 吾杜門讀蘇黃兩集, 然後語遒然, 韻鏘然, 得作詩三昧.)
5. 「補閑集序」: 학사 이인로가 대략 모아서 편을 이루고 이름을 『파한집』이라고 하였는데, 진양공이 그 책의 내용이 광범하지 않다 하여 나에게 이어서 보완하게 하였다. (李學士仁老略輯成篇, 命曰破閑, 晉陽公以其書未廣, 命予續補.)

최자의 견해는 두보를 소식보다 높이 여기는 듯하다. 이는 문안공 兪升旦의 말을 인용한 데서도 알 수 있다. 이러한 사실은 고려조의 일부 문인들 사이에 소식 시보다도 두보 시를 더 높이 보고 이를 배우고자 하는 풍조가 있었음을 말해 준다.[7]

최자는 두보를 지극히 尊崇하여 시에서의 그의 지위를 유학에서의 공자의 지위와 같은 것으로 보았다.

> 공자께서는 석 달 동안 모실 주군이 없으면 불안해 하셨고 두자미는 곤궁한 상황에 있으면서도 시의 구절구절에서 군신 사이의 큰 절의를 잊지 않았다. (孔子三月無君, 則皇皇如也. 杜子美在寒窘中, 句句不忘君臣之大節.)[8]

위의 글을 보면 최자가 두보를 공자에 견주었고, 그 이유가 충군 사상 때문이라는 사실을 알 수 있다. 충군 사상 때문에 두보를 공자와 견준다는 것은 결국 최자가 두시를 존숭한 것이 이인로와 마찬가지로 두시의 내용적 측면에서 기인하였음을 말하여 준다.

이상에서 이인로와 최자 등 고려조의 시화 작가가 모두 두시의 가치를 우선 내용적 측면에서 찾았음을 알 수 있다. 그렇다고 그들이 두시의 형식상의 가치를 등한시한 것은 결코 아니다. 우선 『파한집』을 보자.

> 시구를 조탁하는 법은 오직 杜少陵이 그 기묘함을 다하였으니, "日月籠中鳥, 乾坤水上萍(해와 달은 새장 속의 새요, 하늘과 땅은 물 위의 개구리밥이로다)"[9]과 "十暑岷山葛, 三霜楚戶砧(열 번 더위 겪으며 岷山의 葛布를 입었고 세 번 서리 겪으며 초나라 집의 다듬이 소리를 들었도다)"[10]과 같은 것이 그러하다. 또 사람의 재주가 그릇의 네모지고 둥근 것과 같아서 兼備할 수

---

6. 『보한집』 권중.
7. 전영란, 『韓國詩話中有關杜甫及其作品之硏究』, 文史哲出版社, 1990, 155쪽 참고.
8. 『보한집』 권중.
9. 「衡州送李大夫七丈勉赴廣州」.
10. 「風疾舟中, 伏枕書懷三十六韻, 奉呈湖南親友」.

없다. 그리고 마음과 눈을 즐겁게 할 수 있는 천하의 奇異한 구경거리는 매우 많지만, 진실로 재주가 뜻에 미치지 못하면 마치 駑鈍한 말이 연나라, 월나라 사이 천리 길에 임하여 아무리 채찍질을 부지런히 하더라도 먼 곳에 이를 수 없는 것과 같으니, 이 때문에 옛 사람은 뛰어난 재능이 있더라도 감히 함부로 착수하지 못하고 반드시 단련하고 琢磨하는 노력을 더하였다. 그런 뒤에야 빛을 무지개처럼 드리워서 千古에 빛날 수 있었던 것이다. (琢句之法, 唯少陵獨盡奇妙, 如日月籠中鳥, 乾坤水上萍, 十暑岷山葛, 三霜楚戶砧之類, 是已. 且人之才如器皿方圓, 不可以該德, 而天下奇觀異賞可以悅心目者, 甚夥. 苟能才不逮意, 則譬如駑蹄臨燕越千里之途, 鞭策雖勤, 不可以致遠. 是以古之人, 雖有逸材, 不敢妄下手, 必加鍊琢之工, 然後足以垂光虹霓輝映千古.)[11]

오직 두보가 시구의 조탁에서 기묘함을 다했다는 것은 시의 형식미에 있어서 두시가 최고라는 평가이다. 비록 대장구의 예 두 가지만을 근거로 삼았기 때문에 논의의 대상이 지극히 제한적이기는 하지만 이러한 평가는 이인로가 두시의 가치를 내용에서뿐만 아니라 형식에서도 찾았음을 알려준다.

다시 『補閑集』을 보자.

예나 지금이나 뛰어난 경구는 많지 않다. 두보가 「江上」시에서 “功業頻看鏡, 行藏獨倚樓(공업을 이루지 못한 것을 생각하며 자주 거울을 보며 탄식하고, 出仕와 은퇴의 도리를 생각하며 홀로 누각에 기대어 본다)”라고 했으며, 「悶」시에서 “卷簾唯白水, 隱几亦青山(발을 말아 올려서 보면 다만 흰 물뿐이요, 案几에 엎드려 있자니 또한 푸른 산만 둘러 있구나)”이라고 한 것들이다. 보궐 陳澕가 “두자미의 시는 비록 오언구라도 기운이 상외를 삼킬 듯하다”라고 말하였는데, 아마도 이런 시구를 말한 것일 게다. 그러나 백수의 聯句는 ‘唯’와 ‘亦’ 두 글자를 쓴 것이 교묘한데, 그 교묘함을 음미하려면 마땅히 답답한 상황에 처해서 곱씹어 보아야 할 것이다. ……『보한집』은 다만 본조의 시만을 실을 따름이지만, 시를 말하면서 두보를 언급하지 않는 것은 儒者

11. 『파한집』 권상.

를 말하면서 공부자를 말하지 않은 것과 같기에 편말에서 대략 언급하였다. 무릇 시의 조탁이 두보와 같으면 묘하겠지만, 저 솜씨가 서툰 자는 애써 조탁할수록 더욱 졸렬해져 헛되이 간과 콩팥을 새긴 꼴이니, 어찌 각기 자기 국량에 따라 천연의 모습을 토하고 조탁한 흔적이 없는 것만 하겠는가? 지금 조탁을 일삼는 자들은 모두 정숙공 이미수를 스승으로 삼으며 "장구의 법이 이를 벗어나지 않는다"라고 하는데, 고인이 이를 보았을 경우 서툴다고 말하지 않으리라는 보장이 있겠는가? (古今警絶句不多, 如草堂江上云, 功業頻看鏡, 行藏獨倚樓. 悶云, 卷簾唯白水, 隱几亦靑山. 陳補闕云, 杜子美詩, 雖五字氣呑象外. 殆謂此等句也. 然白水之聯, 用唯亦二字爲妙, 欲味其妙, 當悶中咀嚼……補閑只載本朝詩. 然言詩不及杜, 如言儒不及夫子, 故編末略及之. 凡詩琢鍊如工部妙則妙矣, 彼手生者, 欲琢彌苦而拙澁愈甚, 虛雕肝腎而已, 豈若各隨才局, 吐出天然, 無礱錯之痕. 今之事鍛鍊者, 皆師貞肅公李眉叟曰, 章句之法不外是, 如使古人見之, 安知不謂生拙也.)[12]

위의 글에서 최자는 두시와 관련된 다양한 사항을 언급하면서, 두시의 풍격, 용자법, 구법 등에 대하여 그 예술성을 높이 평가하였다. 그리고 "시를 말하면서 두보를 언급하지 않는 것은 儒者를 말하면서 공부자를 말하지 않은 것과 같다"고 하여 두보의 위상을 거듭 공자에 견주었는데, 그렇다면 최자의 두보에 대한 평가가 작가의 도덕성뿐만 아니라 이러한 표현 형식상의 우수함도 참작한 결과임을 알 수 있을 것이다.

두시에 대한 평가는 시의 체제와 연관되기도 하였다.

금란 총석정에 대해 산인 慧素가 기를 지었다. 文烈公 金富軾이 희롱하여 말하기를 "이 스님이 율시를 지으려고 하셨나?"라고 하였다. 성산 공관에 한 사객이 시 10운을 지어 놓았는데, 시어가 번다하고 뜻이 잘 드러나지 않았다. 郭東珣이 그것은 보고, 이것은 記이지 詩가 아니라고 하였다. 비단 시와 문이 각기 다를 뿐만이 아니라, 한 시와 한 문장 안에서도 각기 체가 따로 있기 마련이다. 옛 사람이 말하기를, 시를 배우려면 對律句는 杜甫를 체득하고, 악장은 李白을 체득하고, 古詩는 韓愈와 蘇軾을 체득해야 하며, 문장의

12. 『보한집』 권하.

경우에는 韓愈의 문장에 각체가 다 구비되어 있으므로, 그의 글을 숙독하고 깊이 생각하면 그 체를 얻을 수 있다고 하였다. 비록 그러하나 이백과 두보의 고체시가 한유나 소식에 못하지 않는다. 그런데도 이렇게 말한 것은 後進으로 하여금 두루 여러 사람의 체를 배우게 하려고 한 것이다. (金蘭叢石亭, 山人慧素作記. 文烈公戱之曰, 此師欲作律詩也. 星山公館有一使客留題十韻, 辭繁意曲, 郭東珣見之曰, 此記也, 非詩也. 非特詩與文各異, 於一詩文中亦各有體. 古人云, 學詩者對律句體子美, 樂章體太白, 古詩體韓蘇. 若文辭則各體皆備於韓文, 熟讀深思, 可得其體. 雖然, 李杜古詩不下韓蘇, 而所云如此者, 欲使後進, 汎學諸家體耳.)[13]

위의 글은 두시 중 특히 율시를 존숭하고 이를 배울 것을 권하고 있는데, 이는 중국인의 견해와 다르지 않다. 그리고 이 사실을 통하여 두시의 존숭이 무조건적인 것이 아니며 다른 시인과의 차별성을 올바르게 이해한 결과임을 알 수 있다. 그러면서도 두시가 다른 시체에서도 결코 다른 명가에 뒤떨어지지 않는다는 사실도 지적하고 있다.

시와 시인에 대한 존숭은 그 시와 시인에 대한 평가의 결과이다. 즉 좋은 평가를 받았기 때문에 존숭하는 것이다. 따라서 시에 있어서의 두보의 위상을 유학에서의 공자의 위상과 같이 존숭하였고, 그 존숭이 다만 내용적 측면 때문만이 아니라 형식상의 측면도 아울러 고려한 결과라는 사실은 두시가 고려 시인들에게 이미 규범적 존재였음을 알려줄 것이다.

2) 杜詩의 학습

두시를 존숭했다면 이를 당연히 학습했을 것이다. 단편적이나마 이런 사실을 시화에서 확인할 수 있다. 일례로 『역옹패설』에 보면 이규보가 吳世才를 평하여, "선생은 시를 한유와 두보에게서 배웠다(先生爲詩學韓杜)"[14]라고 한 기록이 있다. 단 이런 기록은 많지가 않을 뿐이다.

---

13. 『보한집』 권상.

두시를 배운 시인은 두시 구를 자신의 작시에 응용하게 마련인데, 잘못하여 모방이나 표절의 결과를 초래하기도 하였다. 그리고 이는 시화에 언급되고 때로는 두시 구와의 비교를 통해 평가를 받기도 했는데, 이와 관련된 조항이 여럿 보인다.

> 直講 河千旦이 白雲子 吳廷碩의 「遊八巔山」시 "水長山影遠, 林茂鳥啼深. 倦僕莫鞭馬, 徐行得久吟(물 길게 흐르니 산 그림자 멀리까지 드리우고, 숲 무성하니 새소리 깊숙이 들리네. 게으른 마부야 말 채찍질 하지 마라, 천천히 가며 오래도록 읊을 수 있지 않느냐)"을 읊조리고 나서, "'林茂鳥啼深' 한 구절이 가장 절창이다"라 하였다. 나는 "이 시가 뜻을 표현한 것이 한가롭고 유원하니, 4구를 연이어 읊어 본 이후에야 그 좋은 맛을 알 수 있을 것이니, 어찌 유독 한 구절을 절창이라 하랴. '林茂鳥啼深'이라는 구절은 杜甫의 '隔竹鳥聲深(대숲 저편의 새소리 그윽하다)'이라는 구절을 베낀 것이다. '숲이 무성하니'라는 말을 '대숲 저편'이라는 말에 비교하면 涇水와 渭水와 같아 그 淸濁이 절로 나뉜다"라고 하였다. (河直講千旦, 誦白雲子吳廷碩遊八巔山詩, 水長山影遠, 林茂鳥啼深. 倦僕莫鞭馬, 徐行得久吟. 因曰林茂鳥啼深之句, 最爲絶唱. 予曰, 此詩遣意閑遠, 連吟四句而後得嘉味, 何獨一句爲絶. 如林茂鳥啼深之句, 是剝杜子美隔竹鳥聲深也. 以林茂之言, 比隔竹之語, 若涇渭然, 淸濁自分.)[15]

『보한집』에 나오는 이야기이다. 하천단의 시구가 두시를 베낀 것이라는 최자의 비평은 가혹해 보인다. 차라리 두시의 시구를 학습하여 작시에 참고하였다고 말하는 것이 좋겠다. 그리고 하천단의 시구가 두시와 비교해 볼 때 확연한 차이를 보인다는 지적을 통하여 당시 두시가 작시의 기준으로 여겨지고 있었다는 사실도 알 수 있다.

다시 『보한집』을 보자.

---

14. 『역옹패설』 후편.
15. 『보한집』 권상.

장원 최기정의 「四時詞」에 "侵雪還萱草, 占霜有麥花(눈을 무릅쓰고 돋아난 것은 또한 원추리이고 서리 속에서 보리 꽃이 피어 있다)"라고 한 것은 두보의 시어를 그대로 쓴 것이고,[16] 오세제 선생이 「자서」에서 "丘壑孤忠赤, 才名兩鬢華(언덕과 골짜기에서 외로운 충정은 붉기만 하고, 재주와 명성으로 두 살쩍이 희어졌다)"라 한 것은 두보의 詩格을 몰래 훔쳐 쓴 것이다. 조부께서 金闈에 처음 들어갔을 때에, 「奉使江南留題」에서 "雲霄茅下纔連茹, 原隰蓬間忽斷根(구름 하늘은 띠 아래에서 겨우 연이었고, 들의 진펄은 쑥 사이에서 홀연히 끊어졌다)"이라 한 것을 시인들은 두자미의 "日月籠中鳥, 乾坤水上萍(해와 달은 새장 속의 새요, 하늘과 땅은 물 위의 개구리밥이로다)"[17]과 그 시구를 조탁한 정밀함이 서로 비슷하다고 하였고, 혹자는 이런 구의 격조는 오언구로 하면 절묘할 터이지만 칠언이면 공교하지 못하다고 하였다. 미수의 『파한집』에서 "고금의 시구를 조탁하는 법은 오직 두소릉만이 그것을 터득하였다"고 하였는데 그의 '日月籠中鳥' 구 같은 것은 음미해 보면 과연 사탕수수를 먹는 것 같아 음미할수록 佳境에 들어간다. 진보궐이 "三年旅枕庭闈月, 萬里征衣草樹風(삼 년 나그네 생활의 베개에는 뜰의 달이 비추이고 만 리 길 길손의 옷에는 풀 나무 바람이 스친다)"이라고 하였는데 두보가 "三年笛裡關山月, 萬國兵前草木風(삼 년 피리 소리 속에 관산의 달이 뜨고, 만국의 병기 앞에서는 초목에 바람이 분다)"[18]이라고 한 것이 어기가 가파르고 뜻이 깊은 것만은 못하다. 사관 이윤보는 평소에 두시를 좋아하여, "干戈送老儒(전쟁이 늙은 유자를 떠나보낸다)"[19]라 한 구절을 수시로 읊으면서, "이 말은 자연스럽게 음조가 긴박하니 범상한 재주로는 계도할 수가 없다"고 상찬하였다. 한림 송창이 "두보의 '九江春草外, 三峽暮帆前(구강은 봄풀 저편에 있고, 삼협은 저물녘 돛 앞에 있다)'[20]이라는 구는 말이 평이하고 의미가 순통하니 혹 계도할 수가 있겠지요"라고 물었는데, 사관이 웃으면서 "그 구의 의경이 탁 트이고 원대하니 본디 너희들이 알 수 있는 것이 아니네"라고 하였다. "古墻猶竹色, 虛閣自松聲(옛 담장에는 여전히 대 빛이고 빈 누각에는 절로 소나무 소리이다)"[21] 같은 것은 두보의 심상한 말이지만, 고

16. 「臘日」: 侵陵雪色還萱草. (눈빛을 무릅쓰고 돋아나 있는 것은 또한 원추리이다.)
17. 「衡州送李大夫七丈勉赴廣州」.
18. 「洗兵馬」.
19. 「舟出江陵南浦, 奉寄鄭少尹審」.
20. 「遊子」.
21. 「滕王亭子二首」.

금에 많은 사람이 두보의 시체를 배웠어도 비슷한 사람이 없었고, 오직 설당의 "欹枕落花餘幾片, 閉門新竹自千竿(베개에 기대니 지는 꽃 몇 조각이나 남을까? 문을 닫으니 새로 돋운 대가 천 간이로다)" 같은 것은 그 말의 격조가 맑고 긴요한 것은 같으면서도 그 뜻을 표현한 것이 한가롭고 아취 있음은 두시를 능가하였으니 대개 '베개에 기대다'와 '문을 닫다'의 말이 있었기 때문이다. 사관이 일찍이 문순공 이한림과 안화사에서 묵고 시를 남긴 일이 있었다. 한림의 시에 "廢興餘老木, 今古獨寒流(흥폐의 변화에도 늙은 나무는 남아 있고, 예나 이제나 오직(獨) 차가운 물 흐를 뿐이구나)"라고 했는데, 사관은 "'獨'자를 '尙'자로 고치면 두보의 시구가 될 것입니다"라고 말하였다. 귀정사 벽에 "晨鐘雲外濕, 午梵日邊乾(새벽 종소리는 구름 밖에서 젖고, 한낮의 불경 소리는 해 옆에서 마른다)"이라고 題詩하였는데, 이는 두보의 "晨鐘雲外濕, 勝地石堂烟(새벽 종 소리 들릴 때 구름 밖은 젖었고 명승지인 석당에는 연무가 자욱하다)"이라는 시구를 빼앗아 온 것이다.[22] 새벽 종 소리에 대해 '습기에 젖었다'라 한 것은 기발하지만 불경 소리에 대해 '말랐다'한 것은 공소하다. 다만 대구의 저촉됨이 절실하였던 것일 뿐이다. '석당의 연무'라 한 구는 '기운이 상외를 삼킬 듯하다'라는 것과 같은 종류에 속하는 것이다. (崔壯元基靜四時詞云, 侵雪還萱草, 占霜有麥花, 白拈草堂語. 吳先生世才自敍云, 丘壑孤忠赤, 才名兩鬢華, 暗竊草堂格. 皇祖初入金閨, 奉使江南留題曰, 雲霄茅下纔連茹, 原隰蓬間忽斷根, 詩人以爲與杜子美日月籠中鳥, 乾坤水上萍, 其琢句精工相似, 或云, 此等句格琢爲五字則絶妙, 七言則未工. 眉叟破閑云, 古今琢句之法, 唯杜少陵得之. 如日月籠中句, 吟味果如啖蔗. 陳補闕云, 三年旅枕庭闈月, 萬里征衣草樹風, 未若草堂三年笛裡關山月, 萬國兵前草木風, 語峭意深. 李史館允甫平生嗜杜詩, 時時吟賞干戈送老儒一句, 曰, 此語天然遒緊, 凡才固不得導. 宋翰林昌問工部九江春草外,三峽暮帆前, 辭易意滑, 儻可及導. 史館笑曰, 其語意豁遠, 固非汝曹所識. 如古墻猶竹色, 虛閣自松聲, 此工部尋常語體, 古今幾人學杜體, 而莫能髣髴, 唯雪堂欹枕落花餘幾片, 閉門新竹自千竿, 其語格淸緊則同, 遣意閑雅過之, 盖有欹枕閉門之語耳. 史館嘗與李翰林文順公宿安和寺留詩. 翰林曰廢興餘老木, 今古獨寒流. 史館曰, 改獨爲尙則草堂句也. 歸正寺壁題云, 晨鐘雲外濕, 午梵日邊乾, 此奪工部晨鐘雲外濕, 勝地石堂烟句也. 於晨鐘言濕可警,於梵言乾踈矣, 但對觸切耳. 石堂烟句是氣呑之類也.)[23]

---

22. 이는 「船下夔州郭宿雨濕不得上岸, 別王十二判官」 시를 두고 한 말인데, 원 시구는 '晨鐘雲岸濕, 勝地石堂煙'이어서 약간의 차이가 있다.

두시 구의 뛰어난 점을 평가하고 여러 시인의 시구와 두시를 비교 품평함과 아울러 갖가지 두시를 모방하고 표절하는 행위를 소개 비판하고 있다. 여기서 알 수 있듯이 두시를 모방하려는 풍조가 광범위하게 있었던 것은 두시를 학습하려는 노력의 반영이다. 그리고 그렇게 학습하려고 하였던 것은 두시 표현상의 탁월함이 원인이었음은 두말 할 나위도 없을 것이다.

2. 杜詩의 분석

시에 대한 평가는 시의 분석이 선행되어야 한다. 내용이든 형식이든 간에 그것을 분석한 뒤에야 그 가치나 우열을 평가할 수 있는 것이다. 그리고 평가의 결과가 다시 또 다른 분석을 이끌어 낼 것이다. 왜냐하면 좋은 평가를 받아 존숭된 시는 자연히 여러 사람의 주목을 받고 관심을 끌어서 다시 새로운 분석이 행하여지기 때문이다.

고려조의 시화는 수량이 많지 않지만, 그 속에서도 뛰어난 식견으로 두시를 분석한 예를 찾을 수 있다. 앞에서 두시의 평가와 관련하여 인용한 글 속에서 두시의 풍격이나 용자법 등에 대한 분석이 범상하지 않았음을 이미 짐작할 수 있었다. 단 단편적인 내용이라 분석의 근거가 무엇인지 알기 어렵고 때로는 분석의 수준이 미흡한 것들이 눈에 띄어 아쉽다.

1) 對仗句

두시는 구법에서 뛰어난 성과를 이루었다. 구법은 煉句의 방법으로 시인의 造句 능력과 밀접한 관련이 있으며 시의 풍격과 시상 전개에 중요한 역할을 한다. 두보의 구법은 특히 對仗句에서 그 정교함의 극치를

---

23. 『보한집』 권하.

보이고 다양한 양상을 이루었으니, 그 경지는 타의 추종을 불허하여 후인이 그것을 전범으로 삼아 배우려고 하였다.

우리의 선인들도 두시 대장구의 뛰어남에 대해서 익히 알고 있었고, 고려 시화에서도 이 점을 논의하였다. 단 논의된 내용만 보면 두보 대장구의 뛰어난 점에 대하여 정확하게 이해하고 있었는지 의문스러운 경우도 있다. 다음은 『파한집』에 보이는 것이다. 앞에서 이미 언급한 바 있지만 대장구의 이해가 적합한지를 정밀하게 검토하기 위해서 다시 살펴보기로 한다.

> 시구를 조탁하는 법은 오직 杜少陵이 그 기묘함을 다하였으니 "日月籠中鳥, 乾坤水上萍(해와 달은 새장 속의 새요, 하늘과 땅은 물 위의 개구리밥이로다)"[24]과 '十暑岷山葛, 三霜楚戶砧(열 번 더위 겪으며 岷山의 葛布를 입었고 세 번 서리 겪으며 楚나라 집의 다듬이 소리를 들었도다)"[25]과 같은 것이 이런 것이다. (琢句之法, 唯少陵獨盡奇妙, 如日月籠中鳥, 乾坤水上萍, 十暑岷山葛, 三霜楚戶砧之類, 是已.)[26]

두보가 시구의 조탁에서 기묘함을 다했다는 것은 구법에 있어서 두시가 탁월하다는 평가이다. 그러나 이인로가 두시 구법을 어느 정도 깊이 있게 이해하였는지는 알 수 없다. 논의의 대상이 대장구에 제한되었을 뿐만 아니라, 제시한 예도 적절해 보이지 않기 때문이다. 즉 두시의 대장구는 탁월한 성취를 보이는데, 이 두 예는 두시의 수준을 대표할 수가 없다는 것이다.

먼저 '日月籠中鳥, 乾坤水上萍'을 검토해 보자. 이 대장구는 大曆 3년에 지은 오언율시 「衡州送李大夫七丈勉赴廣州」의 경련구이다. 이에 대해 仇兆鰲는 『杜詩詳注』에서 "해와 달이 비치는 아래에서 이 몸은 새장 속

---

24. 「衡州送李大夫七丈勉赴廣州」.
25. 「風疾舟中, 伏枕書懷三十六韻, 奉呈湖南親友」.
26. 『파한집』 권상.

의 새와 같고, 하늘과 땅이 덮어주고 실어주는 가운데 내 자취는 부평 같다(日月照臨之下, 身如籠鳥, 乾坤覆載之中, 迹若浮萍.)"라는 王嗣奭의 풀이를 인용하고 "'일월' 구와 '농중' 구 두 구는 글자를 덧붙여 주석하여야 비로소 구절의 뜻이 분명해진다(日月籠中二句, 須添字注釋, 句義方明.)"라고 하였는데[27] 이는 그가 이 구절이 의미를 표현하는 데에 있어서 불완전한 구절로 보았음을 말해 준다. 구조오와 달리 해석하는 것도 가능한데, 浦起龍이 그 예이다. 그는 "해와 달은 움직이는 것 중 지극한 것이지만, 체류하는 사람이 그를 만나니 해마다 곤경에 처한 것 같다. 하늘과 땅은 지극히 떳떳한 것이지만, 떠도는 자가 거기에 처하니, 어디서나 뿌리가 없는 것처럼 느껴진다(日月, 至動也, 自留滯者値之, 覺年年坐困, 乾坤, 至常也, 自流離者處之, 覺在在無根.)"라고 이 구절을 해석하였는데,[28] 그의 정채한 두시 해석법이 여기서도 돋보인다. 그리고 그의 해석대로라면 이 구는 글자를 덧붙여 주석해야만 의미 전달이 가능한 불완전한 구가 아니다. 이처럼 구조오와 포기룡의 해석이 차이가 있고 이 둘 중 어느 해석이 더 합당한 것인지 판단하기도 어려운데, 이는 바로 이 구절의 모호함에서 기인한 것이다.[29]

이 구가 이처럼 묘미가 있기는 하지만, 두시 해석의 최고 권위자인 구조오와 포기룡의 이해가 다를 정도라면 지나치게 난해하다는 혐의는 피할 수 없고, 지나치게 난해한 점은 분명 폐단이라고 보아야 할 것이

---

27. 『杜詩詳註』 권22.
28. 『讀杜心解』 권3의 6.
29. 『杜詩鏡銓』은 청대 두시 주석서의 대표적 저술 중 하나인데, 포기룡의 『독두심해』보다 이후에 나왔다. 『두시경전』의 해석은 간명하면서도 객관성이 있는 것으로 유명한데, 이 구절에 대한 楊倫의 다음 해석은 구조오와 맥락을 같이 하였다.
"장구한 세월 중에 단지 새장 속의 새처럼 지내고 큰 천지 속에서 단지 부평초 신세라는 것이니 두 구는 늙은 나이에 정처 없이 떠돌아다니는 모습을 스스로 서술한 것이다. 방회가 "'일월'은 해마다의 뜻이고 '건곤'은 곳곳이라는 뜻이다'라고 하였다. (日月之長, 但如籠鳥, 乾坤之大, 止作浮萍, 二句卽自述垂老飄零之狀. 方回云, 日月年年也. 乾坤處處也.)" (『두시경전』 권19)

다. 사실 구조오 스스로도 이 시구의 모호함을 지적하면서 이 시구를 뛰어난 것으로 평가하지 않는다고 하였다.

> '일월농중' 2구는……"日月低秦樹, 乾坤繞漢宮(해와 달이 진의 나무에 나직하고, 하늘과 땅이 한의 궁전에 둘러 있다)"[30]이라고 한 것의 기운이 웅장함만 못하다. 그리고 "乾坤萬里眼, 時序百年心(하늘과 땅 사이 만 리에 눈길 던지며, 사철 차례로 바뀌는 걸 보며 사는 백년 인생의 마음)"[31]이라고 한 것이나 "身世雙蓬鬢, 乾坤一草亭(쑥과 같은 양쪽 귀밑머리 늘어뜨린 이 내 신세, 천지간에 기댈 곳이라고는 이 초옥 하나뿐)"[32]이라고 한 것의 뜻이 명백한 것만 못하다. (日月籠中二句……不如日月低秦樹, 乾坤繞漢宮, 詞氣雄壯. 亦不如乾坤萬里眼, 時序百年心, 身世雙蓬鬢, 乾坤一草亭, 語意明爽也.)[33]

이인로는 '일월농중' 2구를 높이 평가하였지만, 사실 이 시에서 잘된 대장구로 평가받는 것은 오히려 함련의 대장구인 "北風隨爽氣, 南斗避文星(북풍이 삽상한 기운을 따르고 남두성이 문성을 피하다)"이다. 胡應麟의 다음 평은 이 점을 지적한 것이다.

> 少陵의 시는 盛唐을 아울러 총괄하여 여러 사람의 뛰어난 점을 집대성하였다. 예를 들어 "山隨平野闊, 江入大荒流(산은 평평한 들을 따라 트이고 장강은 넓은 벌판으로 들어가 흐른다)"[34]는 이태백의 웅장한 표현인데, 두보의 "星垂平野闊, 月湧大江流(별이 비친 평평한 들은 광활하고 달빛 용솟음치며 큰 장강이 흘러간다)"[35]는 骨力이 그것을 능가한다. 그리고 "九衢寒霧斂, 萬井曙鐘多(큰 길에 찬 안개가 걷히고 수많은 집에 새벽 종소리가 많이 들리다)"[36]는 왕우승의 웅장한 표현인데 두보의 "星臨萬戶動, 月傍九霄多(별빛이 많은 문

---

30. 「投贈哥舒開府翰二十韻」.
31. 「春日江村五首」.
32. 「暮春題瀼西新賃草屋五首」.
33. 『두시상주』 권22.
34. 「渡荊門送別」.
35. 「旅夜書懷」.
36. 「同崔員外秋宵寓直」.

에 번득이고 달빛은 九天 옆에 많다)"[37]는 精彩함이 그것을 능가한다. "氣蒸雲夢澤, 波撼岳陽城(수증기가 운몽택을 찌고 파도가 악양성을 흔든다)"[38]은 맹호연의 웅장한 표현인데, 두보의 "吳楚東南拆, 乾坤日夜浮(오나라와 초나라가 동쪽 남쪽으로 터져 있고 하늘과 땅이 밤낮으로 떠 있다)"[39]는 氣象이 그것을 능가한다. "弓抱關西月, 旗翻渭北風(관서의 달 아래 활을 쥐고 위북의 바람에 기가 펄럭이다)"[40]은 잠가주의 웅장한 표현인데, 두보의 "北風隨爽氣, 南斗避文星(북풍이 삽상한 기운을 따르고 남두성이 문성을 피하다)"[41]은 風神이 그것을 능가한다. 당나라 여러 사람의 시를 읽다가 두보에 이르면 번번이 사람으로 하여금 망연자실하게 한다. (少陵詩, 兼總盛唐, 集諸家之勝, 如山隨平野闊, 江入大荒流, 太白壯語也, 杜星垂平野闊, 月湧大江流, 骨力過之. 九衢寒霧斂, 萬井曙鐘多, 右丞壯語也, 杜星臨萬戶動, 月傍九霄多, 精彩過之. 氣蒸雲夢澤, 波撼岳陽城, 浩然壯語也, 杜吳楚東南拆, 乾坤日夜浮, 氣象過之. 弓抱關西月, 旗翻渭北風, 嘉州壯語也, 杜北風隨爽氣, 南斗避文星, 風神過之. 讀唐諸家至杜, 輒令人自失.)[42]

호응린의 평론은 두시를 지나치게 존숭하고 있다는 혐의가 있다. 그렇기는 하지만 이인로가 두시 중 '壯語'로 꼽히는 함련을 두고 도리어 경련을 좋은 대구로 예시한 데 대해서 의문을 표하지 않을 수 없다.

다시 '十暑岷山葛, 三霜楚戶砧'을 보자. 이 對仗句는 數字·地名 등을 이용하여 的對를 이루었으니 흠잡을 데가 없다. 그러나 두시 대장구의 높은 수준에 비추어 볼 때 특별히 주목받을 만한 것은 못 된다. 실제 이 대장구에 대해 중국 역대의 비평가들이 평론한 기록이 보이지 않는다. 그런데도 이인로가 이를 예시하였으니 그가 이를 선정한 기준이 무엇인지 알 수가 없다. 이 구는 오언배율인 「風疾舟中伏枕書懷三十六韻奉呈湖南親友」 시에 들어 있다. 이 시는 대력 5년(770) 겨울에

---

37. 「春宿左省」.
38. 「望洞庭湖贈張丞相」.
39. 「登岳陽樓」.
40. 「奉送李太保兼御史大夫充渭北節度使」.
41. 「衡州送李大夫七丈勉赴廣州」.
42. 『두시상주』 권22에서 재인용.

지은 것으로 현전하는 두보의 마지막 작품으로 꼽힌다. 즉 두보의 絶筆인 셈인데, 이인로가 이 시구를 예로 든 것은 혹 이와 관련이 있지 않았을까 하는 추측도 하게 된다.

이인로의 대장구 분석은 그 감식 기준이 문제가 있을 뿐만 아니라, 논거가 밝혀져 있지 않다는 점에서도 좋은 논평이라 하기가 어렵다. 이와 달리 논거를 밝히고 논설을 전개하여 심도 있는 분석을 한 예가 있으니, 이제현이 두보 「奉和嚴中丞西城晩眺十韻」 시에 보이는 대장구 "地平江動蜀, 天濶樹浮秦(땅이 평평하여 강이 촉을 흔들고 하늘이 광활하여 나무가 진 땅에 떠 있다)" 구[43]를 논평한 것이 바로 그것이다.

앞 장에서 언급하였듯이 이제현은 성도의 두보 초당을 방문하여 「동선가」를 지었을 정도로 두시에 대한 이해가 깊었다. 당연히 그가 편찬한 『역옹패설』에 두시와 연관된 언급이 있을 수밖에 없는데, 특히 이 논평이 '傳神'의 미묘함을 잘 지적하였다고 하여 유명하다.[44]

> 두소릉의 시에 "地偏江動蜀, 天遠樹浮秦(땅이 치우쳐 강이 촉나라를 뒤흔들고, 하늘이 머니 나무는 진나라에 떠 있구나)"이라는 시구가 있다. 내가 일찍이 진나라와 촉나라를 유람하였다. 촉나라는 땅이 서쪽이 높고 동쪽이 낮아 장강 물이 민산에서 나와서 성도 남동쪽을 거쳐 삼협으로 달리는데, 물결의 빛과 산 그림자가 위아래로 흔들린다. 진나라는 천리나 되고 땅이 평평하여 마치 손바닥 같다. 장안 성 남쪽으로부터 삼면을 바라보면 푸른 나무가 무성한데, 그 아래의 들 빛이 하늘에 맞닿아 있어서 그것이 마치 큰물 위에 떠 있는 것 같다. 이에 비로소 이 시구가 두소릉이 진과 촉의 정신을 표현한 것으로서 묘한 점이 바로 여기에 있었음을 알게 되었다. (杜少陵有地偏江動蜀, 天遠樹浮秦之句. 予曾遊秦蜀, 蜀地, 西高東卑, 江水出岷山, 徑成都南東, 走三峽, 波光山影, 蕩搖上下, 秦中千里, 地平如掌, 由長安城南, 以望三面, 綠

43. 『역옹패설』에는 '地偏江動蜀, 天遠樹浮秦'으로 되어 있다.
44. 이 구는 王嗣奭이 시인이 정신을 담은 것이라고 하였다.
『杜詩詳註』: 『杜臆』에서 '지평'과 '천활'한 연은 바로 시인이 정신을 붙인 곳이다라고 하였다. (杜臆, 地平天闊一聯, 乃詩家着神處.)

樹童童, 其下野色接天, 若浮在巨浸然, 方知此句, 少陵爲秦蜀傳神而妙處正在阿堵中也.)[45]

'地平(偏)' 2구는 두시 구의 장활한 맛을 보여주어 두시의 풍격과 연관된다. 동시에 '動', '浮' 등의 동사는 형상미를 이루어 내는 시어로 이른바 詩眼이니 용자상의 수법도 주목할 만하다.[46] 따라서 이 2구는 좋은 대구라고 평가할 수 있는데, 그것이 좋은 이유를 분석하면 실제의 경물을 생동감 있게 표현한 데에 있으며, 이는 이제현 자신이 해당 지역을 직접 가 보고서야 알았다는 것이다.

『역옹패설』에서 '地平江動蜀, 天濶樹浮秦'의 논의에 이어 두보의 「月」 시를 다루고 있는데, 대구법으로 시상전개 방식을 논의하여 주목된다. 「月」 시는 "四更山吐月, 殘夜水明樓(사경에 산이 달을 토하여, 남은 밤에 물은 누각을 비춘다)" 두 구로 인하여 인구에 회자하였는데, 실제 이 두 구는 두시에도 많지 않은 가구로써 송대의 소동파는 절창이라는 평을 하였을 정도이다.[47]

"四更山吐月, 殘夜水明樓. 塵匣元開鏡, 風簾自上鉤(사경쯤에 산이 달을 토하여, 남은 밤에 물은 누각을 비춘다. 먼지 묻은 상자에서 본디 거울을 꺼낸 듯하고, 바람 부는 발이 절로 갈고리에 걸린 듯하다)"와 관련하여, 졸옹 최해는 말하기를 "사람들이 뒤의 두 구는 모두 달을 말한 것이라고 하지만 그렇지 않다. '塵匣元開鏡' 구는 물이 누각을 비추고 있음을 말한다. 마치 「秋日夔府詠懷奉寄鄭監審李賓客之芳一百韻」 시에서 '협곡 사이로 강이 흐르고, 바위엔 둥글게 늘어선 고목들. 구름을 찌르는 나무엔 어둑한 초 땅의 기운, 강은 바다로 달리며 오나라 하늘을 찬다'라고 하여 구름 위로 치솟는다는 것은 고목을 의미하고 바다로 달린다는 것은 창강을 말하는 것과 같으니, 이

---

45. 『역옹패설』 後編.
46. 두시 평자 중에서도 이미 이 점을 지적한 이가 있다.
『두시상주』에 인용된 黃生의 주: '동' 자는 용솟음치는 모습을 그렸고 '부'자는 아득하다는 뜻을 그렸다. (動字, 寫洶湧之狀, 浮字, 寫縹緲之意.)
47. 『讀杜心解』 권3의 4 참고.

또한 시가의 한 격이다"라고 하였다. (四更山吐月, 殘夜水明樓. 塵匣元開鏡, 風簾自上鉤. 崔拙翁瀣言, 人謂後二句皆言月, 非也, 塵匣元開鏡 以言水明樓耳, 如夔府詠懷詩, 峽束蒼江起, 巖排古樹圓, 拂雲埋楚氣, 朝海蹴吳天, 拂雲言古樹, 朝海言蒼江, 亦詩家一格也.)[48]

일반적으로 제3구가 묘사하는 것을 달로 본다. 그런데 최해는 이것이 틀린 설이라 하고 자기의 주장을 개진한 것이다. 그리고 주장의 근거는 'a-b-B-A'식 시상전개와 관련이 있다는 것이다. 즉 논의된 네 구 중 제1구와 제4구가 이어지고 가운데 부분, 즉 제2구와 제3구가 이어진다는 것이다. 대구가 연속될 때 이와 같은 방식으로 시상을 이어가는 예가 실제로 적지 않은데 여기서는「秋日夔府詠懷奉寄鄭監審李賓客之芳一百韻」시에서 동일한 구성을 이루는 예를 찾아서 방증하였다. 설령 최해의 설이 옳다고 할 수는 없을지라도, 비교 분석하는 방식을 통하여 자기의 견해를 조리 있게 개진한 점은 그 가치를 높이 살 만하다.

2) 기타

고려조 시화는 세 편뿐이고 수록된 내용도 많지 않다. 따라서 두시 분석의 용례도 몇 조항에 불과한데, 그 중에서도 특이한 방면을 다룬 것이 있다.『역옹패설』에 보이는 다음 이야기가 그 예이다.

위언의 소나무 그림을 놀리며 지은 시에 보면 그를 놀리는 말이 없다. 고소의 주덕윤은 그림에 솜씨가 있는 사람이었는데, 나에게 무릇 소나무와 잣나무를 그릴 때, 꼬불꼬불하고 마디 많은 모습을 그리는 것은 비교적 쉽지만, 하늘을 쳐다보며 골짜기에 솟아 있는 모습은 가장 그리기 어렵다고 말하였다. 이 시의 끝 네 구에서 "나에게 한 필의 좋은 관동 비단이 있는데, 중하게 여기기를 수놓은 비단에 못하지 않다네. 이미 먼지를 털게 하여서 빛이 번쩍번쩍 나니 그대에게 붓을 휘둘러 곧은 줄기를 그려주기를 청한다네"라고 하

48.『역옹패설』後編.

였으니 그것이 바로 위언을 놀리는 말이다. (戱題韋偃畫松詩, 未見有戱之之語. 姑蘇朱德潤妙於丹靑, 謂予言, 凡畫松柏, 作輪囷礧砢則差易, 而昻霄聳壑之狀最爲難工. 此詩後四句, 我有一匹好東絹, 重之不減錦繡段, 已令拂拭光凌亂, 請君放筆爲直幹, 乃所以戱偃也.)[49]

두보의 시에는 戱作이 여러 편이 있다. 그리고 시제에 '戱'를 명기한 것도 많은데, 시제를 중시한 두시의 경우 이를 음미할 필요가 있다. 즉 시제의 '희'의 뜻을 작품 속에서 파악할 수 있어야만 그 시를 제대로 이해할 수 있는데, 「戱爲韋偃雙松圖歌」를 통하여 이제현은 이 문제를 논의한 것이다. 물론 이 시에서 '놀린[戱]' 뜻이 무엇인지를 지적한 것이 이제현뿐만은 아니다. 여러 다른 주해가도 이를 지적하였다.[50] 그렇지만 두시를 이해하고 논의하는 데 있어서 이런 사실까지 간파했다는 사실은 그의 두시에 대한 이해가 세밀한 부분에까지 미치고 있었음을 알게 해준다.

3. 詩話에 보이는 雜記

앞에서 지적하였듯이 시화는 잡기류에 속한다. 따라서 잡다한 이야기나 논평이 수록되게 마련인데, 이 중 문학과 연관성이 있는 것이 많다.

소노천이 구양수에게 올린 편지에서 "(구양수의 글은) 맹자나 한자의 글이 아니고 구양자의 글입니다"라고 하였다. 비록 시라 할지라도 그러하니, 이백

---

49. 『역옹패설』 후편.
50. 王嗣奭, 『杜臆』: 위언의 소나무 그림은 꼬불꼬불한 모습에서 기이한 솜씨를 보이고 곧은 모습은 잘 그리기 어려웠다. 한 필의 관동 비단이 길이가 두 길이나 되는데, 네가 붓을 휘둘러서 곧은 줄기를 그릴 수 있겠느냐 하였으니, 이로써 놀린 것이다. (韋之畫松, 以屈曲見寄, 直便難工, 一匹東絹, 長可二丈, 汝能放筆爲直幹乎, 所以戱之也.)
李植, 『杜詩澤風堂批解』의 끝 구 해설: 놀리는 뜻이 여기에 있다. (戱意在此.)

과 두보로 하여금 구공의 시를 지으라 하더라도 반드시 같을 수는 없으며, 구공이 이두의 시를 짓는다 하더라도 마치 우맹이 손뼉을 치며 담소하는 것 같다 하겠으니, 곧 진짜 孫叔敖라고 이를 수 있겠는가? (蘇老泉上歐公書, 有云非孟子韓子之文, 乃歐陽子之文也. 雖詩, 亦然. 使李杜作歐公之詩, 未必似之, 歐公而作李杜之詩, 如優孟抵掌談笑, 便可謂眞孫敖也耶.)[51]

『역옹패설』에서 인용한 위 글은 『사기』「滑稽列傳」에 보이는 優孟의 에피소드를 빌어서 작가의 개성을 논한 것이다. 비록 두시 자체를 논의의 대상으로 한 것은 아니지만, 여기에 두시가 이백과 함께 언급되어 있어서 이백과 두보를 시인의 대표격으로 인식하였음을 짐작하게 한다.

51. 『역옹패설』 후편.

IV. 조선 詩話에 보이는 杜詩에 대한 논의

조선조는 고려조와 달리 전 시기에 걸쳐서 시화집이 출현하였고, 이들은 그 출현 시기에 따라서 詩史的 潮流나 文學思想의 차이를 보인다. 그러므로 조선조의 시화를 검토 분석하려면 조선조 詩話史의 변천 양상을 알아야 하고 이를 위하여 시화사를 分期하는 일이 선행되어야 한다.

논자에 따라 약간의 차이를 보이기는 하지만, 전기 · 중기 · 후기로 분기하고 중기를 1550년경부터 1650년경까지로 하는 데에는 대체로 동의하는 것 같다.[1] 두시와 관련하여 특히 주목해야 할 시기는 중기이다. 이 시기는 소식 · 황정견을 중심으로 한 초기의 시풍이 퇴조하고 唐詩를 학습하려는 풍조가 새로 대두된 시기이다. 소식을 중심으로 하여 송시를 존숭했던 고려 문단의 풍조는 조선조에서도 이어졌는데, 이런 풍조가 크게 바뀌어 당시를 숭상하게 된 것이다. 鄭士龍 · 노수신 등에 의해서 당시를 숭상하는 풍조가 열렸고[2] 이른바 三唐詩人의 출현으로

1. 안대회, 『朝鮮後期詩話史研究』, 國學資料院, 1995, 17-22쪽 참고.
2. 정사룡과 노수신은 해동강서시파의 일원으로 꼽히기도 하는데(이종묵, 『海東江西詩派研究』, 太學社, 1995, 22-23쪽 참고.) 이들 모두 당시를 학습하고 두시에 조예가 깊었다.

이것이 극대화되었다. 시단의 이러한 양상은 시화에도 그대로 반영되어 나타나기 때문에 자연 이 시기의 시화에는 당시와 관련된 논의가 많다. 두시의 경우만 하더라도 다양하고 심도 있는 논의가 대량으로 보이니, 조선조 시인의 두시에 대한 인식을 이해하려면 이 시기 시화는 우선적으로 분석 검토되어야 한다. 이 중기의 시화로 주요한 것은 『鶴山樵談』(許筠 撰)·『惺叟詩話』(許筠 찬)·『芝峰類說』(李晬光 찬)·『晴窓軟談』(申欽 찬)·『於于野談』(柳夢寅 찬)·『霽湖詩話』(梁慶遇 찬) 등이다.

이 중 첫째로 주목해야 할 것은 『지봉유설』이다. 이 책은 총 20권의 방대한 양으로 이루어진 類書식 저술인데, 이 중 卷8부터 卷14까지가 文章部이다. 이는 조선 시화집을 대표할 만한 것인데, 이 속에 시와 관련된 논의가 집중적으로 보인다. 실증적이고 고증적인 분석 태도로 중국 역대의 시인들을 분석하였는데, 두보 관련 조항이 두드러지게 많다. 모두 130여 조나 되어 있어서 여타 시화집과는 비교가 되지 않는다.[3] 이는 이수광 스스로 "두보를 시대를 달리한 지음이라고 여긴다"[4]라고 했을 정도로 두보에 대한 이해가 깊었기 때문이리라. 따라서 이 『지봉유설』은 연구 대상 중 첫째로 꼽아야 할 것이다.

『학산초담』과 『성수시화』는 찬자가 許筠이라는 점에서 주목할 필요가 있다. 허균은 어느 누구보다도 송시를 부정적으로 평가하여 "시가 송대에 와서 망하게 되었다"는 과격한 주장을 펼치기까지 한 사람이

---

3. 崔皙元, 「『지봉유설』에 나타난 두시 비평 양상 연구」, 서울대학교 석사학위논문, 2004, 6쪽 참고.
4. 『지봉유설』 권9: 두시에서 말하기를 "문장은 천고의 일로서, 그 득실은 한 치 마음이 안다"고 하였다. 또 말하기를 "슬프다 곡조가 같은 자, 누가 있어서 서로 아낄 것인가. 글을 논평하는 일은 웃으며 스스로 안다"라고도 하였다. 이런 때문에 고금의 글 하는 사람들이 지기를 소중히 여기는 것이다. 나는 만년에 더욱 이 글귀가 맛이 있다고 느껴서 매번 한 번 읊고는 세 번씩 감탄하며, 일찍이 소릉을 세대를 달리한 지음으로 생각하지 않은 때가 없었다. (杜詩曰, 文章千古事, 得失寸心知, 又曰, 同調嗟誰惜, 論文笑自知. 此古今詞人所以重知己也. 余於晩年益覺此句爲有味, 每一唱三歎, 未嘗不以少陵爲異世知音也.)

다.[5] 자연히 당시를 긍정적으로 평가하였고 이러한 그의 시관은 그의 시화에 그대로 반영되었다. 『제호시화』는 전체가 1권에 불과한 짧은 시화집이지만 그 속에 두시 관련 조항이 7칙이나 된다. 두시와 관련된 조항이 많은 것은 찬자인 梁慶遇가 당시를 선호하였다는 사실에서 우선 그 이유를 찾을 수 있을 것이다. 그리고 『제호시화』에 보이는 찬자의 관심사에서도 또 하나의 이유를 찾을 수 있다. 『제호시화』에는 시학과 관련된 정채 있는 논의가 많은데, 시의 형식적 측면에 치중한 논의가 특히 그러하다. 양경우가 시의 형식미에 관심이 있었음을 알 수 있는데 그렇다면 형식적 미에 있어서 독보적인 경지를 이룬 두시가 주된 논의의 대상이 된 것은 당연한 귀결인 것이다.

중기 이외의 시화도 당연히 분석 대상이 된다. 그러나 조선조의 시화는 100종이 넘고 두시와 관련된 조항도 헤아릴 수 없을 정도로 많기 때문에, 이 모두를 검토하고 논의하는 일은 쉽지가 않다. 따라서 대표성이 있는 것을 선별하여 검토하는 것은 부득이한 일이다.

조선조의 시화 중 두시와 관련된 조항이 비교적 많이 수록된 것으로는 『東人詩話』(徐居正 撰)·『芝峰類說』·『晴窓軟談』·『壺谷漫筆』(南龍翼 찬)·『西浦漫筆』(金萬重 찬)·『東人詩話』(찬자 미상)·『東國詩話彙成』(洪重寅 찬)·『星湖僿說』(李瀷 찬)·『龜磵詩話』(南羲采 찬)·『東國詩話』(찬자 미상)·『詩家點燈』(李圭景 찬)·『綠帆詩話』(朴永輔 찬)·『海東詩話』(찬자 미상) 등으로 이들은 모두 10則 이상을 수록하였다. 그리고 이들은 잡기류의 시화가 아니라 전문적 시화이다.[6] 이처럼 수록한

---

5. 『惺所覆瓿藁』·「宋五家詩抄序」: 시가 송대에 이르러서는 망했다고 말해도 된다. 이른바 망했다는 것은 그 말이 망한 것이 아니라, 그 이치가 망한 것이다. 시의 이치는 상세하거나 완곡함에 달려 있지 않고 언사는 끊어져도 뜻은 이어지고 가리키는 것은 가까운데 旨趣는 먼 데 달려 있다. 이치의 길을 가지 않고 말의 통발에 떨어지지 않아야 최상승인데 당나라 사람의 시가 왕왕 이에 가깝다. (詩至於宋, 可謂亡矣. 所謂亡者, 非其言之亡也, 其理之亡也. 詩之理, 不在於詳盡婉曲, 而在於辭絶意續, 指近趣遠. 不涉理路, 不落言筌爲最上乘, 唐人之詩往往近之矣.)
6. 시화는 잡기류 시화집과 전문적 시화집으로 대별할 수 있다. 전자는 잡기의 일부

양이 많고 내용도 전문적이기 때문에 이들 시화는 자세히 검토해야 할 필요가 있다. 단 찬자가 미상인 것은 찬자의 문학적 경향을 알기 어렵다는 점에서 논의 대상으로 적합하지 않을 뿐만 아니라, 수록된 조항의 다수가 이전 시화에 나오는 것과 별반 차이를 보이지 않는다는 약점도 있다. 따라서 이러한 시화집 속의 두시 관련 조항은 큰 의미를 두지 않아도 될 것 같다.

『동인시화』(서거정 찬)는 조선시화사의 전기에 속한다. 따라서 조선 전기의 두시 수용과 평가 양상을 이해하는 데 유익한 자료가 된다. 『호곡만필』 이하는 시화사의 후기에 속하는 것이다. 단 시화사의 후기 중에서도 처음 일정 기간에는 중기의 당시 숭상 풍기가 여전히 남아 있었다.[7] 『호곡만필』과 『서포만필』 등이 이 시기에 해당하니, 이들 속에 두시에 대한 논의가 많은 것은 자연스러운 현상일 것이다. 『성호사설』은 18세기 후반기의 실증적 또는 고증적 비평 경향을 반영하였다는 점에서 주목받는 類書식 저술이다. 이 중 '詩文門'에서 시를 다루었는데, 시를 객관적으로 분석하여 작품의 진위, 字句의 舛訛, 작품의 故實과 源流 등을 규명하려는 경향을 보였다. 이러한 경향은 『지봉유설』과 맥을 같이한다. 그리고 시 자체의 예술미를 밝히는 데에도 주력하였다. 이익은 여러 글에서 시가 교화에 도움이 되어야 한다는 주장을 펼쳐서 효용론의 시관을 가진 것으로 여겨지기도 하지만, 여기서는 다른 태도를 보인 것이다.[8] 두시와 관련하여 의미 있는 논의가 다수 수록된 이유는 바로 예술미 추구라는 저작 목표에서 그 답을 찾을 수 있을 것이다. 『구간시화』와 『시가점등』 등의 시화는 19세기에 출현한 것이다. 이들은 우선 그 양이 방대하다는 점에서 주목된다. 두시 관련 조항도 당연히 많다. 그러나 양은

로 시화가 포함된 것이고, 후자는 전적으로 시를 논의의 대상으로 한 것이다.

7. 『조선후기시화사연구』에서 안대회는 후기를 다시 17세기 후기, 18세기 전기, 18세기 후기, 19세기 전기 등으로 나누었는데, 17세기 후기가 바로 이 시기에 해당한다.

8. 안대회, 『조선후기시화사연구』, 국학자료원, 1995, 147쪽 참고.

방대한데 필사본이어서 실제로 검토하기는 쉽지가 않다.

하나 더 언급할 필요가 있는 것은 『終南叢志』(金得臣 찬)이다. 그것의 원본은 현재 따로 전해지는 것이 없어서 본래의 면목을 알 수 없고 단지 『詩話叢林』에 수록된 것만이 전해지는데 그 양은 48則에 불과하다. 그런데도 그 속에 두시 관련 조항이 7칙에 달한다. 찬자가 두시에 관심이 많았음을 알 수 있다.

이 장에서 논의할 내용은 이상의 시화집을 위주로 하되, 필요에 따라서는 다른 시화집도 참고할 것이다.

1. 杜詩의 존숭과 학습

1) 杜詩의 존숭

(1) 詩聖으로 존숭

고려 시화에서와 마찬가지로 조선조의 시화에도 두보의 시를 유가 성인의 업적에 견주어 평가한 예가 발견된다.

> 두보의 시를 옛 사람은 주공이 예악 문물을 제정한 것에 비유하였는데 참으로 적절한 논의라 하겠다. 그런데 후대에 두보를 배우는 자들을 보건대, 자칫 잘못하면 속된 데에 빠지거나 졸렬한 쪽으로 흘러가 버리고 심한 경우에는 억세기만 하여 읽을 수가 없다. 한유의 글에 있어서도 마찬가지이다. (杜詩, 故人比之周公制作, 誠的論也. 後之學杜者, 不善則陷於俗流於拙, 甚則木強不可讀, 韓文亦然.)[9]

상촌 신흠의 말로서, 서언에서 인용한 바 있다. 두시를 주공에 비유하게 된 논리적 근거가 무엇인지 구체적으로 언급하고 있지 않아서 알 수 없다. 하지만 주공이 예악 문물을 제정하여 성인으로 존숭되었다는

---

9. 『晴窓軟談』 中.

사실을 감안하면 두시에 최고의 지위를 부여하고 두보를 시의 성인으로 평가한 것임은 분명하다. 그리고 후인들이 두시를 학습할 때의 문제점을 지적하면서, 한유의 문장에서도 동일한 양상이 있다고 하였다. 문장에서 한유의 지위가 어떠한가? 한유가 최고의 문장가임은 주지하는 사실이다. 한유의 문장을 두보의 시에 곁들여서 언급한 점에서도 두시를 시사의 최고봉으로 존숭하였음을 재차 확인할 수 있을 것이다.

『西浦漫筆』에 보이는 金萬重의 다음 평가는 두보를 집대성자로 평가하였다.

> 내 생각으로는 옛날부터 문장의 대가로는 다만 네 사람이 있다. 사마천과 한유의 문장, 굴원의 부, 그리고 두보의 시가 이것이다. 여기에는 사시의 기상이 다 갖추어져 있다. 그렇지 않다면 대가라고 하기에는 부족하다. (竊謂自古文章大家, 只有四人. 司馬遷韓愈之文, 屈平之賦, 杜甫之詩, 是也. 是皆具四時之氣焉, 不然不足爲大家.)[10]

사시의 기상을 다 갖추고 있다는 것은 두시가 시를 집대성했다는 뜻이니, 그의 시가 다양한 풍격과 내용을 다 갖추고 있다는 것이다. 그러한 사람으로 두보와 함께 한유·사마천·굴원을 꼽고 있어서 그의 시가 대가의 반열에 들어 중국 시를 대표한다는 사실을 천명하였다.

공자가 중국 문화의 집대성자로 평가받음은 주지의 사실이다. 그렇다면 두보를 시의 집대성자로 간주한 김만중의 평가는 두보를 시성으로 평가하는 것의 또 다른 표현으로 받아들여도 무방할 것이다.

(2) 詩學의 典範

우리 선인들은 두시를 존숭하여 다른 사람의 시를 평가함에 있어서 종종 두시와 비교하였다.

---

10. 『서포만필』 下.

蘇齋 盧守愼의 시에서, "海月蟲音盡, 山風露氣收(바다 위에 달이 떠오르니 벌레소리도 그치고, 산에서 바람이 부니 이슬 기운 거두었다)"라는 구절은 두보의 시집에서 찾더라도 별로 없을 것이다. "初辭右議政, 便就判中樞(당초 우의정을 사양하더니 곧 판중추로 나아갔네)"와 같은 시구는 대구가 저절로 이루어진 것이니 생각해서 만든 것과는 비교할 수 없다. 그가 지은 내 아버님의 神道碑는 평범하여 우뚝 솟거나 기이한 구석이 없다. 그렇다면 이것도 기이하면서도 도리어 평범해 보이려고 의도한 것인가? (蘇齋, 海月蟲音盡, 山風露氣收之句, 求之於少陵卷中, 亦不可多得. 初辭右議政, 便就判中樞之句, 對偶天成, 不較思索. 其製先子神道碑, 平平無崛奇處, 抑亦用意於奇而返拙者乎.)[11]

허균의『학산초담』에서 노수신의 시구를 평한 것이다. 노수신은 특히 두시를 숙독한 시인이었기 때문이겠지만, 그의 시를 평가하면서 두시에서도 찾기 힘들 것이라고 한 것은 결국 두시를 시의 전범으로 인정하고 있음을 의미할 것이다.

(3) 杜甫의 인품

조선조의 시인들도 고려조와 마찬가지로 두보의 충성심을 높이 샀다.

옛사람이 두보를 칭찬한 것은 비단 시에 있어서 성인인 때문만이 아니라, 시가 모두 나라를 걱정하고 백성을 걱정하며 한 번 밥을 먹을 때에도 군주를 잊지 않는 마음에서 나왔기 때문이다. 예컨대 부주로 피신했다가 행재소로 가면서 험한 일을 겪었는데,「애왕손」과「비진도」등의 시편에서 그 뜻이 어디에 있는지를 알 수 있다. 원나라 지치 연간에 고려의 충선왕이 모함을 받아 서쪽 변방으로 귀양을 가자, 익재 이문충공이 만 리 먼 길을 달려가 문안하니, 그 충성과 의분이 대단하였다. 예컨대, "한 치 창자 속에 얼음과 눈이 어지러이 서로 가하니 한 번 연산을 바라보며 아홉 번 한숨 짓네. 누가 전어와 고래가 땅강아지와 개미에게 시달린다고 말했던가? 가련타 서캐와 이가 두꺼비를 헐뜯는구나. 혼란의 조짐을 막을 재주 부족하니 얼굴이 붉어지고

11.『鶴山樵談』.

무너지는 것 부여잡을 의리가 막중하여 머리는 이미 백발이 되었다. 만고의 金滕 유책이 남아 있으니 여러 아우들 주나라 그르침을 용납하지 않으리라" 고 하였으며, 또, "한숨지으며 공중에 글씨 쓰고 다만 앉아 시름겨워 하니 쇠미한 나라의 어느 곳이 숨어 살 곳이라 노래하랴? 십 년 동안의 고달픈 일은 천리를 달리는 물고기요, 만고의 부침 겪으니 한 언덕의 오소리라네. 밝은 해 서쪽으로 날아가니 혼이 바로 끊기고 푸른 강물 동쪽으로 흐르니 눈물 먼저 쏟아지네. 문에 가득 드나들던 식객들 가운데 닭 울음을 흉내 내거나 개처럼 도둑질하는 자 없으니 나와 같이 은덕을 많이 받은 자는 죽어도 부끄럽네"라고 하였다. 그러한 충성과 격분에 있어서 두소릉이 앞에서 그 아름다움을 독차지하지는 못할 것이다. (古人稱杜甫, 非特聖於詩, 詩皆出於憂國憂民, 一飯不忘君之心, 如避地鄜州, 達行在間關岐嶇, 其哀王孫悲陳陶等篇, 可見其志之所存. 大元至治中, 高麗忠宣王, 被讒竄西蕃, 益齋李文忠公, 萬里奔問, 忠憤藹然, 如寸腸氷雪亂交加, 一望燕山九起嗟, 誰謂鱣鯨困螻蟻, 可憐蟣虱訴蝦蟆, 才微杜漸顔宜赭, 義重扶顚鬢已華, 萬古金滕遺策在, 未容群叔誤周家. 又咄咄書空但坐愁, 式微何處賦菟裘, 十年艱險魚千里, 萬古升沈貉一丘, 白日西飛魂正斷, 碧江東注淚先流, 滿門珠履無鷄狗, 飽德如吾死合羞等篇, 其忠誠憤激, 杜少陵不得專美於前矣.)[12]

徐居正이 편찬한 『동인시화』에 나오는 말이다. 두보가 칭송되는 이유가 단순히 시를 잘 지어서만이 아니라 그의 憂國愛民의 정신 때문이라는 주장을 펼치면서, 「黃土店」 시를 들어 고려의 益齋 李齊賢이 그에 못지않음을 말하고 있다. 앞에서 언급하였듯이 이제현은 두시를 깊이 공부한 사람이다. 서거정이 이 사실을 알고 그의 정신을 두보에 견주었을지도 모르겠다.

조선조에서 두시가 존숭된 이유는 고려조와 다를 바 없이, 우선 그의 충성심 때문이다. 충성심이란 시인의 내면 수양이고 시의 내용과 관련된 것인데, 이 문제는 주지하는 사실이라 더 이상 논의할 필요가 없을 것이다.

---

12. 『동인시화』 上.

단 작가의 수양과 관련된 것으로 두보의 진지한 작시 태도가 언급되었다는 점을 추가로 지적하고 싶다.

> 옛사람들은 시를 개작하는 것을 싫어하지 않았다. 두소릉은 시성이었지만 "桃花細逐楊花落, 黃鳥時兼白鳥飛(복숭아꽃은 살며시 버들꽃을 따라 떨어지고 꾀꼬리는 때로 백조와 함께 나네)"라고 한 시구는 여러 번 개정을 거친 것이다. 목은이 일찍이 아들인 인재 종학과 서주루에 올랐다가 시를 쓰기를 "西林石堡入雲端, 亭樹含風夏尙寒(서쪽 숲의 보루는 구름 속에 들어가 있고 정자의 나무는 바람을 머금어 여름에도 오히려 춥다네)"라고 하였다. 길을 가다가 도중에 종학이 아뢰기를 "아버님의 시 가운데 尙자는 亦자만큼 온당치 못한 듯합니다." 하니, 목은은 '과연 옳다' 하고는 재촉하여 돌아가 고쳤다. 尙자와 亦자는 비록 똑같은 뜻이나 亦자가 더욱 온당함만 못한 것이다. (古人詩不厭改. 少陵詩聖也, 其曰桃花細逐楊花落, 黃鳥時兼白鳥飛, 屢經刪改. 牧隱嘗與子麟齋種學, 登西州樓, 有題云, 西林石堡入雲端, 亭樹含風夏尙寒. 行至半途, 種學曰, 大人詩中尙字, 不如亦字之穩. 牧隱曰, 果是也, 促令返改之. 尙亦雖一意, 殊不如亦字尤穩.)[13]

『東人詩話』에 나오는 이야기이다. 고려조의 문인인 목은 李穡이 시구를 고친 일화를 소개하면서 두보를 먼저 거론하여 이야기의 실마리로 삼았다. 시성인 두보도 시를 부단히 고쳤으니, 이러한 작시 태도는 본받아야 한다는 것이다. 인용된 시구는 「曲江對酒」에 보이는 것인데, 두보의 시집을 보면 두보가 이 두 구를 손질하였음을 알 수 있다. '桃花' 구의 '梨'는 판본에 따라서는 '楊'으로 되어 있고 '黃鳥' 구의 '時'는 판본에 따라 '仍'으로 되어 있다. 그리고 蔡夢弼의 말에 의하면 이 시는 두보의 墨跡이 있는데 고친 흔적이 있다고 하였다.[14] 서거정이 아

---

13. 『동인시화』 上.

14. 『두시상주』: 채몽필은 두보의 묵적에 처음에는 '欲共楊花語(도화가 버들 꽃과 이야기하려 하다)'라고 하였다가 스스로 흐릿한 글씨로 세 글자를 고쳤다고 하였다. (蔡云, 老杜墨跡初作欲共楊花語, 自以淡筆改三字.)
구조오는 이와 관련하여 "복숭아 꽃과 버들 꽃은 같은 시기에 피지 않으니 마땅

마 이런 사실을 알고 이 시구를 예시하였으리라 짐작된다.

작시 태도가 진지하다는 것은 시인의 품성에서 연유한 것이다. 동시에 그의 시가 높은 경지의 예술성을 이룬 이유이기도 하다. 즉 두시는 각고의 탁마를 통하여 창작되어졌고, 그 결과 율시와 같이 많은 제약을 가진 시체에서 성취를 이루었던 것이다.

『성호사설』에 보이는 다음 이야기는 색다른 관점에서 두보의 인품을 논하고 있다.

> 두자미의 시[15]에서 "문을 들어서자 통곡소리 들리니 어린 자식이 굶주려 이미 죽었구나. 내 어찌 한바탕 슬픔을 사양하리오? 마을 사람도 오열하는구나. 부끄럽기는 사람의 아비가 되어서 먹을 것이 없어 요절에 이르게 했음이라. 가을 벼가 익었는데 가난하여 이런 급박한 일이 생길 줄 어찌 알았으리오?"라고 하여 고생을 거의 감당할 수 없음을 극언하였다. 그리고 또 "살아서 항상 조세를 면하고 이름은 전장에 나가는 징집자 명단에 들지 않았으나, 지나온 자취를 더듬어 보면 오히려 괴로우니 보통 사람은 진실로 처량하리라"라고 하였다. 두보가 비록 고생한 것이 이와 같지만 조세는 면하였으니 일을 잃은 무리와는 다르고, 징집자에 해당하지 않았으니 멀리 수자리하는 군졸과 다르다. 그러나 자취를 더듬어 보면 오히려 괴로우니 하물며 평민으로 수탈과 칼날의 환난이 있는 평민이야 그 처량함이 본시 당연한 것이다. 무릇 사람의 마음이란 우환 거리가 있을 때마다 위쪽의 자기보다 나은 사람을 가져다 비교를 하고 그런 것을 얻을 수 없음만을 한스럽게 생각하지, 아래쪽에 또 자기만 못한 사람이 있다는 사실을 전혀 알지 못한다. 옛말에 이르기를 "덕업은 앞쪽 사람을 보고 명성과 지위는 뒤쪽 사람을 살펴보아라"라고 하였는데, 이렇게 마음을 가지면 어찌 분수를 편안하게 받아들이지 않을 리가 있겠는가? 또 "바쁘게 스스로 달려가니 가고 가서 속박을 받는다. 귀한 사람 없으면 천한 사람이 슬퍼하지 않을 것이고 부자가 없으면 가난한 이도 또한 만족한다"[16]라고 하였으니 가히 스스로를 잘 달래었다고 할 수 있을 것이다. (子美詩云, 入門聞號咷, 幼子飢已卒, 吾寧捨一哀, 里巷猶嗚咽, 所

히 배꽃을 따르는 것이 옳다(桃花楊花開不同時, 當依梨花爲是)"라고 하였다.

15. 「自京赴奉先縣詠懷五百字」.

16. 「寫懷二首」.

愧爲人父, 無食致夭折, 豈知秋未(禾)登, 貧窶有倉卒, 極言困苦殆於不能堪也. 又云, 生常免租稅, 名不隸征伐, 撫迹猶辛酸, 平人固騷屑, 甫雖困苦如此, 能免租稅, 則異於失業之徒矣, 不隸征伐, 則異於遠戍之卒矣. 然而撫迹猶有辛酸如此, 況在平民有浚剝鋒刃之患, 其騷屑固宜矣. 凡人之情, 每於憂患, 必取上面勝己者來比, 惟恨其不能得此, 殊不知下面又有不及己者存也. 古語云, 德業觀前面人, 名位觀後面人, 如是存心, 寧有不安分之理. 又云, 冉冉自趨競, 行行見覊束, 無貴賤不悲, 無富貧亦足, 亦可謂善自寬矣.)[17]

『성호사설』에 '子美善寬'이라는 표제하에 있는 글로서, 두보가 어려운 여건 속에서 마음을 느긋하게 가지고 자신의 괴로운 심사를 잘 달래었음을 칭송한 것이다. 그러나 「自京赴奉先縣詠懷五百字」 시의 내용은 인민 대중을 사랑하였던 두보의 정신이 반영된 것으로 평가할 수도 있겠다.

조선조 시화에는 두보의 인품을 폄하하는 것도 있다. 이는 고려시화집에서는 보이지 않았던 것이라 주목된다. 두보는 『신당서』와 『구당서』에서 모두 성품이 조급하다는 평을 받았고,[18] 이후 두시를 싫어하는 중국 평자들은 이것을 근거로 하여 두보를 폄하하였는데, 우리 시화집에 보이는 두보의 폄하도 대체로 이에 근거한다.

살펴보건대, 두자미는 나이 40세에 진사에 응시하였으나 급제하지 못하였다가, 비로소 부 세 편을 올려서 대제집현원이 되었으니 그의 불우함이 심하였다. 그렇지만 아뢰기를, "신의 저술이 비록 육경을 고취하기에는 부족하나 침울돈좌하며 때에 따라 민첩하게 짓는 것은 양웅이나 매고의 경지에 미칠 수 있습니다. 신이 이러한데 폐하께서 어찌 차마 버리시겠습니까?"라고 하였으니 그의 자부함이 또한 매우 높다. 『당서』 「예문전」에 말하기를 "두보는 성질이 조급하며 오만하고 방탄하다"고 하였다. 또 말하기를 "이백은 거만

17. 『성호사설』 詩文門.
18. 『신당서』: (두보는) 성품이 조급하고 오만 방탄하였다. (性褊躁傲誕.)
『구당서』: 두보는 성품이 조급하고 풍도가 없으며 은혜를 믿고 방자하였다. (甫性褊躁, 無器度, 恃恩放恣.)

한 뼈가 있어서 굽혔다 폈다 하지 못한다"고 하였다. 내가 생각건대, 예전이나 지금이나 시인은 거만한 예가 많다. 그러나 이백과 두보는 더욱 심하다. 그들이 마침내 불우하여 떨치지 못한 것은 대체로 까닭이 있었던 것이다. (按, 杜子美, 年四十擧進士不第, 始奏賦三篇, 得待制集賢院, 其落拓甚矣. 而奏言臣之述作, 雖不足鼓吹六經, 至沈鬱頓挫, 隨時敏給, 揚雄枚皐可企及也, 有臣如此, 陛下其忍棄之, 其自許亦太高矣. 唐藝文傳曰, 杜甫性褊躁傲誕, 又言李白有傲骨, 不能屈伸. 余謂古今詩人, 例多倨傲, 而李杜尤甚, 終於落拓不振, 蓋有以夫.)[19]

장주가 함부로 지껄여 공자를 조롱하고 모욕하였는데, 후인들은 그 말을 습용한 이가 많았다. 왕적 같은 사람은 "예악은 주공 단을 가두었고, 시서는 공구를 묶어 놓았다"[20]라 하였고, 이백은 "봉황의 노래로 공구를 비웃는다"[21]라고 하였으며, 두자미는 "공구와 도척이 함께 티끌이 되었다"[22]라고 하였으니, 거의 성인을 모욕한 것이 아니겠는가? 그 중에서도 두자미가 더욱 심하다. (莊周放言譏侮孔子, 而後人多襲其語, 如王績云, 禮樂囚周旦, 詩書縛孔丘. 李白云, 鳳歌笑孔丘. 杜子美云, 孔丘盜跖俱塵埃, 不幾於侮聖人乎, 杜則又甚焉.)[23]

위의 두 평론은 모두 『지봉유설』에 보이는 것으로, 두보의 인품을 폄하하고 있다. 이수광은 대체로 두보에 긍정적이고 두시의 성취도 인정한 것으로 보이는데, 여기서는 이와 현격하게 다른 태도를 보이고 있어서 당혹스럽다. 공자에 대해 조금이라고 불경스러운 표현을 용납할 수 없는 조선조 사회의 풍조가 시인의 평가에도 그대로 작용한 것으로 보인다.

(4) 李杜優劣論

두시와 대척 관계에 있는 것은 이백의 시이다. 둘 다 최정상으로 평가

---

19. 『지봉유설』 권8.
20. 「贈程處士」. 『全唐詩』 본에는 '周'가 '姬'로 되어 있다.
21. 「廬山謠寄盧侍御虛舟」.
22. 「醉時歌」.
23. 『지봉유설』 권9.

받으면서 작가 정신이나 시작 태도가 판연하게 달랐기 때문이다. 앞에서 언급한 작시 태도만 보더라도 두보가 치밀한 계산을 하고서 끊임없이 고치는 스타일이라면 이백은 즉흥적으로 그리고 단숨에 써내려가는 스타일인 것이다. 따라서 후인들은 자신의 시관에 따라 이 두 시인을 비교 평가하고 우열을 논하였다. 이른바 '李杜優劣論'인데, 조선조의 시화에 이와 관련된 조항이 여럿 보인다.

우선 『서포만필』로 유명한 김만중을 예로 보자.

> 이백과 두보는 이름이 똑같이 났으나, 당 이래로 문인들이 편을 들면서 두보 쪽에 편을 든 것이 열에 일곱 여덟이다. 백거이 · 원진 · 왕안석 및 강서파 등은 다같이 두보를 존숭하였고 구양수 · 주희 · 楊愼 등은 이백을 높였으며, 한유와 소식은 이들을 다같이 존숭했던 사람이다. 명대 弘治 · 嘉靖 연간의 여러 문인들 역시 다같이 존숭했지만, 그들의 본뜻을 살펴보면 대부분이 두보에 편향되었다. 시도가 두보에 이르러서 크게 완성되어 고금 사람들이 그를 추앙하여 대가로 삼는 데는 이론이 없으니 이백은 정녕 함께 논할 수가 없다. (李杜齊名, 而唐以來, 文人之左右袒者, 杜居七八. 白樂天元微之王介甫及江西一派, 幷尊杜. 歐陽永叔朱晦菴楊用修右李, 韓退之蘇子瞻幷尊者也. 若明弘嘉諸公, 固亦幷尊, 而觀其旨意, 率皆偏向少陵耳. 詩道至少陵而大成, 古今推而爲大家, 無異論, 李固不得與也.)[24]

이백과 두보의 우열과 관련하여 중국 역대 시인들의 평가가 갈렸음을 지적하였지만, 종국에는 두보가 더 우월하다는 논지이다. 이는 김만중이 원래 두시에 편향된 관점을 가지고 있었다는 사실을 감안하면 당연한 귀결일 것이다.

다음으로 『지봉유설』을 보자. 앞에서 언급하였듯이 이수광은 스스로 "두보를 시대를 달리한 지음이다"[25]라고 했을 정도로 두보에 우호적이

---

24. 『서포만필』 下.

25. 『지봉유설』 권9: 두시에서 말하기를 "문장은 천고의 일로서, 그 득실은 한 치 마음이 안다"고 하였다. 또 말하기를 "슬프다 곡조가 같은 자, 누가 있어서 서로 아

었다. 그러나 『지봉유설』을 보면 그가 두시를 무조건적으로 찬양한 것은 아니어서, 그의 평가가 객관성을 가지고 있었음을 알 수 있다. 따라서 두시에 편향된 평자, 예를 들어 앞에서 본 김만중의 경우와 달리 평가의 결과가 궁금하게 된다. 아래에 몇 가지를 예거해 보자.

王世貞이 말하기를 "10수 이전에는 소릉의 시가 비교적 이해하기 어렵고, 100수 이후에는 청련의 시가 비교적 싫증나기 쉽다"라고 하였는데, 이는 두보를 편들고 이백을 깎아내린 것이다. 또 말하기를 "태백의 시에는 말이 안 되는 것이 적지만 노두의 시에는 말이 되지 않는 것이 많다"라고 하였는데, 이는 이백의 편을 들고 두보를 깎아내린 것이다. 또 말하기를 "태백의 칠언율시와 자미의 칠언절구는 모두 변체여서 많이 본받을 만한 것이 못 된다"라고 하였으니, 이는 양쪽을 모두 깎아내린 것이다. 그러나 왕세정이 이백과 두보의 시에 대하여 찬양한 것은 진실로 많다. 지금 다 적지는 않겠다. (王弇州曰, 十首以前, 少陵較難入, 百首以後, 青蓮較易厭, 此則與杜而抑李也. 又曰, 太白不成語者少, 老杜不成語者多, 此則與李而抑杜也. 又曰, 太白之七言律子美之七言絶, 皆變體, 不足多法, 此則兩抑之. 然弇州於李杜, 揚之者固多矣, 今不盡錄.)[26]

두보의 「북정」 시와 이백의 「천상백옥경」 시와 한유의 「남산」 시는 고금의 장편 중에서 최고의 걸작이다. 그런데 반복해서 자세히 음미하면, 이백 시는 기력이 북정시에 미치지 못하고, 웅혼함은 남산시에 미치지 못하니, 이에 이백 시도 못하는 바가 있음을 알 수 있다. (杜甫北征詩, 李白天上白玉京詩, 韓愈南山詩, 古今長篇中最爲傑作, 而反復詳味, 則李詩氣力不及北征, 雄渾不及南山, 乃知尺有所短耳.)[27]

낄 것인가. 글을 논평하는 일은 웃으며 스스로 안다"라고도 하였다. 이 때문에 고금의 글 하는 사람들이 지기를 소중히 여기는 것이다. 나는 만년에 더욱 이 글귀가 맛이 있다고 느껴서 매번 한 번 읊고는 세 번씩 감탄하며, 일찍이 소릉을 세대를 달리한 지음으로 생각하지 않은 때가 없었다. (杜詩曰, 文章千古事, 得失寸心知, 又曰, 同調嗟誰惜, 論文笑自知. 此古今詞人所以重知己也. 余於晚年益覺此句爲有味, 每一唱三歎, 未嘗不以少陵爲異世知音也.)

26. 『지봉유설』 권9.

27. 『지봉유설』 권9.

> 『두시집』의 서문에 말하기를 "두자미는 당시에 있어서는 이름이 이백의 다음이었고, 또 이백보다 10여 세나 나이가 적었으며, 평소에 아는 자도 또한 드물었다. 원화 연간에 이르러 천하가 다투어 원진, 백거이의 시를 외게 되고, 자미에게는 비평과 헐뜯음을 퍼부었다. 한퇴지가 두자미의 시는 광염이 만 길이니 어찌 헐뜯어 훼상하겠는가라고 말하였고, 또 원미지도 글에서 극도로 칭찬하여 이백이 따라갈 수 없다고 하자, 이에 자미의 이름은 빛나서 일월과 함께 광채를 나타내게 되고 시를 짓는 자가 그를 종사로 받들게 되었다"고 하였다. 내가 생각건대, 자미의 문장도 오히려 후인은 기다려서 드러났으니, 하물며 지금의 선비들은 어떠하겠는가? (杜詩集序云, 子美在當時, 名亞李白, 又少白十餘歲. 而生平知者亦鮮. 至元和間, 天下爭誦元白, 于子美覆加詆訾. 及韓子有光燄萬丈何用謗傷之語, 元微之文, 極稱非李所及, 于是子美之名, 燁燁與緯耀流輝, 而業辭藝者宗之. 余謂, 子美之文章, 猶待後人而顯, 況今世之士乎.)[28]

이백과 두보의 우열에 대해 때로는 이전 평자의 견해를 소개하고 때로는 이수광 자신의 견해를 피력하였는데, 확실히 한 쪽으로 치우치지 않으려는 노력을 하고 있다. 그 우열에 대한 평가가 어떠하든 간에 이두우열론은 이백과 두보가 최정상의 시인이라는 전제하에서 생성된 것이다. 따라서 우리 시화에 이것이 등장했다는 것은 결국 두보를 최정상으로 인정한다는 사실의 한 표현인 것이다.

한 가지 첨언해 둘 것은 이백이 두보를 어떻게 평가했느냐 하는 문제이다. 주지하다시피 두보는 여러 편의 작품에서 이백을 언급하고 하나같이 그를 찬양하였다. 반면에 두보와 관계되는 이백의 시는 통틀어 4수에 불과하다. 그리고 그 속에 두시를 높이 평가하는 내용도 없다. 더구나 「戱贈杜甫」 시는 두보를 조롱하는 느낌이 있어서 후인들이 이를 두고 논란이 분분하였다. 이수광은 이 문제에 대해서도 다음과 같이 언급하였다.

> 두보는 이백에 대하여 가장 인정하였으니, 예를 들어 "李侯有佳句, 往往似陰鏗.(이후는 아름다운 시구가 있어 왕왕 음갱과 같다)"이라고 한 구,[29] "清

---

28. 『지봉유설』 권14.

新庾開府, 俊逸鮑參軍.(청신함은 유개부요, 준일함은 포참군이다)"이라고 한 구,[30] "敏捷詩千首, 飄零酒一杯.(민첩하게 시 천 수를 짓고 영락하여 술 한 잔을 마신다)"라고 한 구,[31] "筆落驚風雨, 詩成泣鬼神.(붓이 떨어지면 바람과 비를 놀라게 하고 시가 이루어지면 귀신을 흐느껴 울게 한다)"이라고 한 구,[32] "千秋萬歲名, 寂寞身後事.(천추 만세의 명성도 쓸쓸히 죽고 난 뒤의 일이다)"라고 한 구[33]들이 그것이다. 이백은 두보에 대하여 별달리 인정한 말이 없다. 게다가 시에서 "只爲從前作詩苦(다만 전부터 시작에 시달려서이다)"[34] 운운한 것은 또 조롱에 가까우니, 무엇 때문인가? (杜少陵於李翰林最相推許, 如李侯有佳句, 往往似陰鏗. 淸新庾開府, 俊逸鮑參軍. 敏捷詩千首, 飄零酒一杯. 筆落驚風雨, 詩成泣鬼神. 千秋萬歲名, 寂寞身後事. 李白於少陵, 則別無推許之語. 其曰只爲從前作詩苦云者, 又似嘲戱, 何也.)[35]

이수광이 문제삼은 「戱贈杜甫」 시는 이백집에 수록되지 않은 시이다. 이 시는 당나라 사람 孟棨의 『本事詩』에 보이는데 맹계는 두보가 작시에 얽매인 것을 이백이 기롱한 것이라 하였다. 역시 당나라 사람인 段成式도 『酉陽雜俎』에서 희롱한 내용으로 보았다.

그러나 이 시는 이백집에 있지 않았다는 사실과, 아무리 이백의 거리낌 없는 성격일지라도 이렇게 노골적으로 두보를 폄하할 수는 없으리라는 점을 고려해 볼 때 위작일 가능성이 크다. 단 위작으로 보지 않으면서 이백을 옹호하려는 견해도 있으니, 곽말약 같은 이가 이에 해당한다. 그는 후반 2구가 문답체이니, 시를 짓느라 고생한다는 것은 두보 자신의 말이지 이백이 의도적으로 폄하한 것은 아니라고 하였다.[36] 곽말약은 이백을 찬양하고 두보를 폄하한 것으로 유명한데 그의 주장은

---

29. 「與李十二白同尋范十隱居」.
30. 「春日憶李白」.
31. 「不見」.
32. 「寄李十二白二十韻」.
33. 「夢李白二首」.
34. 『全唐詩』 본에는 '只'가 '總'으로 되어 있다.
35. 『지봉유설』 권14.
36. 郭沫若, 『李白與杜甫』, 人民文學出版社, 1971, 102-103쪽.

대부분 편견과 독단에 의한 것이다. 이 시에 대한 견해도 마찬가지여서, 설령 두보 자신의 말일지라도 여전히 이 시가 두보를 폄하하려는 의도가 있다는 사실은 바뀌지 않는다. 따라서 이백을 위해서라도 이 시를 위작으로 보는 것이 마땅하니, 이수광이 '무엇 때문인가' 하고 의문을 표시한 것은 바로 이 점을 인지했기 때문이었으리라.

2) 杜詩의 학습

서언에서 언급하였던 것처럼 노수신과 이안눌은 두시를 수천 번이나 읽었다고 한다. 물론 이들의 경우는 극단적인 예이지만, 이를 통해서도 조선조 문인들이 얼마나 두시를 열심히 학습하였는지 짐작할 수 있을 것이다. 시화에는 조선조 문인이 두시를 학습한 사실이 명기되어 있는 예가 적지 않다.

> 교관 권필은 호가 석주이다. 시 짓는 것이 성벽이 되어 과거 시험을 일삼지 않았다. 그의 시는 두보를 조종으로 삼고 陳與義도 계승하였다. 시어의 뜻이 지극한 경지에 이르렀으며 구법은 유연하였다. 당시 시에 능한 사람들이 모두 추숭하여 그의 경지를 따라갈 수 없다고 하였으니, 근세의 시인 중 대단한 명성을 얻은 이는 석주가 최고이다. (權敎官韠, 號石洲, 成癖於詩, 不事科業, 其詩祖老杜, 襲簡齋, 語意至到, 句法軟嫩, 一時能詩人, 皆推以爲莫能及, 近世詩人之得盛名者, 石洲爲最矣.)[37]

위의 글은 梁慶遇의 『霽湖詩話』에 나오는데, 권필의 시가 두보를 배웠음을 말하고 있다. 권필은 노수신·이안눌과 함께 조선조 시인 중 두시를 존숭한 대표적 인물로 꼽히니, 시화에 언급된 위 이야기가 새로울 것이 없다.

다른 예를 보자.

---

37. 『한국시화총편』에 수록된 『霽湖詩話』 참고. 이 인용문은 홍만종의 『詩話叢林』에도 수록되어 있으나 몇 글자가 차이를 보인다.

나는 젊었을 때에 고문을 좋아하고 시 짓는 것을 일로 삼으려고 하지 않았다. 詞賦로써 監試에 응하였지만 태어나서부터 한 수의 격식 시도 짓지 않았다. 일찍이 한유의 시와 『文選』의 여러 시를 읽고 가끔 오언고체를 지었을 뿐이었는데, 戊申年에 겨우 스무 살을 넘긴 친구 金而好가 죽어서 시로써 弔哭했더니 權石洲가 보고 크게 칭찬하며 능력을 아직 측량하지 못하겠다고 하였다. 癸丑年에 파직당한 후에 비로소 두보와 이백 두 사람과 『唐音』을 읽고, 歌行과 近體를 배워서 지었다. 처음에는 자못 껄끄러웠으나 두세 해가 지나서는 마침내 작시의 길을 얻게 되었다. 이로부터 唐宋諸家를 섭렵하고 아래로 명나라의 두세 大家까지 미쳤다. 辛酉에서 壬戌年까지 古體와 律詩를 지은 것이 1천여 편이었으나 산거하여 5백여 수로 줄이고 손수 베껴 두었다. 그 후 십여 년 동안에 또 일천 수를 지었는데 원활하고 通暢하기는 조금 나았으나 鍊琢한 공은 혹 예전만 못하였다. (余少喜古文, 不肯業詩. 以詞賦應監試, 生來不作一首程式詩. 嘗讀昌黎詩及文選諸詩, 時作五言古體而已, 歲戊申年, 纔踰冠友人金而好死, 以詩哭之. 權石洲見之, 大稱賞以爲未可量. 癸丑窮愁以後, 始讀杜李二家及唐音, 學爲歌行近體. 初頗生澁, 閱二三歲乃得蹊逕. 自是涉獵唐宋諸家, 下逮皇明數三大家. 至辛酉壬戌, 有古律詩千餘篇, 刪爲五百餘首, 手寫之. 自後十餘年, 又得千首. 圓暢則差勝, 而鍊琢之功或不如舊.)[38]

『谿谷漫筆』에서 張維 자신의 학시 과정을 밝힌 글이다. 그는 애당초 시에 관심이 없었고, 특히 근체시는 짓지 않았다. 그런 그가 시를 학습하게 되면서 두보 등의 唐詩를 읽게 되었다는 것이니, 두시가 詩를 배우는 이에게 指南이었음을 알 수 있다.

두시의 학습과 관련하여 한 가지 특기할 사항은 『纂註分類杜詩』의 편찬 과정이다. 주지하다시피 『두시언해』는 바로 이 책을 바탕으로 한 것이다. 이 책의 편찬자는 당연히 두시를 배워서 조예가 깊었을 것인데, 시화에는 이와 관련된 기록도 보인다.

승려 의침의 호는 월창인데, 태재 柳方善이 두시를 배운 자이다. 참의 유

38. 『谿谷漫筆』 권1.

윤겸은 그 부친 태재로부터 두시를 전수받았고, 세간에서 두시에 능통하다 칭해졌다. 성종은 일찍이 두시에 언문으로 주를 달라고 명했는데, 간혹 잘못 해석된 곳들이 있다. 그것은 의침이 전한 것이다. (僧義砧號月窓, 泰齋所從學杜詩者. 柳參議允謙傳於父泰齋, 世稱能通杜詩. 成廟嘗令以諺文註解杜詩, 間有迂曲處. 此月窓之所傳也.)[39]

사문 유휴복은 그 종제인 형수 유윤겸과 함께 두시에 정통하여 당시에 비견할 사람이 없었다. 모두 태재 선생에게서 배웠다. (斯文柳休復, 與其從弟柳允謙亨叟, 精熟杜詩, 一時無比, 皆受業於泰齋先生.)[40]

위의 글은 曺伸의 『謏聞瑣錄』에서, 아래 것은 成俔의 『慵齋叢話』에서 발췌한 것인데, 이를 통하여 『찬주분류두시』의 편찬 작업에 참가한 문인의 두보 시 전승 과정을 알 수 있다.

『찬주분류두시』의 편찬 작업에는 佛家에 전해진 두시 학습의 전통이 중요한 역할을 하였다고 한다. 즉 당시에 두시에 정통했던 의침이라는 승려가 있었고, 유방선이 그에게서 두시를 배워서 다시 柳休復과 유윤겸에게 전수하였는데, 그 중 유휴복이 세종 때의 두시 주석서 편찬에 참여하였던 것이다.[41] 위의 시화에서는 그와 관련된 두시 학습의 전승 과정이 밝혀져 있다.

시화에는 조선조 시인이 두시를 학습한 결과가 직접 작시에 반영된 예를 구체적으로 거론한 예도 많이 보인다. 두시를 수천 번 읽었다는 노수신과 이안눌과 관련된 이야기 하나씩만 들어보겠다.

소재 노수신의 오언율시는 두보의 시법과 아주 닮아서 한 글자 한 구절이 모두 두보에게서 나왔다. 그의 "詩書禮樂未, 四十九年非(시서와 예악에 대한 공부가 없으니, 사십구 년 동안 잘못 살았네)"라는 구절은 세상에서 모두 전

39. 『謏聞瑣錄』 권2.
40. 『慵齋叢話』 권7.
41. 『杜詩와 杜詩諺解 연구』, 太學社, 1998, 24-25쪽 참고.

송하였는데, 이는 실로 두보의 「月三首」 시의 "羈棲愁裡見, 二十四回明(나그네 되어 근심 속에서 보는데, 스물네 번이나 달이 밝았다네)"에서 나왔으니, 본뜨는 데에 공교롭다고 할 만하다. 두시의 장편 배율은 시상이 종횡하고 웅장하여 배워서 능할 수 있는 것이 아니다. 그러므로 소식 · 황정견 · 陳師道 · 陳與義가 모두 그 체를 감히 본받으려고 하지 않았는데, 노수신이 애써 그것을 따라 잡으려고 하였으니, 어려운 일이도다. 府尹 강복성이 일찍이 노수신을 따라 시를 배웠는데, 노수신이 말하기를, "나와 鄭士龍은 시의 명성이 엇비슷하여 세상 사람이 그 우열을 가릴 수가 없다. 나의 장률은 정사룡보다 못하고, 정사룡의 단률은 나보다 못하니, 각기 장점이 있다"라고 하였다. (盧蘇齋五言律酷類杜法, 一字一語, 皆從杜出. 其詩書禮學未, 四十九年非之句. 世皆傳誦, 實出於老杜詠月詩, 曰, 羈棲愁裡見, 二十四回明, 可謂工於依樣矣. 杜詩長律, 縱橫雄宕, 不可學而能之. 故蘇黃兩陳, 俱不敢倣其體, 而蘇齋欲力追及之, 難矣哉. 康府伯復誠嘗從蘇齋學詩. 蘇齋曰, 我與湖陰詩名相埒, 世不能辨其優劣. 僕之長律, 不及湖陰, 湖陰短律, 不及於僕, 各有長處耳.)[42]

노수신이 두시를 학습하면서 오언율시는 그 시법을 제대로 터득하였다는 사실을 지적하면서 그 결과로 나타난 그의 시구를 예시하였다. 단편 율시와 달리 장편 배율은 애써 배웠지만 성공적이지 못했음도 위 글을 통해서 알 수 있다.

동악 이안눌은 시격이 혼후하면서도 아름다우니, 정말로 세상에 드문 재주이고, 가작을 이루 다 말할 수 없다. 그가 추성의 원이 되었을 때, 나는 또한 장성을 다스리고 있었는데, 함께 면앙정에 올라 시를 지었다. 내가 감히 당돌하게 선수를 쳐서 시를 지었는데, 함련에서 "殘照欲沈平楚濶, 太虛無閡衆峯高(석양은 넓은 들에 지려 하고, 막힌 데 없는 하늘에 뭇 봉우리 높네)"라고 하고, 스스로 뛰어난 시구를 얻었다고 여겼다. 이안눌이 이 시에 차운하여 시를 지었는데, "西望川原何處盡, 南來形勝此亭高(서쪽으로 내와 들판을 바라보노라니 어느 곳에서 끝나는지. 남쪽 경치 좋은 곳에 오니 이 정자가 높구나)"라고 하였다. 아래 시구는 은연 중에 두보 「陪李北海宴歷下亭」 시의 "海右此亭古(바다 오른쪽 지방에서 이 정자가 오래되었다)"라는 시구

42. 『霽湖詩話』.

와 어세가 좀 비슷하다. 『시경』의 말처럼 "모과를 던져주니 구슬로 보답했다"[43]라고 할 만하다. 고천사가 왔을 때, 빈상 이정귀의 막하로서 의주에 이르렀는데, 통군정에 올라 시를 짓기를, "六月龍灣積雨晴. 淸晨獨上統軍亭, 茫茫大野浮天氣, 曲曲長江裂地形, 宇宙百年人似蟻, 山河萬里國如萍, 忽看白鶴西飛去, 疑是遼陽舊姓丁(유월 용만에 장마가 개어, 이른 아침 홀로 통군정에 올랐네. 아득한 큰 들에는 하늘의 기운 떠 있고, 굽이굽이 긴 강은 땅을 갈라 놓았네. 우주 속의 백년 인간은 개미와 같고, 만리 산하의 나라가 부평초 같네. 홀연히 흰 학이 서쪽으로 날아가는 것 보니, 요양 땅 옛사람 정령위인가 하노라)"이라고 하였다. 이러니 어찌 대가가 아니리오. (李東岳安訥, 詩格渾厚濃麗, 實罕世之才, 佳作不可勝記. 其宰秋城日, 余亦知長城, 偕登俛仰亭賦詩. 僕敢唐突先手頷聯曰, 殘照欲沈平楚濶, 太虛無閡衆峯高, 自以得雋語. 東岳次曰, 西望川原何處盡, 南來形勝此亭高. 下句隱然與老杜海右此亭古. 語勢略似. 可謂投以木瓜, 報之瓊琚. 顧天使時, 以擯相月沙李公幕下到龍灣. 登統軍亭詩曰, 六月龍灣積雨晴, 淸晨獨上統軍亭. 茫茫大野浮天氣, 曲曲長江裂地形. 宇宙百年人似蟻, 山河萬里國如萍. 忽看白鶴西飛去, 疑是遼陽舊姓丁. 此豈非大手也.)[44]

이안눌이 면앙정에서 지은 시구는 확실히 두보의 시구와 흡사하다. 표절이라기보다는 두시에 오래도록 젖어 있다 보니 짓는 시구가 절로 비슷해졌을 것이다. 梁慶遇가 지적하지는 않았지만, 통군정에서 지은 시도 장활한 필치로 인해 마치 두보의 시를 보는 듯하다. 특히 함련은 두보 「登岳陽樓」 시의 "吳楚東南坼, 乾坤日夜浮(오나라와 초나라가 동남으로 터지고 하늘과 땅이 밤낮으로 떠 있다)" 구의 換骨임이 분명하다.

고려조의 시화에서도 지적하였듯이 두시를 잘못 모방하다 보면 표절이라는 비판을 받게 된다. 시화에 당연히 이와 관련된 기록이 보이는데, 그 예가 열거할 수 없을 정도로 많다. 한 가지만 들어 보자.

태재가 성의 서쪽에서 놀다가 율시를 짓기를, "苦被風光惱客懷, 杖藜徐步

43. 『시경』「木瓜」.
44. 『제호시화』.

郡城西, 柳垂一岸吟春鳥, 花覆千家響午鷄(풍경에 괴로워하는 나그네 심사, 명아주 지팡이 짚고 군성의 서쪽을 천천히 걷는다. 버들 드리워진 한 언덕에 봄새들 울고, 꽃이 덮은 천 집 낮닭의 울음소리 나는구나)" 운운하였다. 이는 두시를 배워서 그 구를 표절한 것이다. (泰齋遊城西律詩云. 苦被風光惱客懷, 杖藜徐步郡城西, 柳垂一岸吟春鳥, 花覆千家響午鷄云云. 此學杜詩而剽竊其句者也.)[45]

태재는 바로 위에서 언급한 유방선으로 두시의 대가이다. 그가 두시를 배워서 시를 지었는데, 표절의 혐의가 있다는 것이다. 구체적으로 어떤 시를 표절했는지 밝히고 있지 않아 단정할 수 없지만, 「江畔獨步尋花七絶句」 시의 "江上被花惱不徹(강가의 꽃 때문에 괴로움을 견딜 수 없다)," 「絶句漫興九首」 시의 "杖藜徐步立芳洲(명아주 지팡이 짚고 천천히 걸어서 향기로운 사주에 선다)," 「慈宸殿退朝口號」 시의 "花覆千官淑景移(꽃은 여러 신하를 덮는데 맑은 해 그림자 옮겨 간다)" 등의 시구를 두고 한 말이라고 짐작된다.

두시를 배워 표절하는 것도 문제지만 잘못 이해하고 작시에 활용하는 것도 폐단이다. 시화에는 이를 문제삼은 것도 있다.

嘉靖 丙申年(중종 31년)에 湖陰 鄭士龍 이 「滕王閣」 배율 20운을 지어 庭試에서 장원으로 합격하여 嘉善의 품계에 올랐다. 전편이 雄渾奇健하여 진실로 걸작이었다. 다만 杜甫의 淸江 · 白石 · 竹色 · 松聲 등의 시어를 사용했는데, 두보의 "淸江白石傷心麗, 嫩蕊穠花滿目斑(맑은 강 흰 돌은 마음 상할 정도로 아름답고, 연한 꽃술 짙은 꽃은 눈에 가득 아롱지네)"과 "古墻猶竹色, 虛閣自松聲(옛 담장에는 아직도 대나무 빛, 빈 각에는 저절로 소나무 소리)"이라는 구들은 滕王亭을 읊은 것이지 滕王閣을 읊은 게 아니다. 등왕각은 홍주에 있고, 등왕정은 낭주에 있는데 공이 亭을 두고 읊은 것을 閣에다 끌어 썼으니 잘못이다. 당시에 保樂堂 金政丞이 고시관이었는데, 과연 몰랐던 것인가, 아니면 알고도 밝히지 못한 것인가? (嘉靖丙申. 湖陰製滕王閣排律二十

45. 『謏聞瑣錄』 권2.

韻, 魁庭試階嘉善. 全篇雄渾奇健, 眞傑作也. 但使老杜淸江白石竹色松聲之語. 老杜之淸江白石傷心麗, 嫩蕊穠花滿目斑.[46] 古墻猶竹色, 虛閣自松聲云者, 詠滕王亭非閣也. 閣在洪州, 亭在閬州. 而公以亭之所詠, 係用於閣, 謬矣. 時保樂堂金政丞考試之. 其果不知邪, 知而不敢辨之耶.)[47]

權應仁의 『松溪漫錄』에 나오는 글이다. 논의가 된 두보의 시는 「滕王亭子二首」로 한 수는 칠언시이고 또 한 수는 오언시이다. 김정승은 金安老이다. 정사룡이 등왕각을 소재로 배율을 지을 때 두보의 시구를 따다가 사용하였는데, 이는 등왕정을 읊은 것이기 때문에 등왕각과는 상관이 없다는 지적이다.

조선조 문인들은 두시를 학습하여 얻은 지식을 작시에만 활용한 것이 아니라, 다른 문헌을 연구하고 고증하는 데에도 이용하였다. 이런 사실을 『지봉유설』에서 발췌한 다음 글들을 통하여 확인할 수 있다.

『시경』 시[48]에 있는 '습요소행'의 주에 "습요는 밝은 것이 일정하지 않은 모양이고, 소행은 벌레 이름이다"라고 하였다. 살펴보건대, 이백 시의 주에 "습요는 '燐'이다"라고 하였는데, '燐'은 반딧불이이다. 두보의 시[49]에 말하기를 "但驚飛熠燿, 不記改蟾蜍(다만 습요가 나는 것에 놀랄 뿐, 섬여가 바뀐 것을 기억하지 못하였다)"라고 하여 또한 습요를 반딧불이로 보고 있다. 또 『본초』와 『대학연의』의 주에서도 습요를 반딧불이라고 하였다. 아마 습요가 밤에 날아다니는 것을 말한 것이리라. 주자의 주는 아마 그 아래 장에 나오는 '熠燿其羽'라고 한 글귀 때문에 그렇게 말한 것이리라. (詩熠燿宵行註, 熠燿, 明不定貌, 宵行, 蟲名. 按李白註, 熠燿, 燐也. 燐, 螢火也. 杜詩云, 但驚飛熠燿, 不記改蟾蜍, 亦以熠燿爲螢火矣. 又本草及大學衍義註, 熠燿, 螢火也. 蓋謂熠燿夜飛而行也. 朱子註, 豈以下章熠燿其羽而云然歟.)[50]

---

46. 『松溪集』에는 '斑'이 '班'으로 되어 있다.
47. 『松溪漫錄』 上.
48. 「豳風 · 東山」.
49. 「秋日荊南送石首薛明府辭滿告別奉寄薛尙書頌德敍懷斐然之作三十韻」.
50. 『지봉유설』 권5.

『시경』에 나오는 '熠燿'와 '宵行'의 의미에 대해 주자의 해석이 잘못 되었다는 것을 여러 문헌을 검증하고 밝히고 있는데, 이 중 두보의 시구가 이용되었다.

> 「이광전」에 나오는 '廣數奇毋令當單于'의 주에 '數의 음은 身角 반절이다'라고 하였다. 송경문이 말하기를 "강남본 『한서』에는 數의 음이 所具 반절로 되어 있으니, '角'이라는 글자는 '具' 자의 잘못이다"라고 하였다. 살펴보건대, 왕유는 시에서 '數奇'라는 말로 '天幸'과 대를 이루었으며, 두보 시[51]에는 "數奇謫關塞, 道廣存箕穎(운수가 나빠서 관새에 귀양 갔으며 도가 넓어서 기산과 영수를 생각한다)"이라고 하였고, 나은의 시에는 "數奇當自愧, 時薄欲何干(운수가 나빠서 마땅히 스스로 부끄러워해야 하고, 시절이 각박하니 무엇을 구하려 하는가)"이라고 하였다. 어찌 상고한 것이 없이 그렇게 썼겠는가? 후한의 풍연이 말하기를 "吾數奇命薄(내가 운수가 나쁘고 명이 박하다)" 운운하였으니 또한 증거로 삼을 수 있다. (李廣傳, 廣數奇毋令當單于註, 數音身角切, 宋景文以爲江南本漢書, 數, 所具切, 角字乃具字之誤. 按王維詩, 以數奇對天幸. 杜詩, 數奇謫關塞, 道廣存箕穎. 羅隱詩, 數奇當自愧, 時薄欲何干. 豈無所考而然哉, 後漢馮衍曰, 吾數奇命薄云云, 亦可證矣.)[52]

「이광전」에 나오는 '數奇'의 '數'를 원주대로 '삭'으로 읽으면 의미가 '자주'가 되고, '수'로 읽으면 '운수'의 뜻이 된다. 이수광은 운수의 뜻으로 해야 옳다는 사실을 증명하기 위해서 두보 시 등에 보이는 대구를 분석한 것이다. 이수광의 해박한 지식이 돋보이는 글이다.

2. 杜詩의 분석

조선조 시화에도 두시를 분석한 내용이 다양하게 보인다. 내용 분석 · 시어 분석 · 전고 고증 · 시구 분석 등이 주를 이루며, 드물기는 하지만

---

51. 「西枝村尋置草堂地夜宿贊公土室二首」.
52. 『지봉유설』 권6.

장법 · 체재 · 격률 등에 대한 논의도 있다.

1) 내용 분석

두보는 안녹산의 난을 전후하여 흥쇠가 급변하는 시대에 살면서 전란을 겪은 인민들의 고초와 위정자의 타락을 직접 보고 겪었다. 그리고 이를 시에 반영하여 표현하였기 때문에 그의 시는 시로 쓴 역사, 즉 '詩史'라는 평을 받았다. 우리 시화에도 이에 대한 언급이 적지 않다. 다음은 『성호사설』에 '詩史'라는 표제를 붙여서 이익이 논한 글이다.

> 평론자들은 두공부의 「北征」 시 한 편을 시사라고 한다. 그러나 병사를 보내고 말을 몰아온 것만을 근거로 한다면 아직 그 심오한 뜻을 보지 못한 것이다. 두보는 당의 중흥이 전적으로 양귀비를 죽인 것에서 말미암았고 양귀비를 죽인 공은 진현례에게 귀착된다고 생각하였다. 저 당의 난리는 본래 양귀비에게서 말미암았으니 이 물건을 죽이지 않으면 천하 사람의 마음을 위로할 수가 없다. 마외파에 갔을 때 진현례가 아니면 어찌 이 일을 처리했겠는가? 그래서 유독 이를 들어 말하기를, "그대가 아니었으면 사람들이 모두 잘못되었을 터, 이제는 나라가 오히려 살아난 듯하다네"라고 하였다. 李光弼과 郭子儀의 위대한 공 같은 것도 모두 참여할 수 없었을 터이니 어찌 처치한 것이 일의 기미에 맞아 사람이 공을 이룰 수 있었던 것이 아니겠는가? 두보는 가히 시 속에서 역사를 판단했다고 할 수 있을 것이다. (論者以杜工部北征一篇爲詩史, 不過以送兵驅馬爲據, 猶未能覷其深奥. 甫以唐之中興, 專由於殺楊妃, 殺妃之功, 歸於陳玄禮. 夫唐之亂, 由於楊妃, 則不殺此物, 無以慰天下之人心. 當馬嵬之行, 非玄禮, 其能辦此耶. 故獨擧此爲言曰, 微爾人盡非, 于今國猶活. 如李郭之威烈, 皆不得以與焉, 豈非處置合機, 而人得以奏功耶. 甫可謂詩中史斷.)[53]

두보의 「북정」 시에는 回紇이 당나라를 구원하기 위해 군대를 보내고 말을 보낸 이야기가 언급되어 있다. 그리고 진현례가 현종에게 양귀

53. 『성호사설』 詩文門.

비를 처단하라고 한 일도 언급되어 있는데, 이를 두고서 이익이 두보의 시가 詩史라는 평을 받게 된 이유를 논급하였다. 즉 회흘이 군대를 보낸 사실을 기록했기 때문이 아니라 時事의 본질을 파악하는 시인의 통찰력이 시 속에 드러나기 때문에 시사가 될 수 있다는 것이다. 바꾸어 말하면 단순한 사건 나열이 아니라 사가의 史評이 있다는 것이다. 당나라가 중흥할 수 있었던 데에는 이광필이나 곽자의 같은 장수들의 무공이 큰 역할을 하였고 따라서 땅의 중흥 공신을 꼽을 때 늘 그들이 우선적으로 거론되는데, 두보의 이 시에서는 유독 진현례만을 언급하였는데, 이익의 관점에 의하면 이는 일의 기미를 제대로 파악한 판단이라는 것이다.

두보는 비록 秕政을 혹독하게 비판하였지만 천자와 연관되는 일일 때는 신하의 본분을 망각하지 않았고 따라서 그 비판은 완곡하였다. 이는 온유돈후가 詩教라는 유가의 전통 정신과도 부합한다. 다음은 이 점을 지적한 것이다.

> 이상은의 「화청궁」 시에서 "화청궁에서의 은총은 예로부터 짝이 없는 것이었지만, 그 미모는 남보다 낫지 못할까 오히려 두렵다네. 그 褒姒의 웃음을 면하지 못하리니 다만 천자로 하여금 잠시 몽진하게 했을 뿐이었지"라고 하였다. 이 시의 뜻을 살펴보면 반드시 주나라의 유왕과 같은 화를 당한 이후라야 마음이 통쾌하였을 것이다. 비록 시의 격조가 새롭지만, 글의 뜻이 온당하지 않으니, 당나라의 세신의 자손이 차마 말할 것이 아니다. 두시는 "조정에 비록 유왕의 화가 없을지라도 다시 몽진한 일을 애통해하지 않을 수 있겠는가"라고 하였으니 이게 바로 인인 군자의 말인 것이다. (李商隱華清宮詩, 華淸恩幸古無倫, 猶恐蛾眉不勝人. 未免被他褒女笑, 祗敎天子暫蒙塵. 審此詩意, 則必如幽王之禍, 然後爲快也. 雖詩格尙新, 而辭旨未穩, 非唐世臣子所忍道者. 杜詩云, 朝庭雖無幽王禍, 得不哀痛塵再蒙, 乃仁人君子之言也.)[54]

54. 『지봉유설』 권상.

『지봉유설』에서 이수광이 한 논평이다. 이상은의 「화청궁」 시와 두보의 「冬狩行」을 놓고 상호 비교한 결과, 똑같이 당 현종이 양귀비에 미혹하여 실정한 일을 놓고 시사를 논하면서도 이상은은 노골적인 표현을 한 것에 비하여 두보의 시는 온유하다는 것이다. 이는 물론 두보에게는 당대의 일이지만 이상은에게는 전대의 일이라는 사실을 고려하지 않고 동일선상에서 비교했다는 혐의가 있지만, 그럼에도 불구하고 두시의 온유돈후한 성격을 지적한 점은 두시 특성의 일면을 제대로 파악한 것이라 할 수 있다.

南羲采는 위에서 본 이수광의 주장을 그대로 받아들이면서 다시 백거이와 유우석의 시를 들어서 비교하기도 하였다.

> 또 백거이와 유우석의 시를 두보와 비교해 보면 우열이 절로 판연하게 드러난다. 백거이는 "육군이 출발하지 않으니 이를 어찌 하리오? 버둥거리며 미인은 말 앞에서 죽었네"[55]라고 하였고, 유우석은 "관군은 총신을 주살하였고 천자는 요사한 여인을 버렸다"[56]라고 하였으니 그 말한 것이 너무 노골적이다. 두보는 그렇지 않으니 "하나라와 은나라가 쇠망할 때에 그 안에서 스스로 포사와 妲己를 죽였다는 말은 듣지 못했다"[57]라고 하였다. (且以白劉二詩比觀於杜, 優劣自判. 白云, 六軍不發無奈何, 宛轉蛾眉馬前死. 劉云, 官軍誅佞幸, 天子捨妖姬. 其措語太露. 杜則不然, 曰, 不聞夏殷衰, 中自誅褒妲.)[58]

중당의 백거이와 유유석의 시가 마외파의 일을 표현한 것이 노골적인 데 비하여 두보의 「북정」 시에서는 현종의 일을 에둘러 이야기하였음을 지적하였다. 두보가 이처럼 현종의 일을 완곡하게 표현한 것은 온유돈후가 시교라는 유가의 교육을 받았다는 점뿐만 아니라 군주에 대한 지순한 충성심도 작용하였을 것이다. 그리고 이 점이 유가 정신이

55. 「長恨歌」.
56. 「馬嵬行」. 『전당시』 본에는 '軍家誅戚族'으로 되어 있다.
57. 「北征」.
58. 『龜磵詩話』 권14.

사회의 지도 이념이었던 시절에 살았던 조선조 문인들의 눈에 긍정적으로 평가받았던 것은 당연한 귀결이었을 것이다.

두시는 예로부터 표현 대상 속에 자신의 심사를 기탁하여 함축적이라는 평을 받았다. 조선조 시화에도 이와 관련된 조항들이 있다.

> 두보의 시는 말을 읊기를 좋아하니, 그 의도를 알 수가 있다. 생물이 때를 만나 이름을 드러내는 데 있어서, 혹 천자의 목장에 들기도 하고 혹 장상이 사용하기도 하여 날아오르고 차고 밟으면서 기를 펴고 재주를 펼치니, 말과 같은 게 없다. 그러나 혹 때를 만나지 못하면 범부가 채찍질하여 몰아 가파른 비탈에서 소금수레를 끌고 험한 길에서 뼈가 앙상해져 길가에서 고생하다가 죽게 되니 누가 저 말이 구름을 밟고 오르는 높은 재능이 있고 바람을 쫓는 빠른 발이 있음을 알겠는가? 이 때문에 백락이 한 번 돌아보면 파리한 말이 머리를 들고 길게 우는 법이니, 자미의 마음은 진실로 또한 슬프도다. (杜詩喜言馬, 其意可知. 物之遇時顯名, 或入於天閑, 或爲將相之用, 騰驤蹙踏, 舒氣展才, 莫有馬若也. 又或不如時會, 而庸夫驅策, 鹽車峻阪, 瘦骨峻嶒, 困死於路旁, 孰知夫有躡雲高才追風逸足哉. 是以伯樂一顧, 羸馬仰首長鳴. 子美之心, 良亦悲矣.)[59]

『성호사설』에 '杜詩喜言馬'라는 표제 아래 실려 있는 글로서, 두보가 말을 대상으로 지은 시에는 두보의 불우지감이 담겨 있다는 것이다. 두보의 영물시에는 대개 기탁의 뜻이 있다. 특히 매나 말을 대상으로 하였을 때는, 날아오르고 마음껏 달릴 수 있는 능력이 있고 그러고 싶은 꿈도 있지만 현실에서 그것이 좌절되었음을 마음 아파하는 뜻이 담겨 있게 마련이다. 이는 주지의 사실이어서, 위의 이익의 해설이 그의 창견이라고 할 수는 없지만 이를 통해 조선조 시인이 두보의 영물시를 제대로 읽고 있었음은 알 수가 있다.

두보의 시에는 말이나 매 이외에도 다양한 소재가 등장한다. 즉 영물

59. 『성호사설』 詩文門.

시의 대상이 다양한데, 대부분의 경우 그 속에는 기탁의 뜻이 있고 그것은 위정자를 풍자하거나 자신의 불우지감을 읊기 위한 것이었다. 따라서 두보의 영물은 그 속에 기탁된 뜻을 찾아내는 것이 그 시를 읽는 요령이다. 그런데 조선조 시화에는 이런 사실을 부정하는 견해도 있어서 주목되는데, 이수광이 바로 그 대표적인 예이다.

> 두시에 "버들 꽃이 눈처럼 떨어져서 흰 마름 덮고, 푸른 새가 날아가며 붉은 수건을 물었다"라고 하였는데, 주석하는 이가 왜곡하여 풀이하였다. 그러나 나의 의견으로는, 버들 꽃이 눈처럼 떨어졌다 운운한 것은 아마 눈앞에 보이는 경치를 말한 것이고, 푸른 새가 날아간다는 것은 바로 궁전의 심부름꾼이 줄지어 오고 간다는 뜻일 것이다. 그리고 붉은 수건이란, 당나라 때에는 물건을 내릴 때는 붉은 명주 보자기로 싼 것을 말한다. (杜詩, 楊花雪落覆白蘋, 青鳥飛去啣紅巾, 註者曲爲卞解. 然余意, 楊花雪落云云, 蓋卽景說也. 青鳥飛去, 乃宮使絡繹往來之意, 而紅巾, 唐時凡賜物, 以紅羅包裹.)[60]

위의 평론은 유명한 「麗人行」 시와 관계된 것이다. 이 시는 양귀비 자매와 양국충을 풍자한 시인데 그 중 '楊花' 구가 전고와 관련된 것이냐를 문제로 삼아서 논설한 것이다. 위의 글 속에 '주석하는 이'란 아마 蔡夢弼을 두고 한 말인 듯하다.[61] 채몽필은 『杜工部草堂詩箋』에서 이 구를 北魏의 胡太后와 楊白花가 간통한 사건을 빌어서 당시 양국충과 虢國夫人의 사통을 풍자한 것으로 간주하고,[62] "그 뜻으로 말하자면 마름은 바른 것이고 버들 꽃은 사악한 것이니 흰 마름을 덮었다는 것은 그 악행을 감추려는 것이니 이 시는 뜻을 기탁하여 양씨를 풍자하기 위해서 지은 것이다(以意言之, 則蘋爲正而楊花爲邪, 言覆白蘋者, 欲

---

60. 『지봉유설』 권11.
61. 鄺健行, 「韓國學者李睟光芝峯類說中解杜諸條舉隅評析」(『인문과학논총』, 제6집, 1998), 300쪽.
62. 崔晳元, 「『지봉유설』에 나타난 두시 비평 양상 연구」(서울대학교 석사학위논문, 2004), 49쪽.

掩其惡也. 此詩托意爲刺楊氏作.)"[63]라고 시의 뜻을 해석하였다. 그러나 이수광은 이런 관점에 반대하고 단순히 卽事한 내용일 뿐이라고 주장한 것이다.

「여인행」은 분명 양씨 자매와 양국충을 풍자한 것으로 이는 재론할 여지가 없다. 포기룡의 말처럼 드러내놓고 풍자하지 않았을 뿐 말마다 풍자의 뜻이 드러난다.[64] 따라서 '楊花' 2구가 설령 양백화의 고사와 직접 관련된 가혹한 풍자는 아닐지라도 단순한 즉사라는 이수광의 주장은 받아들이기 어렵다. 이수광이 이런 주장을 펼친 것은, 앞에서 마외파의 일과 관련된 경우와 마찬가지로 두보가 천자의 일을 노골적으로 풍자하지 않았으리라는 것을 전제로 하여 두시를 읽었고, 또 유가 교육을 받은 조선조 문인에게 비친 두시는 마땅히 그러해야 한다는 당위성 때문이었으리라.

다시 『지봉유설』에서 예를 보자.

> 두시에 "빛이 가늘게 초승달이 올라올 듯, 그림자 비끼니 달 모습이 불안하다. 옛 변새 밖으로 겨우 올라왔는가 하면, 이미 저녁 구름 끝에 숨어 버렸네"라고 하였다. 주석하는 이가 말하기를, "첫 구는 숙종의 지위가 바르지 않고 덕이 충분하지 않은 것을 비유한 것이고, 함련은 영무에서 즉위하였으나 장후와 이보국에 의해 총명이 가려진 것을 비유한 것이며, 끝 구인 '뜰 앞에 흰 이슬이 있어서 어둠 속에 국화꽃에 가득 맺힌다'라고 한 것은 성공이 적은 것을 비유한 것이다"라고 하였다. 내가 생각하기에, 이 시는 초승달을 형용하여 그가 본 바를 기술한 것에 지나지 않는 것인데, 주석하는 사람이 억지로 갖다 붙이기를 좋아하였으니 잘못이다. (杜詩, 光細弦欲上, 影斜輪未安, 微升古塞外, 已隱暮雲端. 註者以爲, 首句喩肅宗位不正德不充也. 頷聯喩卽位於靈武, 爲張后李輔國所蔽也. 末句庭前有白露, 暗滿菊花團, 比成功之小也. 余謂此詩不過形容初月, 而記其所見, 註者好生牽合, 過矣.)[65]

---

63. 『杜工部草堂詩箋』 권4.
64. 『讀杜心解』 권2의 1: 풍자하는 말이 하나도 없지만, 묘사한 곳에서 말마다 풍자하고 있다. (無一刺譏語, 描摹處, 語語刺譏.)

논의된 시는 「初月」이다. 이 시는 예로부터 숙종을 풍자한 것인지 아닌지를 놓고 이견이 분분하여 아직 정론이 없다. 예를 들어 王嗣奭의 주장을 들어 보면, "두보는 한 가지 사물만을 읊을 경우 반드시 가리키는 바가 있으니 바로 『시경』에서의 비유법에 해당한다. 옛 주에 '이 시는 숙종을 위해 지었다'고 하였는데 지극히 옳은 말이다. 세 번째 구절은 숙종이 영무에서 즉위한 것을 비유하였고, 네 번째 구절은 장황후와 이보국에 의해 판단력이 흐려진 것을 비유하고 있다. 유신옹은 '구절마다 비유를 들려 하였으니 어떻게 이 마지막 구절을 처리할까?'라 하였다. 내 생각으로는 이슬은 하늘의 은택으로 당연히 적시지 않는 곳이 없어야 하는데도 단지 뜰 앞에 그치고 있다. 그리고 윤택이 국화꽃에 미치지만 '암'자를 첨가한 것은 임금의 사사로운 온정이 단지 가까이 총애하는 이들에게 국한되고 있다는 것을 말하는 것이다(公凡單賦一物, 必有所指, 乃詩之比也. 舊注云, 此爲肅宗而發, 良是. 三比肅宗卽位於靈武, 四比爲張皇后李輔國所蔽. 劉云, 句句欲比, 却如何處此結句. 余謂露乃天澤, 當無所不沾被, 乃止在庭前, 潤及菊花, 而加一暗字, 謂人主私恩, 止被近倖而已.)"66라고 하여 시 전체를 모두 기탁으로 읽을 수 있다고 하였다. 그리고 그의 주장과 달리 기탁으로 읽어서는 안 된다는 劉辰翁의 설도 제시하고 있으니 이를 통해서도 상반된 설이 팽팽히 맞서고 있었음을 확인할 수 있을 것이다.

이 시가 기탁의 뜻이 있는지 없는지는 차치하고, 이수광이 황제를 비판하는 뜻이 담긴 것으로 보지 않으려는 관점은 이 시에서도 일관되게 나타나고 있어서 그가 두시를 어떻게 이해하려고 하였는지는 절로 드러날 것이다. 즉 황제를 풍자하는 뜻을 담는 데에는 부정적 시각을 견지한 것이니, 두시 자체의 의미와 관계없이 그가 두시에 대한 독자적인

---

65. 『지봉유설』 권11.
66. 『杜臆』 권2.

해석을 하고 있음을 알 수 있을 것이다.

2) 詩語 분석

(1) 詩語의 의미

우리나라 시화에는 두시 속에 사용된 시어를 분석한 예가 많다. 시어의 분석은 시어가 작품의 내용이나 예술성에 어떤 작용을 하는지를 규명하는 것이 주된 목적이고 실제로 이런 예가 많다. 단 이에 대해서는 다음에서 다시 다루기로 하고 여기서는 시어의 뜻 자체에 대하여 논의한 것만 보기로 한다.

두보 「杜鵑行」 시의 "業工竄伏深樹裏(이미 깊은 나무 속에 도망가서 숨기를 잘하다)" 구 속의 '業工'의 의미가 무엇인지에 대하여 우리 시화에서 의견이 분분하다. 이 '업공'은 역대 중국의 주석에 이렇다 할 설명이 없었던 것이다. 따라서 흔히 '業'을 '이미'의 뜻으로 해석해 왔다. 이 '업공'에 대하여 車天輅가 먼저 문제를 제기하였다.

> 두보의 「두견행」 시에서 "業工竄伏深樹裏, 四月五月啼偏呼(이미 깊은 나무 속에 도망가서 숨기를 잘하여서, 사월과 오월이면 마구 울어댄다)"라고 하였는데, '업공'에 대하여 주석이 풀이하지 않았다. 내가 예전 어렸을 때 책 한 권을 본 적이 있는데, 두견의 새끼를 '업공'이라고 하였다. 그러나 지금 그것이 어느 책에서 나온 것인지 기억이 나지 않는다. (老杜, 杜鵑行, 業工竄伏深樹裏, 四月五月啼偏呼, 業工註不釋, 余昔少時曾見一書, 杜鵑雛曰業工, 今不記出自何書也.)[67]

車天輅는 '業工'이 두견의 새끼라는 설을 제시한 것인데, 이에 대하여 이수광은 다른 의견을 제시하였다.

---

67. 『稗林』 「五山說林」.

> 두보의 「두견행」에서 '業工竄伏深樹裏'라고 하였다. 차천로가 일찍이 두견 새끼를 업공이라고 하는데 잡서에 나온다라고 하였다. 그러나 나의 생각으로는 '能工'이라고 말하는 것과 같으니, 두견이 깊은 나무 속에 숨어 엎드리기를 잘한다는 말이다. (杜詩杜鵑行曰, 業工竄伏深樹裏. 車天輅嘗言杜鵑雛曰業工, 出雜書云. 而余意業工猶言能工, 謂杜鵑善竄伏於深樹間也.)[68]

이수광은 차천로의 설을 소개한 뒤 자신의 견해를 제시하였다. 역대의 주석서가 '업공'에 대하여 별다른 풀이를 하지 않았던 것은 이수광의 풀이와 동일하게 '工'을 '잘하다'의 뜻으로 보았기 때문일 것이다.

이익은 또 다른 설을 제기하였다.

> 두보의 「두견행」 시에서 '業工竄伏深樹裏'라고 하였는데, 지금 『사문유취』를 살펴보면 '업공'이 '業業'으로 되어 있다. 아마도 한 자를 중첩해서 쓰게 되어 단지 점 둘을 더했을 때 '工' 자 모양 같아졌을 것이니, 이래서 와전된 것이다. '업업'은 두려워하다의 뜻이다. 차천로는 『오산설림』에서 "업공은 두견의 새끼이다. 내가 어렸을 적에 어떤 책에서 보았는데, 지금 무슨 책인지 기억나지 않는다"라고 하였다. (杜甫杜鵑行云, 業工竄伏深樹裏, 今考事文類聚, 以業工作業業, 蓋一字疊書者只加兩點, 如工字様, 此所以傳訛也. 業業卽恐懼之義也. 車天輅五山說林, 業工, 杜鵑雛也, 余少時曾見一書, 今不記何書也.)[69]

『古今事文類聚』 後集 卷四十四에 보면 분명 이익이 밝힌 것처럼 '업업'으로 되어 있다. 차천로가 출전을 밝히지 못한 것과 달리 이익은 확실하게 출처를 밝힌 것이다. 그리고 중첩 표시가 '공'으로 잘못되었을 가능성이 있다는 가설도 충분히 가능하다. 뿐만 아니라 '공'을 '잘하다'로 풀이할 경우 '업'의 풀이가 쉽지 않은 것과 달리 '업업'을 '두려워하다'의 뜻으로 보면 문의도 순통하다. 따라서 이익의 견해는 참고할 가

---

68. 『지봉유설』 권11.
69. 『성호사설』 詩文門.

치가 있다고 여겨진다.[70]

다른 예를 보자.

> 두시에 '爲君沽酒萬眼酤'라고 하였는데, 주에서 "앞에 가득한 사졸을 모두 위로하는 것이다"라고 하였다. 또 『운부군옥』에서는 '만안고'는 주기라고 하였다. 내 생각에 이런 설은 온당하지 않은 것 같다. 살펴보건대 촉나라 사람들은 통으로 술을 사는데 통 위에 끈을 꿰는 구멍이 있으니 그 구멍까지 가깝도록 가득 채우고자 한 것이다. 이른바 "비통주를 살 필요가 없음을 생각한다"고 한 것이 아마도 이것일 것이다. (杜詩, 爲君沽酒萬眼酤, 註, 滿前士卒皆勞之也. 又韻府群玉曰, 滿眼酤酒器也. 余意此說恐未穩. 按蜀人以筒沽酒, 筒上有穿繩眼, 欲近其眼也. 所謂酒憶郫筒不用沽, 蓋是也.)[71]

이수광이 두보의 「入秦行贈西山檢察使竇侍御」 시에 나오는 '만안고'의 의미에 대해 논의한 것이다. 이수광이 古注[72]와 『옥부군옥』에 보이는 풀이를 모두 부정하고 "끈을 꿰는 구멍까지 가득 채우다"의 뜻으로 풀이하는 것이 옳다는 견해를 피력한 것이다. 그러나 이수광의 견해도 결코 그가 처음 제기한 것은 아니니, 송대 蔡夢弼의 설을 따른 것에 불과하다. 『두시언해』의 주해에서도 이 설이 보이고, 李植의 『杜詩澤風堂批解』에서도 이 설이 채택되었다.[73] 그런데도 불구하고 이수광이 굳이 다시 논의한 이유가 무엇인지 모르겠다. 혹 '만안고'의 풀이에 대

---

70. '업공'의 의미는 이처럼 논란이 분분하여 최근에도 새로운 설이 제기되고 있다. 일례로 근인 曹慕樊은 '工'이 '黑'의 와전이라고 하였다. 그의 설을 요약하면 다음과 같다: 「두견행」의 '업공' 두 자는 송나라의 판본 어디에도 다른 자로 표기된 것이 없다. 그리고 제가들이 모두 주해를 하지 않아서 도무지 무슨 뜻인지 모르겠다. 아마 '工' 자는 '黑'을 베껴 쓰다가 잘못된 것 같다. 왜냐하면 '흑' 자의 초서가 '공' 자와 비슷하기 때문이다. 그리고 '업'은 불교의 용어로서 '흑업'은 나쁜 업보라는 뜻이니, 望帝가 나쁜 업보로 새가 되었음을 말한다(『杜詩雜說』, 186쪽).

71. 『지봉유설』 권11.

72. 『補注杜詩』 권10이나 『分門集註杜工部詩』 권9 등을 보면 이 주는 師氏가 제기한 것으로 되어 있다.

73. 『杜詩澤風堂批解』 권10.

해서 여전히 논란이 있었기 때문이었을까? 사실 '만안고'의 풀이에 대해서는 중국의 경우를 보더라도 청대까지 논란이 지속되고 있었다. 두시 주해의 최고 권위라 할 수 있는 구조오는, "'만안고'는 앞에 가득한 것이 모두 술이라는 뜻이다 ……구주에서 촉나라 사람은 대 통으로 술을 사는데 술이 통의 구멍까지 가득하다는 뜻이라고 하였는데 이는 비속한 것 같다(滿眼酤, 謂滿前皆酒酤也……舊注謂蜀人以竹筒沽酒, 酒滿筒眼, 似近於俚.)"라고 하고서 아울러 '酤'는 하루 익힌 술(一宿酒)이라고 하였다.[74] 구조오는 이수광이 채택한 풀이대로 하면 시어가 비속하니 '눈에 가득 술이 있다'의 뜻으로 보아야 한다는 것이다. 반면에 구조오와 함께 두시 주해의 쌍벽이라 할 수 있는 포기룡은 "'양껏 사다'라는 말과 같다(猶言儘量酤)"라고 하였고,[75] 청대 두시 주해의 마지막 대가인 楊倫은 채몽필의 설을 그대로 채택하였다.[76] 즉 이수광과 동일한 견해였던 것이다. 그렇다면 이수광이 채택한 설이 다수가 동의한 것인 셈이니 이수광의 판단력이 객관성이 있다고 평가할 수 있을 것이다.

「入秦行贈西山檢察使竇侍御」 시와 관련한 것을 다시 하나 들어보자.

> 두시에 "與奴白飯馬青芻(종에게는 흰 밥을 주고 말에게는 푸른 꼴을 준다)"라는 구가 있다. 근래 학관 임기라는 이가 있는데 해박하다고 호가 났다. 그런데 백반은 바로 徒飯(반찬 없는 밥)이니 '白丁'이나 '白身'의 '白'과 같다고 하였다. 그의 견해는 잘못이다. (杜詩, 與奴白飯馬青芻. 頃有學官林芑, 號爲該博, 而乃謂白飯卽徒飯, 如白丁白身之白, 其見曲矣.)[77]

논의된 구는 「入秦行贈西山檢察使竇侍御」 시의 마지막 구로서 '만안고' 구의 다음에 출현한다. 이 구의 뜻은 두시어가 촉으로 돌아오면

---

74. 『두시상주』 권10.
75. 『독두심해』 권2의 2.
76. 『杜詩鏡銓』 권8.
77. 『지봉유설』 권11.

환대하겠다는 뜻이니 당연히 '백반'은 좋은 음식을 말한다. 그런데 임기라는 이가 曲說을 제기하였던 것이다.

조선조의 시화를 보면 시 속에 나오는 사물의 명칭과 관련하여 논의한 것이 많을 뿐만 아니라 그 생태에 대해서까지 논의가 미쳤다. 그런 예는 아주 많아 일일이 열거하기가 번거로울 정도이다. 차천로의 『오산설림』에서 먼저 예를 찾아 보자.

> 두보 시[78]에, "비파는 나무마다 향기롭다"라고 하였는데, 해설하는 사람들이 비파는 향기가 없다고 한 것은 잘못이다. 내가 일본에 갔을 때, 어느 옛 절에서 비파나무 한 그루를 보았는데, 대단히 무성하였다, 여러 길 아래 쪽은 잎은 크고 둥글며, 위쪽 잎은 타원형으로 약간 작아, 모양이 누리장나무 잎 같았다. 10월에 꽃이 활짝 피는데, 모양은 배꽃 같고, 향기가 매우 짙어, 바람이 없어도 몇 무까지 냄새를 맡을 수 있었다. 노승은 그것을 '노귤'이라 하며, 겨울에 열매를 맺어 5월이 되어서야 익는다고 하였다. 당시에, "노귤꽃이 피고, 단풍잎이 쇠했다"라고 하였고, 또 司馬相如의 「상림부」에도, "노귤이 여름에 익는다"라고 하였는데, 실로 그러하다. (杜詩, 枇杷樹樹香, 說者以爲枇杷無香, 誤也, 余往日本也, 於一古寺, 見一樹, 甚茂鬱, 數丈以下葉大而圓, 以上葉橢而稍小, 狀如櫸葉, 十月花盛開, 狀如梨花, 香氣酷烈, 不風而聞數畝, 老僧謂之盧橘, 冬結實, 至五月而熟, 唐詩, 盧橘花開楓葉衰, 相如上林賦, 盧橘夏熟, 信然.)[79]

비파의 생태를 설명하면서 이와 연관된 두시의 표현이 그릇된 것이 아님을 밝혔다.

> 삼신산은 모두 바다 가운데 있다. 연소왕 때부터 방사를 보내 찾았으나, 찾지 못하였다. 진시황이 서불을 보내며 남녀 3천을 데리고 가서 불사약을 구하게 하였으나, 역시 찾지 못하여, 매번 바람이 배를 휘몰아 간 것으로 해석하였다. 오피는 말하기를, "서복이 단주에 이르러 평원과 넓은 못을 얻고

---

78. 「田舍」.
79. 『패림』 「오산설림」.

왕불래에 머물렀다"라고 하였는데, 곧 지금의 일본이다. 두보 시[80]에, "방장산은 삼한 밖이다"란 구절이 있는데, 해설하는 사람들은 삼신산이 모두 우리나라에 있는 것으로, 방장은 지리산이고, 영주는 한라산이고, 봉래는 바로 금강산이라 하였다. 내가 생각하기에, 한라산이 바다에서 솟아 나온 것은 당나라 때이다. 그리고 일본의 부사산(富士山)이 높이가 4백 리요, 겨울 여름 할 것 없이 눈이 쌓여 있다 들었으니, 이것이 영주산인지도 모르겠다. 그러나 『열자』를 보면 "귀허에, 다섯 산이 있는데, 여섯 자라가 이것을 이고 있었다. 용백국의 사람이 자라를 낚은 후에, 이 다섯 산이 물결을 따라 오르내렸는데, 대여·원교 두 산은 표류하여 그 자리를 잃었고, 다만 봉래·방장·영주 세 산이 비로소 자리를 잡았다"라고 하였다. 그렇다면 세 산은 동해 대황 중에 있는 것이요, 우리나라에 있는 것이 아님이 분명하다. (三神山皆在海中, 自燕昭王, 遣方士尋之, 不得, 秦始皇遣徐市, 載男女三千, 求不死藥, 又不得, 每以風引舟去爲解, 伍被謂徐福至亶州, 得平原廣澤, 止王不來, 卽今日本國也. 杜詩有方丈三韓外之句, 說者以爲三神山皆在我國, 方丈卽智異山, 瀛洲卽漢拏山, 蓬萊卽金剛山也, 余以爲漢拏山聳出海中, 在唐之世, 聞日本國富士山高四百里, 冬夏有雪, 疑是瀛洲山, 然列子歸墟有五山, 六鰲載之, 至龍伯國人釣鼇後, 五山隨流上下, 岱輿圓嶠二山漂失其所, 只有蓬萊方丈瀛洲三山, 始得根着. 然則三山在東海大荒中, 不在我國, 明矣.)[81]

두시 구에 나오는 '방장산'을 위시한 삼신산이 우리나라에 있다는 설을 부정하는 내용이다. 두시의 지명을 논하면서 우리나라 사람의 설을 언급한 것이 재미있다.

다음은 『지봉유설』에 보이는 예이다.

두보 시[82]에 "罘罳朝共落(그물망이 아침에 함께 떨어지다)"이라고 한 것이 있다. 아마 전각의 모서리에 달아 놓은 그물을 가리켜서 말한 것일 게다. 단성식이 말하기를 "사람들이 흔히들 참새가 들어가지 못하게 처마 끝에 쳐놓은 그물을 부시라고 하는데, 잘못이다. 『한서』에 '미앙궁 동궐의 '부시'가 화

80. 「奉贈太常張卿垍二十韻」.
81. 『패림』「오산설림」.
82. 「奉送郭中丞兼太僕卿充隴右節度使三十韻」.

재를 당하였다'고 하였다. 그것이 처마 모서리의 그물이라면 그것만이 홀로 화재를 입고 전각 처마에 미치지 않은 일은 없었을 것이다. 『고금주』에 '부시는 병풍이다. 판자를 합쳐서 만들거나 또는 흙을 쌓아서 만든다. 문궐과 전사에 모두 있다'고 하였다. 지금의 조장이라는 것이다"라고 하였다. (杜詩, 罘罳朝共落, 盖指殿角網而言. 段成式云, 人多呼護雀網爲罘罳, 誤矣, 漢文紀, 未央東闕罘罳災, 簷角網不應獨災而不及殿宇, 古今註, 罘罳屛也, 合板爲之, 亦築土爲之, 每門闕殿舍皆有之, 今之照墻也.)[83]

'부시'가 무엇인지에 대해 논의하였다. 두보 시에서는 이수광의 말처럼 그물망의 뜻으로 사용하였을 것이다. 이는 '떨어지다[落]'라는 표현에서 짐작된다. 그리고 두보는 다른 시에서도 동일한 뜻으로 사용하였으니, 「大雲寺贊公房四首」의 '紫鴿下罘罳'가 바로 그것이다. 단성식의 주장처럼 『한서』에서는 병풍이다. 이른바 照壁, 또는 조장이라는 것이다. 따라서 '부시'는 두 가지 의미로 쓰이는데, 이수광은 단성식의 설도 소개하여 참고하도록 하였다.

두보의 시[84]에서 "黃獨은 싹이 없고 산에 눈이 가득하다"라고 하였다. 『냉재야화』에서 황독은 토란이 작은 것인데, 강남에서는 '토란'이라고 한다고 하였다. 아마 우리나라에서 토란이라고 하는 것일 게다. 지금 속인들이 토련이라고도 한다. (杜詩, 黃獨無苗山雪盛. 冷齋夜話云, 黃獨, 芋魁小者耳, 江南名曰土卵. 盖卽我國之所謂土卵也, 今俗亦謂土蓮.)[85]

'黃獨'은 '黃精'으로 된 판본도 있지만 황정견의 견해를 따라서 '황독'으로 하는 것이 정설이다.[86] 이수광은 황독이 무엇인지를 설명하였을 뿐만 아니라, 우리나라에서의 명칭을 밝히고 있다.

---

83. 『지봉유설』 권11.
84. 「乾元中寓居同谷縣七首」.
85. 『지봉유설』 권11.
86. 『九家集注杜詩』 권9에 인용된 황정견 설: '황정'은 응당 '황독'이라 해야 한다. (黃精當作黃獨.)

두보의 시[87]에 "生憎柳絮白於綿(버들 솜이 솜보다 흰 게 밉살스럽다)"이라고 하였고, 또 다른 시[88]에서 "糝徑楊花鋪白氈(길에 흩어져 떨어진 버들 꽃이 흰 털방석을 편 것 같다)"이라고도 하였다. 살펴보니, 송나라의 양암이 말하기를 "버들 꽃과 버들 솜은 같지 않다. 잎 사이에 나서 아황색을 띤 것이 꽃이고, 열매를 맺은 것이 이미 익어서 어지럽게 날리는 것이 솜과 같은 것이 버들 솜이다"라고 하였다. 그러나 고금의 시인들은 버들 솜을 버들 꽃이라고 하고, 버들 꽃을 버들 솜이라고 한 것이 많다. 두시의 아래 시구도 또한 잘못되었음을 면할 수 없다. (杜詩, 生憎柳絮白於綿, 又, 糝徑楊花鋪白氈. 按, 宋楊巖曰, 柳花與柳絮不同, 生於葉間, 作鵝黃色者, 花也, 結實已熟, 亂飛如綿者, 絮也. 然則古今詩人以絮爲花, 以花爲絮者, 多矣. 杜詩下句, 亦未免誤耳.)[89]

'楊花'나 '柳花'는 시에서 '柳絮'의 뜻으로 사용하여 왔고 그것이 관례가 된 이상 두보가 잘못 사용했다고 할 수는 없을 것이다. 그러나 이수광은 송나라 楊伯嵒『臆乘』'柳花柳絮' 條를 근거로 하여 두시가 '양화'를 잘못 사용하였다고 지적한 것이다. 이수광이 불필요한 문제를 지적했다고 보이지만 여하튼 조그만 문제도 철저하게 고증하려는 정신은 높이 살 만하다.

사물의 명칭에 대한 논의 중 오류도 발견된다.『지봉유설』에서 그 예를 보자.

두보의 시[90]에서 자신전에서 퇴조하며 말하기를 "花覆千官淑景移(꽃이 여러 신하를 덮는데 맑은 해 그림자 옮겨간다)"라고 하였다. 또 다른 시[91]에서 "退朝花底散, 歸院柳邊迷(조회에서 물러나 꽃 아래로 흩어지고, 관서로 돌아가다 버드나무 가에서 길을 잃는다)"라고 하였다. 이 시로 인하여 후인들은 드디어 당나라 궁전 앞에는 꽃과 버들을 심었다고 하였다. 내가 살펴보건대,

---

87.「送路六侍御入朝」.

88.「絶句漫興九首」.

89.『지봉유설』권11.

90.「紫宸殿退朝口號」.

91.「晩出左掖」.

두보가 습유 벼슬에 있을 때에는 봉상의 행재소에 있었기 때문에 이른바 자신전은, 바로 봉상의 행재소에 있었던 것이니, 장안의 궁궐이 아니다. "早朝大明宮(일찍 대명궁에서 조회하다)"이라 한 것도 역시 봉상의 행궁일 뿐이다. (杜詩紫宸退朝, 曰花覆千官淑景移 又, 退朝花底散, 歸院柳邊迷, 因此後人遂謂唐朝殿前種花柳云. 余按, 杜甫爲拾遺時, 乃在鳳翔行在, 所謂紫宸, 卽鳳翔行殿, 非長安之宮闕, 如早朝大明宮 亦鳳翔耳.)[92]

두보가 좌습유였던 것은 봉상의 행재소이니 이에 인용된 시들에 나오는 궁전은 봉상의 행재소이고 따라서 두시에 근거하여 당나라 궁전에 꽃과 버들을 심었다고 하는 것은 오류라는 주장인데, 이러한 이수광의 주장이야말로 오류이다. 두보가 좌습유에 제수된 것은 물론 봉상의 행재소였지만, 숙종이 장안을 수복하여 돌아온 뒤에도 두보는 그 직을 계속 맡았다. 그리고 위에 인용된 시들은 장안에 있을 때 지은 것이다. 위의 시들을 대다수의 주석가들이 장안에 있을 때에 編在하였고, 관련된 두보의 행적도 널리 알려진 것이다.

두보 시[93]에 "第五橋東流恨水(제오교의 동쪽은 한을 흘려보내는 물이다)"라고 하였다. 주에 "제오교는 장안성 밖에 있는 송별하는 곳이다"라고 하였다. 살펴보건대 당나라 때 장안 성 중의 거리 이름에 제일 · 제이 · 제삼 · 제사 · 제오가 있었다. 또 『강목』의 주에 "장안 주작가의 동쪽 제오가 등의 곳에 흐르는 물이 굴곡진 곳이 있으니, 그것을 곡강이라 한다"고 하였다. 신종호의 시에 제오교라고 한 것은 아마 두시의 용어를 빌려 쓴 것일 것이다. (杜詩, 第五橋東流恨水, 註, 第五橋, 長安城外送別之地, 按, 唐時長安城中街名, 有第一第二第三第四第五. 又綱目註, 長安朱雀街東第五街等處, 有流水屈曲, 謂之曲江云. 申從濩詩所謂第五橋, 盖借用杜耳.)[94]

'第五橋'의 '제오'는 複姓으로, 이는 대다수의 주석서에서 밝히고 있어

92. 『지봉유설』 권11.
93. 「題鄭十八著作丈故居」.
94. 『지봉유설』 권11.

서 따로 인증할 필요도 없다. 「陪鄭廣文遊何將軍山林十首」의 "不識南塘路, 今知第五橋(남당로를 몰랐는데 오늘에야 제오교를 알게 되었다)" 구에서도 보이는데 고유명사인 '南塘'과 짝을 이루고 있다. 거리 이름으로 유추하여 다리 이름도 '다섯째'의 뜻이라고 한 것은 억설이다.

(2) 用字의 예술성

用字는 시구에 사용된 글자를 말한다. 用字의 예술성은 用字法 분석상의 주요한 문제로서, 시인의 詩語 사용 능력과 밀접한 관련이 있다. 용자가 잘 단련되면, 그 시구는 생동감을 갖게 된다. 뿐만 아니라 용자에는 시인의 심미 의식이 반영되어 있어서 전체시의 풍격에도 영향을 준다. 따라서 시인은 적당한 글자를 사용하기 위하여 각고의 노력을 경주하게 마련이다.

중국의 시화에서 자법과 관련된 논의는 흔히 전해지는 판본에 누락된 글자나 착오가 있는 글자를 놓고 후인들이 그것을 보완하거나 수정하는 일화를 소개하는 형태로 나타나는 경우가 많다. 일례로 맹호연의 「過故人莊」 시의 '還來就菊花' 구의 '就' 자와 관련된 것을 보자.

> 각본에 '就' 자 한 자가 빠져 있었다. 보충하려는 자가 있어서 어떤 이는 '醉'로 하고 어떤 이는 '賞'으로 하고 어떤 이는 '泛'으로 하고 어떤 이는 '對'로 하여 모두 달랐다. 뒤에 선본을 얻어 보니 '취' 자여서 비로소 그 묘함을 알게 되었다. (刻本脫一就字, 有擬補者, 或作醉, 或作賞, 或作泛, 或作對, 皆不同. 後得善本, 是就字, 乃知其妙.)

명나라 사람 楊愼의 『升庵詩話』에 나오는 이야기이다. 맹호연의 시는 친구의 농장을 찾아가서 즐겁게 지낸 일을 내용으로 한 오언율시인데, 미련에서 "待到重陽日, 還來就菊花(중양일이 오기를 기다렸다가 다시 와서 국화 옆에 가보아야지)"라고 하여 중양절에 다시 국화를 보러 오겠다고 하였다. 시화의 내용은 이 시구에서 '就' 자가 빠진 것을 보고 여러 사람이 적당한 글자를 보충하고자 다양한 견해를 내었다는 사실, 뒤에 맹호연이 '취' 자를 사용한 것을 보고 감탄하게 되었다는 사실 등을 말해 주고 있는데, 확실히 여러 사람이 제시한 글자는 평범한 수준에 머물러서 '취' 자가 생동감을 주는 것에 미치지 못한다. 용자가 시구의 예술성에 끼치는 역할이 어떠한지, 시인이 용자 단련에 얼마나 뛰어난지를 짐작하게 해주는 일화이다.

두시와 관련하여서도 이와 같은 예가 있고, 그것이 우리나라 시화에 소개되었다.

> 두보 시의 '身輕一鳥' 아래에 한 글자가 빠져 있었다. 사인 진종이가 여러 사람들과 함께 각각 한 글자를 골랐는데, 혹자는 '疾' 자라고 하고 혹자는 '落' 자라고 하고 혹자는 '起' 자라고 하고 혹자는 '下' 자라고 하여 정하지 못하였다. 그 후 한 본을 얻어 보니, 바로 '過' 자였다. ……시 가운데에 한 글자를 놓는 것이 어찌 어렵지 않겠는가? (杜工部詩, 身輕一鳥下, 脫一字, 陳舍人從易, 與數人各占一字, 或云疾, 或云落, 或云起, 或云下, 莫能定. 後得一本, 乃過字也……詩中一字, 豈不難乎.)[95]

『동인시화』에 보이는 글이다. 두보의 시는 「送蔡希魯都尉還隴右因寄高三十五書記」이며, 논의된 이야기는 원래 송나라 구양수의 『六一詩話』에 나오는 것이다. 비록 서거정이 중국의 시화를 그대로 인용한 것이기는 하지만 이를 통하여 그가 시어 단련의 중요성을 인식하여 이런 예를 소개했으리라는 사실을 짐작할 수 있다.

『육일시화』에서도 '過' 자가 단련된 용자라고 하였을 뿐, 그것이 왜 다른 자에 비하여 우수한지는 밝히지 않았다. 여러 사람이 제시한 자들이 대부분 새를 연상할 때 쉽게 떠오르는 글자인 데 비하여, '過'는 참신한 면이 있고 또 채희로가 돌격대장으로 선봉의 역할을 수행한다는

95. 『東人詩話』 上.

사실96과 관련해 볼 때 '지나가다'의 의미인 '過'가 내용상 가장 부합하기 때문인 듯하다.

시어가 판본에 따라서 다르거나 주석가에 따라서 다를 수가 있다. 이 경우에도 어떤 글자를 선택하느냐 하는 것은 용자 단련에 대한 이해와 직결한다. 이와 관련된 것을 『지봉유설』에서 찾을 수 있다.

> 두보 시에 "隣人有美酒, 稚子也能賖(이웃집에 좋은 술이 있으니 어린 아들이 외상으로 사온다)"라고 하였다. 주에 육유가 "'也' 자를 '夜' 자로 한다면 시골의 정취를 가장 잘 표현할 수 있을 것이다"라고 하였다. 내가 생각하건대, 이 시의 뜻은 이웃집에 술이 있으니 어린아이라도 또한 능히 외상으로 사올 수 있을 것이라고 한 것이다. 이래야 더욱 맛이 있다. '夜' 자로 한다는 것은 온당하지 않다. (杜詩曰, 隣人有美酒, 稚子也能賖. 註, 放翁以也字作夜, 最得村意云. 余謂, 詩意以爲隣家有酒, 故稚子亦能賖來, 此尤有味, 作夜字未穩.)97

두보 시는 「遣意二首」이다. 논의된 용자는 다수의 주석서가 '夜' 자를 택하였다. '夜'로 하면 이 구에서 '밤'의 뜻이 첨가되어 한 구의 의미의 외연이 확대된다. 즉 술심부름을 하는 행위자가 '아이'이고 시점이 '밤'이며, 거기에다가 '외상 거래'이니, 이러한 상황은 시골의 생활상과 인심을 잘 나타내 줄 것이다. 이런 각도에서 보면 육유의 주장과 다수의 주석서가 이 자를 채택한 것이 일리가 있다. 그러나 이수광은 '也'로 했을 때 어린아이에 의미가 집중되어 좋다는 것이다. 일장일단이 있어서 단언하기 어렵다. 단 이수광이 중국 주석가의 기존 설을 그대로 소개하는 데에서 그치지 않고 자기 나름의 견해를 제시했다는 것은 그 옳고 그름을 떠나서 높이 살 만한 비평 태도라고 할 수 있을 것

---

96. 이 시 속에 "官是先鋒得(관직은 선봉으로 얻었다)"과 "突將且前驅(돌격대장이 우선 앞서 달린다)" 등의 구가 있다.
97. 『지봉유설』 권11.

이다.

다른 시인의 용자와 상호 비교하여 품평하는 것도 용자 분석의 한 가지 방식이 된다. 『지봉유설』에 있는 다음 글을 보자.

> 두보의 시에는 "紅入桃花嫩, 靑歸柳葉新(붉은빛 드니 복사꽃 곱고, 푸른빛 돌아오니 버들잎 새롭다)"이라고 하였고, 이백 시[98]에는 "寒雪梅中盡 春風柳上歸(차가운 눈은 매화 속에서 다하였고, 봄바람은 버들 위로 돌아왔다)"라고 하였으며, 왕안석의 시[99]에는 "綠攪寒蕪出 紅爭煖樹歸(푸른빛은 차가운 풀을 교란해 나오고, 붉은빛은 따뜻한 나무에 다투어 돌아온다)"라고 하였다. 이 세 시에 모두 '歸' 자를 쓰고 있는데, 옛사람들은 왕안석의 시가 매우 뛰어나다고 하였다. 내가 생각건대 그렇지 않다. 두보의 시는 솜씨를 부리고 힘을 들여 지은 것이고, 왕안석의 시는 멋지게 짓고자 하여 더욱 천착하였는데, 이백의 시는 자연스러운 경지에 가까운 것이다. (杜詩紅入桃花嫩 靑歸柳葉新 李白寒雪梅中盡 春風柳上歸 王荊公詩綠攪寒蕪出 紅爭煖樹歸 此三詩皆用歸字 而古人以荊公詩爲妙甚 余謂不然 老杜巧而費力 荊公欲巧而尤穿鑿 李白爲近自然.)[100]

논의된 두보의 시는 「奉酬李都督表丈早春作」이다. 이수광이 이백의 시는 자연스러우나, 두보의 시와 왕안석의 시는 인공적이어서 이백 시만 못하다고 품평하였는데, 온당한 주장으로 보인다. 이처럼 여러 시구를 비교하여 용자 단련의 우열을 논하는 것에는 비평가의 뛰어난 감식력과 독자적인 시관이 있어야 한다.

이상의 논의에는 평자 자신의 견해가 담겨 있어서 의미가 있다. 그러나 이와 달리 단순하게 소개하는 정도에서 그치는 것도 있다. 『지봉유설』에서 예를 찾아보자.

---

98. 「宮中行樂詞八首」.
99. 「宿雨」.
100. 『지봉유설』 권9.

두보의 시에 나오는 "天闕象緯逼(천궐은 상위에 다가 있다)" 구의 '궐' 자가 어떤 판본에는 '開' 자로 되어 있기도 하고, '關' 자로 되어 있기도 하다. 그런데 왕안석은 '閱' 자로 고쳤고 황정견은 그것이 옳다고 극언하였다. 또 명나라 양신은 응당 '窺' 자로 해야 한다고 하였다. 어느 것이 옳은지 모르겠다. (杜詩, 天闕象緯逼, 闕字或作開, 作關, 而王荊公改爲閱字, 黃山谷極言其是. 明楊用修以爲當作窺, 未知孰是.)[101]

두보의 시는 「遊龍門奉先寺」이다. 위의 글에서 알 수 있듯이 '闕' 자는 異文이 많다. '闕' 자는 송대 판본부터 있었던 것이다. '關' 자는 千家注本에 보이는데 '闊' 자로 된 것도 있다. 단 그것의 유래는 불분명하다. '開' 자로 해야 한다는 것은 청대 姜宸英의 주장이다. '閱' 자로 해야 한다는 것은 이수광이 밝힌 것처럼 왕안석의 주장이다. '窺' 자로 해야 한다는 것은 양신이 처음 제기한 것이 아니라, 蔡興宗이 처음 제기하였는데 양신이 이에 동의한 것이다. 이 중 어느 것이 과연 합당한지에 대해 여러 설이 분분하다. 이 문제에 대한 논의는 청대에까지 계속되었고 결론도 나지 않았지만, 두시의 양대 권위자인 구조오와 포기룡은 모두 '闕' 자로 하였고 이와 관련된 제설의 출처와 논거 등을 자신의 주석서에 상술하여 분석하였다.[102]

여러 설이 분분하니 이수광도 단언하지 못한 것이 이해가 된다. 본문에 나오는 "어느 것이 옳은지 모르겠다(未知孰是)"라는 말은 공자의 '闕疑' 정신에 입각하여 朱熹 등의 유학자들이 즐겨 쓰던 말이다. 모르는 것을 아는 체하는 것보다는 내버려두는 것이 학자의 올바른 태도일 것이다. 그렇기는 하지만 이수광이 이왕 이 문제를 거론했으면 좀더 천착하여 살펴보고서 어느 것이 옳은지 규명하거나, 혹 자신의 견해가 있으면 이를 밝히고 그 논거도 제시하였으면 더 좋았을 것이다. 우리 시화를 보면 다수의 조항이 중국 것을 출처도 제대로 밝히지 않고 단순

101. 『지봉유설』 권11.
102. 『두시상주』 권1, 『독두심해』 권1의 1 참고.

히 옮겨 적기만 할 뿐 자기 견해는 전혀 제시하지 않고 있어서 아쉬움이 크다.

다시 『지봉유설』에서 다른 예를 보자.

> 두보의 시의 "高枕遠江聲(베개를 높이 하니 강 소리 멀리 들린다)" 구는 아마도 송지문의 "高枕聽江流(베개를 높이 하고 강물 흐르는 소리를 듣는다)" 구에서 나왔을 것이다. 그런데 해석하는 자가 이 구절의 뜻을 '강 소리가 베개보다 높다'의 뜻이라 하였다. 아마도 앞 구인 "入簾殘月影(남은 달그림자 발에 들어온다)" 때문에 이렇게 말한 듯하다. 어떠한지 알지 못하겠다. 본주에는 "'入簾'은 '捲簾'으로 된 판본도 있다"라고 하였다 (杜詩, 高枕遠江聲, 蓋出於宋之問高枕聽江流之句, 而釋之者以爲江聲高於枕也, 蓋以上句入簾殘月影, 有此云云, 未知如何. 本註, 入簾一作捲簾.)[103]

두보 시는 「客夜」이다. 이수광은 여기서도 '모르겠다'라고 하였다. 그러나 그가 본문의 끝에 '捲簾'으로 된 판본도 있다는 사실을 굳이 밝힌 것은, '권렴'이면 대구상의 문제도 해결되면서 '베개를 높이 하다'로 해석할 수 있다는 사실을 알리려는 의도에서이니 완전히 모르겠다는 것은 아니다. 단 아쉬운 것은 '高' 자의 의미가 무엇이냐에 관심이 있었을 뿐 그 자가 가지는 함축을 논의하지 않았다는 것이다. 이 시는 시의 제목에서 알 수 있듯이 객지에서 잠 못 이루는 심사를 표현한 것이다. 이 시의 수련에서 "客睡何曾着, 秋天不肯明(객지라 잠을 제대로 이룬 적이 없는데 가을 하늘은 도대체 날이 새려고 하지 않는다)"이라고 한 말에서 이 사실을 뚜렷이 알 수 있다. 시름이 있거나 잠이 오지 않을 때 사람들은 베개를 높이 베는 습성이 있다. 그렇게 하면 비교적 심신이 편안해지게 된다. 이와 관련된 표현은 여러 전적에서 확인할 수 있다.[104] 오늘날 우리들의 경우를 보아도 마찬가지이다. 따라서 이 '高'

---

103. 『지봉유설』 권11.
104. 陶道恕 主編, 『杜甫詩歌賞析集』, 巴蜀書社, 1993, 309쪽 참고.

자는 시인의 心態를 잘 그려준다. 평이한 글자 한 자로써 시인은 자신의 심태를 핍진하게 그려내는 솜씨를 발휘한 것이다. 용자의 단련을 보여주는 좋은 예인데, 이수광은 이 점을 내버려 두고 대구의 구법에만 착안하여 그 표면적인 의미가 무엇인지에 관심을 두고 만 것이다. 게다가 앞 구가 '入簾'이더라도 '베개를 높이 하다'로 해석하는 데에 아무런 지장이 없다. 왜냐하면 두 구가 품사나 구법상 짝을 이루기만 해도 대구를 이룰 수 있고 반드시 의미 관계에서도 완벽한 짝을 이룰 필요는 없기 때문이다.

(3) 俗語와 虛字

시에서는 일반적으로 속어를 기피한다. 속어는 口語에 사용된 어휘인데, 이를 시에 사용하면 시의 풍격을 비속하게 할 염려가 있기 때문이다. 그리고 허자도 가급적 사용하지 않는데, 이는 자수가 제한된 시구에 허자를 쓸 경우 시어를 낭비하는 결과를 초래할 수 있기 때문이다. 그러나 시인은 의도적으로 속어나 허자를 사용하기도 한다. 속어의 사용은 변화를 주고 새로운 풍격이나 의경을 창출하기 위해서이다. 허자도 영활하게 사용하면 실자 이상으로 많은 의미를 함축할 수 있고, 변화감을 조성할 수 있다.

속어와 허자에 대한 논의도 우리 시화에 종종 보인다. 먼저 속어에 대한 것을 보자.

> 시구 속의 어휘에 두보의 경우는 '有底'·'遮莫'·'生憎'·'不忿' 등을 사용하였고, 이백은 '耐可'·'阿那'·'似箇' 등의 말을 사용했고, 백거이에 이르러서는 이를 더욱 즐겨 사용하였다. 이런 점에서 찾아 본다면 시만 그런 것이 아니라『상서』속의 고문에서도 시속의 말을 사용하였다. 그렇기 때문에 지금 억지로 풀이하기 어려운 곳이 많다. 아마도 고문의 문체가 본래부터 이와 같았으리라. (詩句中語錄, 如老杜用有底遮莫生憎不忿, 李白用耐可阿那似箇等字之類, 至白樂天尤喜用之, 卽此求之, 非但詩爲然, 如尙書中誥文, 用時俗之語. 故今難强解處多, 蓋誥體自如此.)[105]

위의 글은 『지봉유설』에 나온다. 이수광이 거론한 두보와 이백 시에 보이는 어휘들은 속어에 해당하는 것들이다. 이러한 시어가 사용되고 있다는 사실을 지적만 하였을 뿐 구체적인 의미를 밝히지 않은 점은 아쉽다. 게다가 『書經』의 誥文과 연관 지은 것은 납득하기 어려운 주장이다.

속어의 의미를 직접 논의한 예도 시화에 보인다.

> 두보의 시에 "不分桃花紅勝錦(복숭아 꽃이 비단보다 붉은 것을 편안히 받아들이지 못한다)"이라고 하였는데 사람들은 대다수가 그 뜻을 모른다. 마음에 편안하게 받아들이는 것이 '分'이니, '不分'이란 마음에 편안하지 않다고 말하는 것과 같다. 즉 '嫌'의 뜻인 것이다. 그래서 두시에서 '生憎'과 대를 이루었다. (杜詩曰, 不分桃花紅勝錦. 不分之意, 人多未曉, 安於心者爲分, 不分字, 猶言不安於心, 卽嫌字意也, 以故杜詩與生憎爲對.)

梁慶遇의 『제호시화』에 보이며, 두보의 시는 「送路六侍御入朝」이다. 속어인 '分' 자의 의미를 "마음에 편안히 받아들이다"라고 하였는데, 이는 틀린 설이다. 이 자의 올바른 의미는 魚叔權의 『稗官雜記』에 나오는 아래 글을 마저 검토한 뒤 밝히겠다.

> '不分'이란 두 글자는 중국의 방언이다. '分'은 '噴'과 같으니, '不分'이란 노한다는 의미와 연관되니 그 노여움을 분출하지 않고 마음에 담아 둔다고 말하는 것과 같다. 두보 시에 "不分桃花紅勝錦, 生憎柳絮白於綿(복숭아 꽃이 비단보다 붉은 것에 노하지 않고 버들 솜이 솜보다 흰 것을 미워한다)"이라고 하였는데, '생증'은 바로 '미워하다'의 뜻으로 역시 방언이다. '불분'이 방언이기 때문에 '생증'으로 대를 맞춘 것이다 ……성종 때에 杜詩를 諺解한 이가 '不分'의 分을 잘못하여 '分內'의 分의 뜻으로 풀이함으로써 마침내 우리나라 사람으로 하여금 잘못된 것을 이어받아 쓰게 하여 '不分'의 뜻을 알지 못하게 되었다. (不分二字, 中國方言也. 分與噴同, 不分卽怒也, 猶言未噴

---

105. 『지봉유설』 권9.

其怒, 而含蓄在心也. 老杜詩, 不分桃花紅勝錦, 生憎柳絮白於綿. 生憎卽憎也, 亦方言也. 不分旣方言, 故以生憎對之…… 成廟朝 諺解杜詩者, 誤以不分之分, 爲分內之分, 遂使東人承誤而用之, 竟不知不分之義.)[106]

'分' 자는 어떤 판본에는 '忿'자로 되어 있는데, 이는 '分'의 뜻을 이해하지 못한 채 문맥을 보고 함부로 고쳤을 가능성이 있다. 어숙권의 견해도 이와 동일한 맥락에서 제시되었을 것이다. 이 외에 '分辨'의 뜻으로 보는 설도 있는데[107] 역시 합당하지 않아 보인다. 단정하기는 어렵지만 '생각하다'의 뜻인 것 같다.[108] 그리고 이를 따르면, 이 구절은 "생각지도 않게 복숭아 꽃이 비단보다 붉다"라고 풀이해야 한다. '生憎'의 '生' 자는 어숙권이 뜻을 특별히 밝히지 않은 것으로 보아 뜻 없는 허사로 간주한 것 같은데, 실상은 '아주'라는 뜻의 부사이다.

비록 이들의 뜻에 대해 어숙권이 이해하고 있는 것은 오류가 있고, '방언'이라 한 것도 적절한 표현은 아니지만, 그것들을 구어로 본 것은 타당하다. 그리고 언해한 사람들이 '분수'의 뜻으로[109] 풀이한 것이 잘못이라는 주장도 옳다. 위에서 든 梁慶遇의 풀이는 바로 '분수'의 뜻으로 이해한 데에서 비롯된 것이다.

양경우와 어숙권 등이 속어의 의미를 논의하였고, 어숙권은 그것이 구어라는 사실도 지적하였지만, 거기에 그쳤을 뿐 그것의 예술성에 대해서는 관심을 갖지 못하였다. 이 시는 어릴 때부터 친했던 노시어를 만나자마자 헤어지게 되었는데, 그 마음 아픈 순간에 봄 꽃과 버들의 빛이 선명하여 더욱 속이 상한다는 뜻이다. 이 시의 전반부에서 "어릴

106. 『패관잡기』 권1.
107. 구조오가 그러하다(『두시상주』 권12 참고).
108. 이 '分'은 측성자인데 『漢語大詞典』에서 측성자의 의미항을 보면 해당될 수 있는 것이 이것뿐이다. 그리고 '不分'이 그 뜻으로 쓰인 용례가 당송 이후의 詩詞에 적지 않다. 『杜甫詩全譯』과 같은 근인의 두시 역해서에서도 대체로 이 뜻을 취하고 있다.
109. 본문의 '分內'는 '분수 안의 일' 또는 '본분의 일'을 뜻한다.

때부터 친하여 사십 년이 지났는데 중간에 둘 사이에 소식이 아득히 끊어졌지. 다시 만날 곳은 그 어디냐? 홀연히 상봉하더니, 바로 이 자리가 이별 자리라네(童稚情親四十年, 中間消息兩茫然, 更爲後會知何地, 忽漫相逢是別筵.)"라고 하여 이 시를 짓게 된 동기와 당시의 심사를 알려준다. 그리고 시의 표현 양상을 보면, 시어가 천근하여 마음에서 생각난 대로 그리고 입에서 나오는 대로 읊은 것 같다. 여기에는 사실 시인의 의도가 있으니, 이별의 심사가 급박하여 시를 다듬을 여유가 없다는 느낌, 어릴 때부터 친한 사이라 굳이 고답적인 표현이 필요 없다는 느낌을 조성하려는 것이다. 다음 연인 '불분' 2구에서 속어를 사용한 것도 동일한 의도이다. 두보의 율시는 오언과 칠언에 차이를 보이는데 칠언의 경우 즉흥적인 감정이나 뒤틀린 심사를 다룬 것이 많고 그 경우 이 시에서와 같은 표현 수법을 즐겨 사용한다. 따라서 이 시에서 속어를 사용한 것은 시의 예술성과 관련이 있는 것이다.

드물기는 하지만 속어의 예술성과 관련된 논의도 발견된다.

> 나대경이 "두보에게는 전편에 속어를 사용한 것이 있는데, 뛰어나고 묘함을 해치지 않는다"라고 말하였는데, 예를 들어 "一夜水高三尺强, 數日不可更禁當, 南市津頭有船賣, 無錢卽買繫籬傍.(하룻밤에 물이 석 자 이상 높아졌으니, 며칠 지나면 더욱 견딜 수 없겠다. 남쪽 저자 나룻가에 파는 배가 있지만, 돈이 없으니 사다가 울타리 곁에 매어 둘 수가 없구나),"110 "江上被花惱不徹, 無處告訴欲顚狂.(강가의 꽃 때문에 시름이 끝이 없는데 호소할 곳 없어서 이리저리 돌아다닐 뿐이다),"111 "白頭老罷舞復歌, 杖藜不寐誰能那(백발 늙은이가 춤을 추고 또 노래를 부르니, 명아주 지팡이 짚은 채 잠 못 이루는 것을 누군들 견딜 수 있으랴)"112 등이 그것이다. 楊萬里가 이런 체를 많이 본받으면서, 통쾌하여 즐겁다고 하였는데, 내 생각에 이런 詩格은 뛰어나고 묘하기는 하나 통쾌한지는 모르겠다. (羅大經曰, 杜陵有全篇用俗語者, 不

110. 「春水生二首」.
111. 「江畔獨步尋花七絶句」.
112. 「夜歸」.

害爲超妙. 如一夜水高三尺强, 數日不可更禁當, 南市津頭有船賣, 無錢卽買繫籬傍. 江上被花惱不徹, 無處告訴欲顚狂, 白頭老罷舞復歌, 杖藜不寐誰能那, 是也. 楊誠齋多效此體, 痛快可喜云. 余謂以此格爲超妙, 痛快則不可知也.)[113]

역시『지봉유설』에 나오는 이야기이다. 논의된 시는「春水生二首」·「江畔獨步尋花七絶句」·「夜歸」등인데, 이 중「春水生二首」와「江畔獨步尋花七絶句」는 칠언절구이고,「夜歸」는 8구로 된 칠언시이다. '强'·'禁當'·'惱不徹'·'老罷'·'那' 등은 일반적으로 시에 사용되지 않는 속어체이다. 앞에서 지적하였듯이 칠언시에 속어가 많이 쓰이고 있고, 시 속의 정서도 건전하지 않고 명랑하지 않음을 알 수 있다.

『玉林鶴露』의 저자인 宋人 나대경은 속어를 전편에 사용하여도 시의 뛰어남을 손상하지 않는다고 하였고, 宋人 양만리는 통쾌한 느낌까지 준다고 하였다. 그러나 이수광은 나대경의 주장은 동의하면서도 양만리의 주장에 대해서는 부정적이다. 속어의 사용은 앞에서도 지적하였듯이 시가 단숨에 이루어진 것임을 나타내려는 의도에 의한 것이다. 즉 이런 저런 고려 없이 내뱉는 듯한 어세를 조성하려는 것이다. 칠언이 오언에 비해 어세의 暢通한 맛이 강한데, 거기에 속어의 천속함을 더하였으니, 이로 인해 마음속의 울분이나 번민이 단숨에 해소되는 것 같은 시원함을 느끼게 해준다. 사람이 울분을 토할 때 고상하고 고답적인 표현을 쓸 수 있는가? 속된 말이 제격인 것이다. 양만리가 통쾌하다고 한 것은 이런 사실을 말한 것이니, 그는 속어 사용의 예술성을 제대로 파악하고 있었던 것이다.

논의를 좀더 심화하기 위해서 위에서 언급된「야귀」시 전체를 검토해 보겠다.

夜半歸來衝虎過　한밤에 호랑이의 위험을 무릅쓰고 돌아오니
山黑家中已眠臥　컴컴한 산에 집안 사람들은 이미 누워 잠들었다.

113.『지봉유설』권9.

傍見北斗向江低	북두성이 강으로 내려가는 것을 옆으로 보고
仰看明星當空大	명성이 허공에서 큼직하게 보이는 것을 올려다본다.
庭前把燭嗔兩炬	뜰 앞에 초를 두 대 밝혀 놓은 것에 화를 내며
峽口驚猿聞一個	협곡 입구에 한 마리 원숭이 놀란 울음소리 듣는다.
白頭老罷舞復歌	백발 늙은이가 춤을 추고 또 노래를 부르니
杖藜不寐誰能那	명아주 지팡이 짚은 채 잠 못 이루는 것을 누군들 견딜 수 있으랴?

이 시는 형식이 특이하다. 여덟 구라는 점과 함련과 경련에 대장을 이루었다는 점에서는 율시인데, 평측의 배열과 압운은 고체시이다. 즉 반은 근체이고 반은 고체인 기형적인 시이다. 두보는 고체의 외형에 근체의 장법을 적용하거나 근체의 외형에 고체의 격률을 적용하는 시도를 함으로써 새로운 시의 격률을 창출하려는 시험을 즐겨하였다. 이 시도 그 중 하나이다. 일견 근체시 같아 보이지만 격률은 고체인 이 시에 '一個'·'老罷'·'那'와 같은 속어를 쓰고 속어투의 천속한 표현을 구절마다 사용한 이유는 자명하다. 근체시의 근엄한 풍격을 탈색하려는 것이다. 그렇다면 이 시 속의 속어 사용에는 시인의 심미의식이 작용한 것이다.

이수광은『지봉유설』에서 속어 사용 문제를 제기하여 詩學에 대한 그의 관심이 폭넓었음을 알려주지만, 안타깝게도 그의 논의는 단편적이고 피상적인 수준에 머물고 말았다는 사실도 지적하지 않을 수 없게 한다. 김만중이 이수광의『지봉유설』은 분량은 많으나 독자를 계발해 주는 것이 거의 없다고 혹평한 적이 있는데,[114] 아마 이런 면 때문이었을 것이다.

다음으로 허자에 대한 논의를 보자.

114.『서포만필』下: 이수광은 문단의 중망을 받았고, 그의『유설』20권에는 시를 논한 것이 반이나 차지해도 그 말이 전혀 사람의 마음을 개발한 곳이 없다. (李芝峯負詞壇重望, 類說二十卷, 論詩者居半, 而其言殊無開發人意處.)

나대경이 말하기를 "시에 조사를 쓰는 경우가 있다. 두보는 '古人稱逝矣, 吾道卜終焉(고인은 떠나자 하였고, 내 도는 점쳐 보니 끝났구나)'이라고 하였고 황정견은 '且然聊爾耳, 得也自知之(그러한 것은 애오라지 너뿐이고, 얻은 것은 스스로 안다)'라고 하였다, ……이런 것들은 모두 자연스럽고 온당하다"고 하였다. 내가 생각하건대 이와 같은 구법을 후생들이 본받으면 아마 고니를 새기다가 따오기가 되었다는 조롱이 있을 것이다. (羅大經曰, 詩用助語, 如老杜云, 古人稱逝矣, 吾道卜終焉. 山谷云, 且然聊爾耳, 得也自知之…… 皆渾然妥帖云云. 余謂如此句法, 後生效之, 恐有刻鵠之譏.)[115]

위의 글은 『지봉유설』에 나온다. 이수광은 속어와 마찬가지로 허자 사용에 부정적인 시각을 가지고 있었다. 전인의 허자 사용 자체를 놓고 평하지는 않았지만 후인이 이를 배울까 걱정한 데에서 그가 전인의 이런 시를 시의 본색이 아닌 것으로, 따라서 규범으로 삼을 수 없는 것으로 간주하였음을 알 수 있다. 이수광의 이러한 시관은 어디에서 유래한 것일까? 시의 흥취나 함축을 중요시하는 비평가는 흔히 허자 사용이 시를 산문화하여 폐단이 된다고 생각하는데, 어쩌면 이수광은 이런 시관을 가졌을 가능성이 있다. 그러나 이러한 시관은 지극히 보수적인 것이며 편협한 것으로서, 새로운 경지를 개척하여 변화를 추구하고 시의 지평을 넓히려고 하는 시인의 노력을 이해하지 못했다는 혐의가 있다.[116]

허자를 이유 없이 사용한다거나 지나치게 많이 사용하는 것은 장려할 일이 분명 아니다. 그러나 앞에서 언급한 것처럼 허자의 사용에 긍

---

115. 『지봉유설』 권9.

116. 이수광의 이러한 시관은 다음 글에서 확인할 수 있다.
섭몽득이 말하기를 "시는 사물에 접촉하여 생기는 감흥을 붙여 자신의 성정을 읊는 것이다. 그러나 세상에서는 글의 짜임새와 수식에만 노력하는 이가 많다. 그래서 말은 비록 공교로우나 싱거워 맛이 없어서 사람의 뜻과 조금도 상관하지 않는다"라고 하였다. 이 말이 옳다. (葉夢得曰, 詩本觸物寓興, 吟詠性情, 而世多役於組織雕鏤, 故言語雖工, 淡然無味, 與人意不相關, 此言是. 『지봉유설』 권9)
시는 함축이 있고 자연스럽게 이루어진 것이 상품이고 새기어 괴이하고 험난한 것은 하품이다. (詩以含蓄天成爲上, 雕鎪怪險爲下. 『지봉유설』 권9)

정적인 측면도 있다. 특히 두보와 같이 뛰어난 능력으로 각고의 노력을 경주하여 시를 지은 경우 사용된 허자는 늘 음미해 볼 필요가 있다. 논의가 된 시는 「寄岳州賈司馬六丈巴州嚴八使君兩閣老五十韻」으로서 '先'韻을 쓴 五十 운 배율이다. 배율은 장엄한 맛이 있어야 하기 때문에 허자를 일반적으로 사용하지 않는다. 그런데도 허자를 쓴 이유는 무엇일까? 오십 韻 백 句의 장편을 짓다 보니 운자가 궁해서 부득이 사용했다라고 말한다면 이는 두보의 심오한 공력을 모르는 소리이다. 그는 일백 운의 시도 능란하게 짓는데 하물며 오십 운이야 그렇게 어려울 것이 없다. '古人稱逝矣, 吾道卜終焉' 두 구는 시인의 자포자기하는 심사를 표현한 것인데, 앞 구의 '矣' 자는 탄식하는 어감을, 뒤 구의 '焉' 자는 단정의 어감을 나타내어 자포자기하는 심사를 강하게 표현해 주고 있다. 두보는 바로 이러한 어감을 이용하기 위하여 의도적으로 이들을 사용한 것이다. 이수광이 과연 이러한 사실을 알고 있었을까? 아니면 알고 있었음에도 그의 시관에 충실하여 굳이 비판한 것일까?

이수광은 속어나 허자 사용을 반대했을 뿐만 아니라 천속한 용어를 사용하는 것도 싫어하였다. 다음은 이런 사실을 확인해 준다.

> 두보의 시에서 "南村群童欺我老無力, 忍能對面爲盜賊(남쪽 마을의 뭇 아이들은 내가 늙고 힘없는 것을 업신여겨서 마침내 보는 앞에서 도적질을 한다)"이라고 한 것은 그 용어가 속된 것 같다. 근년에 홍지성은 글에 박학하나 글을 잘 짓지는 못하였다. 일찍이 시를 짓기를 "明月皎皎臥盜賊(달이 환하게 밝으니 도둑이 누었다)"이라고 하여 세상이 모두 웃었다. 아마 두시를 배우려고 하다가 그르친 것일 게다. (杜詩云, 南村群童欺我老無力, 忍能對面爲盜賊, 其語近俗. 頃歲洪志誠博洽於書, 而不善屬文, 嘗有詩云, 明月皎皎臥盜賊, 世皆笑之, 蓋學杜而誤者也.)[117]

두보의 시는 유명한 「茅屋爲秋風所破歌」로서 두시 중 명편에 꼽히

117. 『지봉유설』 권9.

는 것이다. 그러나 이수광은 이 시 속의 시구를 비판하였다. 시에 '도적'과 같은 천속한 표현을 사용해서는 안 된다는 그의 평소 지론 때문이다. 이로써 미루어 보아도 그가 속어나 허자를 반대한 것은 시가 천속해질까 두려워해서일 것이다.

3) 典故 분석

두보의 시는 한 자도 출처가 없는 것이 없다는 말이 있다. "만권의 책을 읽고 나니 붓을 대면 신들린 듯하였다"[118]라는 그의 말처럼 두시가 깊은 學力을 바탕으로 하였기 때문이다. 그가『文選』에 정통하였다는 것은 잘 알려진 사실이거니와,[119] 그 외에도 경전·諸子書·역사서 등 모든 방면을 섭렵하여, 그 지식을 시에 활용하였다. 따라서 그의 시에는 다양한 전고가 출현한다. 우리나라의 시화에도 두시의 전고를 논의한 예가 많은데, 특히『지봉유설』에 다양한 예가 보인다. 따라서『지봉유설』에서 예를 들어 전고와 관련된 논의의 양상을 살펴보기로 한다.

> 두보의「送孔巢父謝病歸遊江東兼呈李白」 시에서 "深山大澤龍蛇遠(깊은 산 큰 못에 용과 뱀이 멀리 있다)"이라고 하였다.『진서·육희전』을 보니, 육희가 말하기를 "손호는 무도하였으니, 만약 용과 뱀처럼 그 몸을 감추고 그 재질을 침묵하고 잠겨서 쓰지 않았다면 그 사람이 제일인이다"라고 하였다. 이 시의 용어는 아마 여기서 나온 것일 것이다. 용사라는 말은 아마 칩거하여 감춘다는 뜻일 것이다. (送孔巢父詩云, 深山大澤龍蛇遠. 按晉書, 陸喜曰, 孫皓無道, 若龍蛇其身, 沈默其質, 潛而勿用, 則第一人也. 詩語蓋出於此, 龍蛇蓋謂蟄藏之義.)[120]

118.「奉贈韋左丞丈二十二韻」: 讀書破萬卷, 下筆如有神.

119.『지봉유설』 권9: 당나라 사람들이 시를 지을 때『문선』에서 시의 재료를 얻었다. 그래서 두보의 시는『문선』의 말을 많이 사용하였으니 그가 "일찍부터『문선』의 이치를 따랐다"라고 한 것은 바로 이를 두고 한 말이다. (唐人作詩, 取材於文選, 故子美之詩, 多用選語, 其曰早從文選理者, 是也.)

120.『지봉유설』 권11.

논의가 되는 구절과 관련하여 중국의 주해가들은 대개가 『左傳』「襄公二十一年」에 보이는 叔向의 모친이 한 말에서 출처를 찾았다. 그러나 이는 "深山大澤, 實生龍蛇(깊은 산 큰 못에서 실제로 용과 뱀이 산다)"라는 표현과 어구가 유사할 뿐, 詩意상 연관이 없어 보인다. 이에 비하여 육희의 이야기는 은둔의 뜻과 관련이 있어서 시의와 연관성이 있다. 따라서 두보가 과연 육희의 말을 참고하였는지는 알 수가 없어도 이수광의 설이 기존의 것보다는 더 설득력이 있어 보인다.

다른 예를 보자.

> 두보의 시에서 "軒墀曾寵鶴(수레에서는 일찍이 총애받던 학이었다)"이라 하였다. 살펴보건대 위의공이 학을 좋아하여 학 중에 수레를 탄 것이 있었다. 해설자가 '墀' 자는 잘못이니 '軒車'라고 고치는 것이 좋겠다고 하였다. 내 생각에 해설자의 견해가 옳다. 그러나 '거' 자 역시 좋지 않다. 한유가 공작을 읊은 시에서 "은총으로 돌봐주심을 입음이 무거워서 목숨을 마칠 때까지 섬돌 땅을 지킨다"라고 하였으니 '지' 자도 혹은 좋을 것 같다. (杜詩云, 軒墀曾寵鶴. 按, 衛懿公好鶴, 鶴有乘軒者. 說者以爲墀字誤, 改以軒車則善矣. 余謂說者之見是矣, 而車字亦未善, 韓昌黎詠孔雀詩云, 坐蒙恩顧重, 畢命守階墀, 墀字似或可矣.)[121]

두보의 시는 「投贈哥舒開府翰二十韻」이다. 논의된 시구 속의 '헌지'는 예로부터 논의가 무성하고 '헌거'로 고쳐야 한다는 설이 설득력 있는 것으로 받아들여지기도 한다.[122] 이수광도 이 설에 대해서 일단 동의하였다. 그러면서도 한유의 「和武相公孔雀」 시에 나오는 공작이 동일하게 날짐승이고 또 동일하게 총애를 받았다는 점에 착안하여 '헌지' 그대로 두어도 되지 않겠는가라고 조심스럽게 자신의 견해를 제시하였다. 이수광의 이런 견해는 두보 시와 한유 시 사이에 특별한 연관이 없

---

121. 『지봉유설』 권11.
122. 『두시상주』 권3 참고.

다는 점에서 무리한 것으로 보인다. 그렇기는 하지만 문제를 해결하기 위하여 이런 저런 전적을 두루 검토하여 궁리하고 이를 바탕으로 나름대로의 새로운 견해를 제시하였다는 점에서 진지함을 느끼게 한다.

이수광은 전고를 사용한 구절의 품격에 대해서도 언급한 적이 있다. 다음이 그 예이다.

> 두보의 「送王十五判官扶侍還黔中」 시에서 "靑靑竹笋迎船出, 白白江魚入饌來(푸르고 푸른 죽순은 배를 맞이하여 나오고, 희고 흰 강의 물고기는 반찬에 들어온다)"라고 하였는데, 양신이 "이 구는 맹종과 강시의 고사를 사용한 것이다. 靑靑이란 두 글자는 절로 좋으나 白白이란 두 글자는 속된 것 같다. 위응물이 귀성하는 사람을 보내는 시[123]에 '沃野收紅稻, 長江釣白魚(비옥한 들에서 붉은 벼를 거둬들이고, 긴 강에서 흰 물고기를 낚는다)'라고 하였는데, 두보의 시가 위응물의 시보다 매우 못하다"라고 하였다. 내가 생각건대, 양신의 말이 옳은 것 같다. 다만 위응물 시의 붉은 벼, 흰 물고기는 모두 범연한 말이어서, 아마 두자미의 고사 사용의 적절함보다 못할 것 같다. (杜子美送人迎養詩曰, 靑靑竹笋迎船出, 白白江魚入饌來, 楊用脩以爲此句用孟宗姜詩事, 靑靑字自好, 白白近俗. 韋蘇州送人省覲詩云, 沃野收紅稻, 長江釣白魚, 杜不如韋多矣. 余謂用脩所見似是, 但韋詩紅稻白魚, 皆是泛說, 則恐不如杜之用事襯切矣.)[124]

두시의 '白白'이 對仗을 위하여 억지로 만든 말이어서 천박하다는 양신의 주장을 동의한 것이다. 비록 이수광 본인의 의견은 아니지만, 단순히 用事의 출처만 논하지 않고 그에 따른 표현까지 아울러 관심을 가진 것은 의미 있는 일이다. 그리고 전고의 적절함은 두시가 더 훌륭하다는 자신의 견해를 첨가한 점도 높이 평가받아야 할 것이다.

전고를 잘못 제시한 예도 있다.

---

123. 「送張侍御秘書江左覲省」.
124. 『지봉유설』 권9.

두보의 시에 "早時金盌出人間(금으로 만든 그릇이 일찍 세상에 나왔다)"이라는 구가 있는데, 주에서 무릉의 옥 그릇 일을 인용하여 입증하였다. 내 생각에 이것은 옥 그릇이니 금 그릇으로 고쳐 쓸 수가 없다. 살펴보건대 노충이 최소부의 무덤 속에 들어가 최씨의 어린 딸과 혼인하였는데 최씨가 금 그릇을 주어 저자에 가서 팔았더니 최씨 딸의 이모가 말하기를 "내 여동생의 딸이 죽어서 금 그릇을 주어 관에 두었던 것이다"라고 하였다. 아마 이를 전고로 쓴 것이리라. (杜詩, 早時金盌出人間, 註引茂陵玉盌事, 證之. 余謂此則玉盌, 不當改作金盌. 按, 盧充入崔少府墓, 與崔少女爲婚, 崔氏與金盌, 充詣市賣之, 崔女姨曰, 我妹女亡, 贈以金盌着棺云, 疑用此也.)[125]

논의가 된 시구는 「諸將五首」의 제1수에 보인다. 이 구절은 오랑캐가 쳐들어와 왕릉이 훼손되었음을 말한다. 따라서 沈炯의 表文에 언급된 무릉의 일[126]을 빌려서 썼다고 보는 것이 합당하다. 단 '옥' 자를 '금' 자로 바꾼 것은 이 구와 대장을 이루는 구가 "昨日玉魚蒙葬地(어제 옥어가 장지에 묻혔다)"여서 이미 '玉' 자를 사용하였기 때문이다. 물론 이전의 주해가들도 『搜神記』에 보이는 노충의 일을 아울러 참고하도록 제시하였다.[127] 그런데 이수광은 '금' 자에 집착하여 시를 잘못 이해하였고 또 기존의 주에 무릉의 고사만이 채택되어 있는 듯한 느낌을 주었으니, 그렇게 한 연유를 알 수가 없다.

다른 예를 보자.

두보 시에 "知章騎馬似乘船(지장의 말 탄 꼴이 배 탄 것과 같다)"이라는 시구가 있다. 살펴보건대, 진나라의 완함이 술에 취하여 말을 탄 것이 기우뚱 기울어져 있으니, 사람들이 가리켜 웃으며 말하기를 "저 늙은이 말 탄 것은, 배를 타고 파도 속을 가는 것 같구나"라고 하였다 한다. 또 아래 시구에

125. 『지봉유설』 권11.

126. 『독두심해』 권4의 1: 『남사』에 보면 심형의 표문에서 "무릉의 옥 그릇이 드디어 인간 세상에 출현하였다"라고 하였다. (南史, 沈炯表曰, 茂陵玉盌, 遂出人間.)

127. 王洙 등 송대 주해가들이 이미 무릉의 고사와 노충의 고사를 함께 제시하였다. (『九家集注杜詩』 권30 참고).

서 "眼花落井水底眠(눈이 어질어질하여 우물에 떨어지면 물 밑에서 잠을 잔다)"이라고 하였다. 살펴보건대, 진나라 왕상이 술에 취하여 견여에 기댄 채 머리를 들지 않으니, 그의 어버이가 조롱하여 말하기를 "우리 아들이 눈이 어질어질하여 우물 바닥에 있으니 몸이 물속에 있어도 잠이 또한 깨지 않았는가"라고 하였다 한다. 이 시에서는 아마 이 일을 사용한 것일 것이다. (杜詩曰, 知章騎馬似乘船. 按, 晉阮咸, 醉騎馬欹傾, 人指而笑曰, 箇老子騎馬, 如乘船行波浪中. 下句, 眼花落井水底眠, 按, 晉王祥, 醉憑肩輿, 頭不擧, 其親戲之曰, 子眼花在井底, 身在水中, 睡亦不醒耶. 盖用此也.)[128]

두보 시는 「飮中八仙歌」이다. 이수광이 든 완함과 왕상의 고사는 『補注杜詩』 등에 의하면 蘇氏의 주에 나온다.[129] 그리고 인용한 문장도 거의 차이가 없다. 그러나 이것은 근거가 없는 이야기이다. 구조오가 『두시상주』에서 "이 조에 대해서 소씨의 것으로 날조된 주해에서 인용한 완함과 왕상의 일은 모두 마음대로 지어낸 것이다(此條僞蘇注所引阮咸王祥事, 俱係妄撰.)"[130]라고 한 것은 바로 이 사실을 지적한 것이다. 이수광이 참고한 것은 蘇氏의 설인데, 구조오에 의하면 소씨의 설은 날조된 것이다. 그런데도 이수광은 그 설의 진위를 확인하지도 않았고, 게다가 그것을 자신의 견해인 양 이야기하였던 것이다.

두시는 전고의 사용이 적확하고 교묘하기로 타의 추종을 불허한다. 이런 두시의 전고를 잘못 이해하고 함부로 비판한 경우도 있다.

『예원치언』에 말하기를 "두보 시에 '淮王門有客, 終不愧孫登(회왕의 문하에 객이 있으니, 끝내 손등에게 부끄럽지 않을 것이다)'이라고 한 것이 있는데, 아무런 상관도 없는 것을 운의 제약 때문에 억지로 갖다 붙였을 뿐이다"라고 하였다. 내가 생각건대, 세상의 한 종류의 사람들은 잘된 것과 잘못된 것을 알지 못하고, 대체로 옛 작품이면 모두 좋다고 생각하여 그 좋지 못한

128. 『지봉유설』 권11.
129. 『補注杜詩』 권2 참고.
130. 『두시상주』 권2 참고.

곳도 아울러 좋게 여겨 그것을 법으로 삼으니, 미혹된 일이다. 이 시의 흠을 지금 사람이 지적했다면 반드시 믿는 자 없을 것이다. (藝苑巵言曰, 杜詩, 淮王門有客, 終不愧孫登, 頗無關涉, 爲韻所强耳. 余謂世間一種人, 不解利病 概謂古作皆善, 并其不好處好之, 率以爲法, 惑矣. 此等疵病, 今人指摘之, 則必無信之者矣.)131

두보 시는 「贈特進汝陽王二十二韻」이다. 이 시는 여양왕 李璡에게 바친 배율시로 贈詩이면서 干謁詩의 성격을 띠고 있다. 이러한 시는 으레 많은 전고를 사용하게 된다. 논의가 된 구는 이 시의 마지막 연으로 자신이 여양왕에게 부끄럽지 않은 사람이 되겠다는 뜻이다. 이수광이 문제시한 것은 손등이다. 압운자의 제약 때문에 관계가 없는 사람을 끌어다 썼다는 것인데, 과연 그러할까? 손등이 어떤 사람인지 알기 위해서 『晉書·隱逸傳』에 보이는 그의 사적을 보자.

孫登이 汲郡의 北山에 살고 있었는데, 易을 읽기를 좋아하였고, 一絃琴을 즐겨 연주하였다. 嵇康이 그를 따라 노닌 지 삼 년이 되어, 그에게 생각하는 바를 물으나 끝내 대답하지 않았다. 헤어지려 할 때에 孫登이 "그대는 재주는 많으나 식견이 적어, 이 세상에서 화를 면하기 어려울 것이다"라고 말해주었다. 嵇康은 이후 중용되지도 못하고, 과연 비명횡사를 당하게 되자, 곧 「幽憤詩」를 지어 "옛날에는 柳下惠에게 부끄러웠는데, 지금은 孫登에게 부끄럽구나"라고 말했다. (孫登居汲郡北山, 好讀易, 撫一絃琴, 嵇康從之遊, 三年, 問其所圖, 終不答. 將別, 乃曰, 子才多識寡, 難免於今之世矣. 康不能用, 果遭非命, 乃作幽憤詩曰,昔慙柳下, 今愧孫登.)

혜강의 고사로 보건대, 손등에게 부끄럽지 않겠다는 것은 지금 세상에 쓸모 있는 사람이 되겠다는 뜻이다. 여양왕에게 보내는 시 말미에 이 말을 한 의도는 자명하다. 여양왕이 자신을 이끌어 주어 세상에 쓰이게 해달라는 뜻인 것이다. 干謁의 뜻이 잘 표현되었으니 손등의 전고

131. 『지봉유설』 권9.

를 사용한 것이 어찌 아무런 상관도 없는 것을 사용했다 하겠는가?

하필 은자인 손등이냐 하는 의문이 들 수도 있다. 이 의문은 이 시의 맥락을 알면 절로 답을 찾을 수 있다. 구조오의 分段에 의하면 이 시는 모두 다섯 단락으로 이루어진다. 마지막 단락 전부를 보자.

瓢飮惟三徑　표주박으로 마시며 오직 세 길이 있을 뿐,
巖棲在百層　거처하는 암굴은 높은 산에 있습니다.
謬持蠡測海　외람되게도 표주박을 가지고 바닷물을 측량하려고 하는 격이니
況挹酒如澠　하물며 澠水와 같은 술을 뜨게 됨에야.
鴻寶寧全秘　鴻寶가 어찌 완전히 숨겨질 수 있으리오?
丹梯庶可淩　붉은 계단은 거의 오를 수 있겠습니다.
淮王門有客　淮王의 문에는 객이 있어,
終不愧孫登　끝내 孫登에게 부끄럽지 않을 것입니다.

이 단락은 두보가 자신의 현재 상황과 여양왕에게 알려지게 된 것을 기뻐하는 내용이다. '三徑'이니 '巖棲'니 하는 말은 은자와 관계되는 어휘인데, 두보가 현재 벼슬 길에 오르지 못하고 있음을 표현하고 있다. '鴻寶'와 '丹梯'는 신선과 관계가 있다. 회왕은 淮南王 劉安이다. 그는 方術을 좋아하여 방사 수천 명을 식객으로 둔 사람이니 '홍보' 등과 맥락이 닿는다. 당나라 때에는 황제나 皇家를 신선과 연관지었으니 회왕으로 여양왕을 가리키는 것은 온당하다. 손등은 은자이면서 세상에 쓰이기를 바란 사람인 혜강과 관계가 있으니, 앞부분의 은자와도 맥락이 닿으면서 세상에 쓰이기를 바라는 두보의 심사와 내재적으로 연관된다. 이처럼 적확하고 치밀한 전고 사용이 있을까? 『예원치언』의 잘못된 비평이야 그렇다 하더라도, 틀린 설을 무비판적으로 받아들이고 더 나아가 당시의 비평 방식을 비난한 이수광의 이 말이야말로 그의 표현을 빌려서 말하면 '미혹'된 것이리라.

4) 句法 분석

(1) 對仗句

조선조 시화에 보이는 구법에 대한 논의는 고려조와 마찬가지로 대장구가 주된 대상이었다. 특히 대장의 방식에 대하여 다양한 논의를 하였다.

> 시에 가차격이란 것이 있다. 예를 들어 맹호연의 시[132]에 "庖人具鷄黍, 稚子摘楊梅(포인은 닭과 기장밥을 갖추었고, 어린 아들은 양매를 딴다)"라고 하였는데, '鷄'로써 '楊'과 대를 삼았다. 그리고 두보의 시[133]에 "枸杞因吾有, 鷄栖奈爾何(구기는 나로 인하여 자라거니와, 계서 너를 어찌할꼬)"라고 한 것이 있는데, '枸'로써 '鷄'와 대를 삼았다. (詩有假借格, 如孟浩然詩, 庖人具鷄黍, 稚子摘楊梅, 以鷄對楊. 杜子美詩, 枸杞因吾有, 鷄栖奈爾何, 以枸對鷄.)[134]

> 선대격이란 제삼구로써 제일구의 대를 삼고 제사구로써 제이구의 대를 삼는 것이다. 예를 들어 두보 시[135]의 "得罪台州去, 時危棄碩儒, 移官蓬閣後, 穀貴歿潛夫(처벌을 받아 台州를 가니 위난의 시절에 큰 선비를 버리네. 벼슬을 봉각에 옮긴 뒤 곡식이 비싸서 숨어 사는 이가 죽었네)"라고 한 것과 이백 시[136]에 "吾憐宛溪好, 百尺照心明, 可謝新安水, 千尋見底淸(나는 완계가 아름다운 것을 좋아하니 백 자의 물이 마음을 비추어 밝구나. 신안의 물에 손색이 있으랴? 천 길이건만 바닥의 밝음을 볼 수가 있다)"이라고 한 것 등이다. 당시 가운데 이런 류가 매우 많다. (扇對格者, 以第三句對第一句, 以第四句對第二句也. 如杜詩, 得罪台州去, 時危棄碩儒, 移官蓬閣後, 穀貴歿潛夫. 李詩, 吾憐宛溪好, 百尺照心明, 可謝新安水, 千尋見底淸. 唐詩中此類甚多.)[137]

---

132. 「裵司士員司戶見尋」. 『전당시』에 의하면, 시제의 '士'가 '功'으로 된 판본도 있고, '戶'를 '士'로 보는 설도 있다. 시제가 「裵司士見訪」으로 된 판본도 있다.
133. 「惡樹」.
134. 『지봉유설』 권9.
135. 「哭台州鄭司戶蘇少監」.
136. 「題宛溪館」. 『전당시』 본에서는 '可'가 '何'로 되어 있다. '百尺照心明'이 '久照心益明'으로 된 판본도 있다.
137. 『지봉유설』 권9.

인용한 두 기록은 모두 『지봉유설』에 나오는 것이다. 전자는 이른바 借對에 대한 설명이다. '鷄'로써 '楊'의 대를 삼은 것은 '楊'의 발음이 '羊'과 같아서이다. 즉 동일한 발음에 의한 연상 작용을 이용하여 대를 맞춘 것이다. 그리고 '枸'로써 '鷄'의 대를 삼은 것은 '枸'의 발음이 '狗'와 같아서이다. 차대는 방식상 '借字'가 있고 '借音'이 있는데, 위에 주어진 예는 모두 차음에 해당하는 것이다. 혹 차대에 차자의 방식이 있음을 몰랐을까?

후자는 이른바 隔句對에 대한 설명이다.[138] 이수광은 "이런 예가 아주 많다[甚多]"라고 하였지만, 실제로는 드물게 출현하는 특수한 대장법이다. 이 점은 차대도 마찬가지이다. 우리 시화에서 이러한 특수한 대장법까지도 예를 들어서 논의를 하였던 것은 율시 창작상 대장이 기본 요건이어서 이에 대한 관심이 컸기 때문일 것이다.

두시를 인용하여 논의한 대장법으로는 이상과 같이 차대와 격구대에 한정되지만, 다른 시인의 시를 인용하여 논의한 것까지 포함하면 우리 시화에 논의된 대장법의 종류는 실로 다양하다. 다음의 두 기록도 『지봉유설』에 나오는 것이다.

> 오언율시의 경우에 대련 안에서 열 자로써 한 뜻을 이루면 이를 십자격이라 한다. 예를 들어 당시의 "我家襄水曲, 遙隔楚雲端(내 집은 양수의 굽이에 있으니 멀리 초나라 구름 끝을 격하고 있다)"[139]이나, "聊因送歸客, 更此望鄉關(애오라지 돌아가는 객을 전송하면서 다시 향관을 바라다 본다)"[140] 등이 이것이다. (五言律詩, 於對聯中, 十字作一意, 謂之十字格, 如唐詩, 我家襄水曲, 遙隔楚雲端, 聊因送歸客, 更此望鄉關, 是也.)[141]

---

138. 『제호시화』에서도 「哭台州鄭司戶蘇少監」을 예로 하여 격구대를 설명하였다. '선대격'을 '隔句對格'이라고 칭하기도 한다는 사실을 지적하고는, "아래 두 구로 위의 두 구와 대를 맞추는 것을 말한다(以下二句對上二句之謂也.)"라고 설명하였다.

139. 孟浩然, 「早寒江上有懷」. 시제의 '有懷'가 '思歸'로 된 판본도 있다. 『전당시』 본에서는 시구 속의 '曲'이 '上'으로 되어 있다.

140. 郎士元, 「送韋湛判官」. 『전당시』 본에는 '關'이 '山'으로 되어 있다.

왕유의 율시[142]에 "門外青山如屋裏, 東家流水入西隣(문 밖의 청산은 집 안인 것 같고 동쪽 집에서 흘러나온 물이 서쪽 이웃집으로 들어간다)"이라고 한 것을 당구대라고 한다. 대개 '門外'로 '屋裏'와 대를 맞추고 '東家'로 '西隣'과 대를 맞추었던 것이다. 다른 시인에게서도 이 법은 또한 많이 사용되었다. (王維律詩, 門外青山如屋裏, 東家流水入西隣, 謂之當句對. 蓋以門外對屋裏, 東家對西隣, 他詩家, 此法亦多有之.)

대장구가 십자격인 것을 '流水對'라고 한다. 한 구 안에 相對가 되는 어휘가 함께 있는 것을 當句對라고 한다. 이수광은 이들을 설명하면서 다른 시인에게서 예를 찾았지만 두보의 시에도 용례가 적지 않다. 두보는 그 어떤 다른 시인보다도 이러한 대장법을 영활하게 운용하였으며, 특히 당구대는 이를 본격적으로 활용한 사람으로 역대 시론가들에 의해 평가받았다.[143] 일례로 「聞官軍收河南河北」 시의 "卽從巴峽穿巫峽, 便下襄陽向洛陽(바로 파협으로부터 무협을 지나서 곧 양양에 이르러 낙양으로 향한다)"을 보면 두 구가 대장을 이루면서 각각의 구는 자체적으로 다시 '從巴峽'과 '穿巫峽', '下襄陽'과 '向洛陽'으로 대를 이루어 대칭성이 극한의 경지에 이르렀다. 당구대가 대칭성 추구의 산물임을 감안하면 이 두보의 시구는 당구대의 최고 정점에 있는 것이라고 칭할 만하다. 그런데 이수광이 이러한 두시를 예로 들지 않았으니, 유수대와 당구대가 무엇인지에 대해서는 관심을 가졌으나 어떤 시인이 가장 성취를 이루었냐 하는 문제는 등한시한 것 같다.

『지봉유설』에서는 대장 방식에 대해 용례를 들어 그 외형적 형태를 소개하는 데에 그쳤을 뿐, 그것의 기능이나 특질 등과 관련된 더 이상의 논의는 없다. 이 점은 다른 시화집에서도 별 차이가 없다. 따라서

141. 『지봉유설』 권9.

142. 「春日與裴迪過新昌里訪呂逸人不遇」. 『전당시』 본에는 '門外'가 '城上'으로 되어 있다.

143. 졸고, 「두시대장법연구」(제2장), 『中國文學』 제32집, 1999 참고.

격구대와 관련한 『성호사설』의 다음 논의는 특이한 예라고 할 수 있을 것이다.

> 내가 일찍이 '갈담'과 '황조' 몇 구절에 대하여 논하기를, "만약에 오로지 부의 뜻으로만 간주하면 맛이 없다. 이는 아마 새가 날아서 나무에 앉아 우는 것으로 사람이 칡을 베어 쪄서 가는 갈포와 굵은 갈포를 만들어 입고 싫증내지 않는 뜻을 일으킨 것일 게다. '개개'는 화창하여 울면서 쉬지 않는 모습이니, 옷을 입어 싫증내지 않는 것과 서로 비슷하다"고 하였다. 시가에 격구대가 있는데 또한 이와 유사한 수법이다. 예를 들어 두보의 「大曆三年春白帝城放船出瞿唐峽久居夔府將適江陵漂泊有詩凡四十韻」 시에서 "喜近天皇寺, 先披古畫圖, 應經帝子渚, 同泣舜蒼梧(천황사에 가까이 감을 기뻐하니 먼저 옛 그림을 펴 보아야겠고, 응당 요임금 딸의 북쪽 물가를 지나서 함께 창오의 순임금을 애도하며 울어야 하리)"가 그런 예이다. (余嘗論, 葛覃黃鳥數句, 若專作賦義看, 則也無味, 此恐以鳥之于飛集木而喈鳴, 興人之刈濩絺綌而無斁. 喈喈, 和鳴不休之貌, 與服之無斁相似也. 詩家有隔句對, 亦此類也. 如杜少陵放船瞿塘詩云, 喜近天皇寺, 先披古畫圖, 應經帝子渚, 同泣舜蒼梧, 是也.)[144]

윗글은 '隔句對'라는 표제가 붙어 있다. 즉 '격구대'를 논제로 삼은 것이다. 앞에서 이수광이 격구대에 대해 소개한 것과 한 번 비교해 보기만 하면 둘 사이의 차이를 알 수 있을 것이다. 이수광이 단순히 그 형태만 소개한 것과 달리 이익은 그것의 연원을 밝히려고 함으로써 논의가 심도를 가지게 되었다.

이익의 주장에 의하면 『시경』 六義 중 하나인 '興'이 격구대의 연원이라는 것이다. 논의가 된 『시경』의 시는 국풍의 「葛覃」이다. 이 시의 제1장을 『毛傳』에서 興으로 간주한 것과는 달리 주희는 『集傳』에서 '賦'로 보았는데, 이익이 주희의 설을 따르지 않고서 흥으로 파악하였다. 그리고 흥의 수법에 의하여 제1장의 제3・4구와 제2장의 제3・4구가 연관된다는 사실을 지적하고 이런 방식이 후에 격구대의 형태로 나

144. 『성호사설』 詩文門.

타나게 되었다는 것이다.

이익의 주장이 타당한 것인지 아닌지는 현재로서 단언할 수 없을 것 같다. 그렇기는 하지만 멀리 『시경』의 표현 수법과 두보 배율에 사용된 격구대를 연결해 봄으로써 대구 방식의 연원을 찾고 나아가 그런 형태가 나오게 된 기능적 배경을 밝히려는 노력을 했다는 점은 높이 평가해야 마땅할 것이다.

대장구와 관련하여 시화에서 논의된 것이 대장구 방식 자체에만 한정된 것은 아니다. 우리 선인이 두보의 대장 방식을 배워 작시에 활용한 것을 소개하기도 하고, 대장구의 의미를 잘못 파악하고서 시작에 활용한 것을 비판하기도 하였다.

> 손곡 李達의 시에 "弄荷閑摘葉, 臨水獨題詩(연꽃을 구경하다가 한가하게 잎을 따서 물가에서 홀로 시를 쓴다)"라는 시구가 있다. 송계 權應仁이 평하기를 "아마도 한가하게 연잎을 따서 그 위에다 시를 쓰는 것을 말하리라. 한 마디 말로 두 구를 이루었으니, 시 속의 묘법을 보는 자는 상세히 살펴라"라고 하였다. 내가 두시를 읽다가 "石欄斜點筆, 桐葉坐題詩(돌난간에서 비스듬히 붓을 적셔 앉아서 오동잎에 시를 쓴다)"라는 시구145에 이르러서 손곡이 습용하는 솜씨에 뛰어나다는 사실을 알았다. (蓀谷詩有曰, 弄荷閑摘葉, 臨水獨題詩. 松溪評之曰, 蓋閑摘荷葉, 題詩其上之謂也. 以一語而成兩句, 詩中之妙法, 觀者詳之. 余讀杜詩, 至石欄斜點筆, 桐葉坐題詩, 知蓀谷之工於襲取也.)146

『제호시화』에 나오는 이야기이다. 이달이 두시를 습용하였음을 말하는데, 대상이 된 시구가 유수대의 대장구이다. "한 마디 말로 두 구를 이루다(以一語而成兩句)"는 유수대의 정의로 딱 맞는 말이다.

다음으로 대장구의 의미를 잘못 파악한 예를 보자.

---

145. 「重過何氏五首」.
146. 『제호시화』.

두보 시[147]에 "沙頭宿鷺聯拳靜(모래에 잠든 백로는 조용히 모여 서 있다)"이라는 구절이 있다. 당나라 시에 '聯拳' 자를 쓴 곳이 아주 많은데, 뭇 백로가 떨어져 서 있는 모양이지, 그 주먹을 연하여 있음을 말하는 것이 아니다. 따라서 두보 시에서 '撥剌'라 대를 만들었다. 요즈음 시인들이 혹 '接翅(날개를 연하다)'와 대로 사용하는데, 아주 잘못이다. (杜詩曰, 沙頭宿鷺聯拳靜, 唐人詩中用聯拳處, 甚多. 聯拳者, 群鷺離立之貌, 非謂聯其拳也, 以故杜詩與撥剌爲對, 今之詩人, 或以接翅作對用, 誤甚矣.)[148]

역시 『제호시화』에 보이는 이야기이다. '聯拳'이 연면어인지 알지 못하여 '拳'이 주먹을 뜻하는 것으로 오해하였던 것이다. 이로 인하여 대구상의 어휘를 잘못 사용하였는데, 바로 이런 사실을 지적한 것이다. 단 '연권'이 뭇 백로가 떨어져 있는 모양이라는 풀이는 문제가 있어 보인다. 왜냐하면 다른 용례를 함께 검토했을 때 몸을 굽힌 모양일 가능성이 크다.[149]

(2) 시구의 襲用

시화에 보이는 시구와 관련된 논의는 대장구를 제외하면 대부분이 시구의 습용 문제이다. 두시의 경우도 예외가 아니어서 두보의 시구와 다른 시인의 시구를 상호 비교하여 그 유사성과 상호간의 우열을 논한 것이 여러 시화에 보인다. 이를 유형화하여, 두보가 전인의 시구를 습용한 것, 두보 시구를 후인이 습용한 것, 두보 시구를 우리나라 선인이 습용한 것 등으로 나누어 보기로 한다.

우선 두보가 전인의 시를 습용한 것을 보자.

陰鏗의 시[150]에 "大江靜猶浪(큰 강은 고요하나 오히려 물결친다)"이라고

147. 「漫成一首」.
148. 『제호시화』.
149. 일례로 두보의 「雕賦」에서 "몸을 굽혀서 이삭을 줍는데 장대한 것이 사람 같다(聯拳拾穗, 長大如人)"라고 하였다.

하였고, 두보 시[151]에는 "江流靜猶湧(강은 고요하였다가 다시 솟구쳐 흐른다)"이라고 하였다. 음갱의 시[152]에는 "薄雲岩際出, 初月波中上(엷은 구름은 바위 가에서 나오고 초승달은 물결 속에서 오른다)"이라고 하였고, 두보 시[153]에는 "薄雲岩際宿, 殘月浪中翻(엷은 구름은 바위 사이에 잠자고, 지는 달은 물결 속에서 흔들린다)"라고 하였다. 음갱의 시[154]에는 "中川聞棹謳(냇물 가운데서 뱃노래를 듣는다)"라고 하였고, 두보 시에는 "中流聞棹謳(물 가운데에서 뱃노래를 듣는다)"라고 하였다. 음갱의 시[155]에는 "花逐山下風(꽃은 산 아래의 바람을 쫓는다)"이라 하였고, 두보 시[156]에는 "雲逐度溪風(구름은 시내를 건너는 바람을 쫓는다)"이라 하였다. 두보가 옛사람의 작품을 습용함이 이와 같았다. (陰鏗詩, 大江靜猶浪, 杜詩曰, 江流靜猶湧. 鏗詩, 薄雲岩際出, 初月波中上, 杜云, 薄雲岩際宿, 殘月浪中翻. 鏗詩, 中川聞棹謳, 杜云, 中流聞棹謳. 鏗詩, 花逐山下風, 杜云, 雲逐度溪風. 老杜祖襲前作, 如此.)[157]

위의 글은『지봉유설』'詩評'에 나온다. 두보는 음갱을 높이 평가하여 그를 학습하였다.[158] 그리고 그가 아주 존경하였던 이백의 시를 그에게 견준 적도 있다.[159] 그런 만큼 두보의 시에는 당연히 음갱 시를 학습한 흔적이 있을 것이다. 이수광이 그 흔적을 찾아 열거한 것이다.[160]

단 이수광은 두 시인의 시구 사이의 유사성만 보였을 뿐, 두보의 시구가 음갱의 시구를 단순히 베낀 것인지 아니면 환골탈태의 묘가 있는

150. 「和傅郎歲暮還湘州」.
151. 「晩登瀼上堂」.
152. 「入西塞示南府同僚」.
153. 「宿江邊閣」
154. 「春夕早泊和劉諮議落日望水」.
155. 「開善寺」.
156. 「秦州雜詩」.
157. 『지봉유설』 권9.
158. 「解悶十二首」: 음갱과 何遜이 각고하여 시를 지은 것을 자못 배웠다. (頗學陰何苦用心.)
159. 「與李十二白同尋范十隱居」: 이후에게는 가구가 있어서 왕왕 음갱을 닮았다. (李侯有佳句, 往往仕陰鏗.)
160. 이수광이 열거한 것에는 오류가 있다. 楊萬里의『誠齋詩話』에 의하면 두보의 '薄雲巖際宿' 2구는 庾信의 '白雲巖際出, 淸月波中上' 구를 습용한 것이라 하였다.

지, 그리고 두 시구 사이의 우열은 어떠한지 등에 대해서 전혀 언급하지 않았다.

다시 『지봉유설』에서 예를 들어 보자.

> 두보 시[161]에 "幾年春草歇(몇 해나 봄풀이 시들었던가)"이라고 하였으니, 봄풀이 쇠하여 시들어도 아직 돌아가지 못한다는 말이다. 또 다른 시[162]에서 "春草封歸恨(봄 풀에 돌아가고자 하는 한을 묻어 둔다)"이라고 하였으니, 역시 같은 뜻이다. 대체로 『초사』에, "王孫遊兮不歸, 春草生兮萋萋(왕손이 멀리 가서 돌아오지 않고, 봄풀은 나서 우거졌구나)"라고 하였기 때문에 그렇게 말한 것이다. 우분의 시[163]에 "極目傷春草(멀리 보다가 봄풀에 마음 상하네)"라 하고, 두목의 시[164]에 "芳草何年恨卽休(향기로운 풀, 어느 해에나 한이 그칠 것인가)"라고 한 것도 모두 여기에서 나온 것이다. (杜詩, 幾年春草歇, 言春草衰歇而未歸也. 又云, 春草封歸恨, 亦一意. 蓋以楚辭王孫遊兮不歸, 春草生兮萋萋, 故云. 于濆詩, 極目傷春草, 樊川詩, 芳草何年恨卽休, 皆出於此.)[165]

두보의 시구 중에는 초사에 출처를 둔 것이 있다는 지적이다. 논의가 된 구절은 「招隱士」에 보인다. 단 두보의 시구가 초사의 표현을 그대로 습용한 것은 아니다. 풀을 소재로 하여 '回歸'의 정서를 표현하는 법을 초사에서 배운 것이지 구법 자체를 흉내 낸 것은 아니라는 점에서 앞에서 거론한 음갱 시구의 습용과는 분명 차이가 있다.

다음으로 두보 시구를 후인이 습용한 것을 보자.

> 陳師道는 즐겨 두시를 습용했다. 두시[166]에 "昨夜月同行(어젯밤에 달과 동

161. 「投贈哥舒開府翰二十韻」.
162. 「風疾舟中伏枕書懷三十六韻奉呈湖南親友」
163. 「青樓曲」.
164. 「登池州九峰樓寄張祜」. '卽'이 '始'로 된 판본도 있다.
165. 『지봉유설』 권11.
166. 「奉濟驛重送嚴公四韻」.

행하였다)"이라고 하였는데, 진사도는 "殷勤有月與同歸(은근한 달이 있어서 더불어 같이 돌아간다)"[167]라고 하였다. 두시[168]에 "暗飛螢自照(가만히 나는 반딧불이 스스로 비친다)"라고 하였는데 진사도는 "飛螢元失照(나는 반딧불은 원래 비치는 것을 잃었다)"[169]라고 하였다. 두시[170]에 "文章千古事(문장은 천고의 일)"라고 하였는데, 진사도는 "文章平日事(문장은 평일의 일)"[171]이라고 하였다. 두시[172]에 "乾坤一腐儒(하늘과 땅 사이의 한낱 썩은 선비다)"라고 하였는데, 진사도는 "乾坤着腐儒(하늘과 땅 사이에 썩은 선비의 몸을 붙였다)"[173]라고 하였다. 두시[174]에 "寒花只暫香(차가운 꽃이 다만 잠깐 향기를 피운다)"이라 하였는데, 진사도는 "寒花只自香(차가운 꽃이 다만 스스로 향기를 피울 뿐이다)"[175]이라고 하였다. 공교함과 졸렬함을 분변할 수 있다. (陳后山喜用杜詩. 杜云, 昨夜月同行, 陳則曰殷勤有月與同歸. 杜云, 暗飛螢自照, 陳則曰飛螢元失照. 杜云, 文章千古事, 陳則曰文章平日事. 杜云, 乾坤一腐儒, 陳則曰乾坤着腐儒. 杜云, 寒花只暫香, 陳則曰寒花只自香, 工拙可卞.)[176]

陳與義의 시[177]에 "萬里來游還望遠, 三年多難更憑危(만리를 와서 노닐면서 다시 먼 곳을 바라보며, 삼 년 동안 어려움이 많았는데 또 위태한 데에 기대네)"라고 한 것이 있다. 나는 이 시를 매우 좋아한다. 두보 시[178]에는 말하기를 "萬里悲秋常作客, 百年多病獨登臺(만리에 가을을 슬퍼하며 항상 나그네 신세이고, 평생 병이 많은 몸이 대에 홀로 오른다)"라고 하였다. 이에 진여의의 이 시구가 오로지 두시에서 나온 것임을 알았다. 그러나 두시가 더욱 좋다. (簡齋詩, 萬里來游還望遠, 三年多難更憑危, 余常喜之. 杜詩云, 萬里悲秋常作客, 百年多病獨登臺, 乃知簡齋此句專出於杜, 而杜尤佳矣.)[179]

167.「東阡」.
168.「倦夜」.
169.「十五夜月」.
170.「偶題」.
171.「獨坐」.
172.「江漢」.
173.「獨坐」.
174.「薄遊」.
175.「西湖」.
176.『지봉유설』 권9.
177.「登岳陽樓二首」.
178.「登高」.

위에 인용한 글은 모두 『지봉유설』에서 발췌하였다. 진사도와 진여의는 모두 송대 江西詩派의 주요 인물로서 두보 시를 극도로 추숭하여 배운 이들이니, 두보 시구를 배워서 시에 활용하려고 한 것은 당연하다. 이수광은 그 실례를 들어 보이고 아울러 상호간에 우열의 차이가 있음을 말하였다.

위에서 거론된 두보 시의 경우 이수광은 진사도와 진여의의 시구에 비해서 우수하다는 평을 함으로써 두보 시가 후인의 모범이 될 만하다는 사실을 암시하였다. 이와 달리 두보 시구 중에는 후인에게 나쁜 영향을 끼친 예도 있다고 하였다.

> 두시[180]에 "桃花細逐楊花落, 黃鳥時兼白鳥飛(복숭아 꽃 고요히 버드나무 꽃을 좇아서 떨어지고, 황조 때때로 백조와 함께 나네)"라고 한 것이 있다. 양신이 말하기를 "이 시는 구법이 아정하지 못한데, 후인들이 이를 본받은 것이 많다"고 하였다. 살펴보건대, 매요신의 시[181]에서 "南隴鳥過北隴叫, 高田水入低田流(남쪽 언덕을 새가 지나가서 북쪽 언덕에서 울고, 높은 논으로 물이 들어가 낮은 논으로 흐른다)"라고 하였다. 아마 두시에서 나온 것일 게다. 그러나 촌아이들의 속된 말과 비슷하니, 반드시 본받을 것은 못 될 것이다. (杜詩, 桃花細逐楊花落, 黃鳥時兼白鳥飛, 楊愼以爲此句法不雅, 而後人多效之. 按梅聖兪詩, 南隴鳥過北隴叫, 高田水入低田流, 蓋出於杜, 而似村童俗語, 恐不必效也.)[182]

끝으로 두보 시구를 우리나라 선인이 습용한 것을 보자.

> 시를 지을 적에 남의 것을 도습하지 않는 것을 옛사람들이 어렵게 여겼다. 문순공 이규보는 평소 스스로 말하기를 "진부함을 떨쳐버리고 스스로 독창적인 작품을 이루어야 하니. 옛말을 범하는 것은 죽어도 피하여야 한다"고

---

179. 『지봉유설』 권9.
180. 「曲江對酒」.
181. 「春日拜壟經田家」. 『宛陵集』에는 '壟'이 '嶺'으로, '鳥'가 '禽'으로 되어 있다.
182. 『지봉유설』 권9.

하였다. 그러나 그의 시[183] "黃稻日肥鷄鶩喜, 碧梧秋老鳳凰愁(누런 벼 날로 익으니 닭과 오리들 좋아하고 벽오동나무에 가을 깊으니 봉황이 시름겨워하네)"라는 구가 있는데, 이것은 두소릉 시[184]의 "紅稻啄餘鸚鵡粒, 碧梧棲老鳳凰枝(붉은 벼는 앵무새가 쪼아 먹어도 아직 곡식알 남아 있고 푸른 오동은 봉황이 길이 깃들었는데 가지가 아직 남아 있다)"라는 구절을 습용한 것이다. ……이문순의 높은 재주로도 오히려 이와 같은데 하물며 이문순에게 미치지 못하는 자에 있어서랴. (詩不蹈襲, 古人所難. 李文順平生自謂, 擺落陳腐, 自出機杼. 如犯古語, 死且避之. 然有句云, 黃稻日肥鷄鶩喜, 碧梧秋老鳳凰愁. 用少陵紅稻啄餘鸚鵡粒, 碧梧棲老鳳凰枝之句……以李高才, 尙如是, 況不及李者乎.)[185]

윗 글은 『동인시화』에 보인다. 독창성을 누구보다도 중시한 이규보의 시도 다른 시인의 시구를 습용하는 것을 피할 수 없으니, 그만 못한 사람이야 말할 것도 없다. 이 말은 다른 시인의 시구를 습용하지 않고 독창적인 작품을 짓는 것이 어렵다는 사실을 알려준다.

예거한 이규보의 시구는 외형상 두보의 시구와 너무 유사하여 한 번 보면 곧 그것을 습용한 것임을 알 수 있다. 그러나 외형만 흉내 냈을 뿐, 두시 구절의 정수는 닮지 못하였다. 주지하다시피 두보의 이 대장구는 특이한 구법으로 제가의 분분한 해석을 불러일으킨 것이다. 즉 '紅稻'[186]와 '碧梧'를 구의 앞에 놓아 돌출감을 줌으로써 강조의 효과를 얻었고, 이런 수법이 기발하여 두고두고 논의거리가 되었던 것이다. 그야말로 명구 중의 명구로 꼽히는 시구이다. 그러나 이규보의 시구에는 그러한 구법이 보이지 않는다. 어떠한 참신성도 없는 지극히 평범한 구절일 뿐이다.

다시 다른 예를 들어 보자. 다음은 『지봉유설』 '詩評'에서 발췌하였다.

---

183. 「寄吳德全」.
184. 「秋興八首」.
185. 『동인시화』 권상.
186. '香稻'로 된 판본이 있는데, 이것이 옳다.

이달은 홍주 사람이니, 부정 이수함이 고을의 기생을 축첩하여 낳은 자이다. 그의 시는 한때 인구에 회자하였다, 「浿江詞次韻」에 말하길 "蓮葉參差蓮子多, 蓮花相間女郎歌. 歸時約伴橫塘口, 辛苦移舟逆上波(연잎은 참치하고 연 열매는 많은데, 연꽃을 사이에 두고 여인과 남자가 노래 부르네. 돌아갈 때에 횡당의 입구에서 동행하기를 약속하였기에, 애써 배를 옮겨 물결을 거슬러 올라가네)"라고 하였다. 횡당은 지명이니, 패강에 사용하는 것은 맞지 않을 것이다. 마지막 구는 아마 두보 시[187]의 "村船逆上溪(마을 배 시내를 거슬러 올라간다)"라는 말을 쓴 것일 게다. 그러나 '波' 자는 온당하지 않다. (李達洪州人, 副正李秀咸畜州妓所生者. 其詩爲一時膾炙, 浿江詞次韻曰, 蓮葉參差蓮子多, 蓮花相間女郎歌. 歸時約伴橫塘口, 辛苦移舟逆上波. 橫塘地名, 恐於浿江不稱. 結句蓋用杜詩村船逆上溪之語, 而波字未穩.)[188]

이달은 당시풍의 시를 잘 지어 이른바 三唐詩人의 한 사람으로 꼽힌다. 『지봉유설』을 보면 이수광은 이달에 대하여 그다지 좋은 평가를 하는 것 같지는 않다. 위의 글만 보아도 그의 신분을 굳이 밝히는 데에서 폄하하고자 한다는 느낌을 지울 수 없다. 그러나 예거한 그의 시구가 두보 시구를 습용한 것이라는 사실을 지적한 것은 옳다. 그리고 습용한 결과 적합하지 못한 시어를 사용했다는 지적도 지나치게 엄격하다는 혐의가 있기는 하지만 틀렸다고 할 수는 없을 것 같다.[189]

이상에서 본 것은 두시를 습용한 것을 부정적으로 평가한 예들이다.

---

187. 「復愁十二首」.
188. 『지봉유설』 권9.
189. 『지봉유설』에는 이달의 시에 당시의 시구를 습용한 것이 많다는 사실을 지적하여 폄하하는 내용이 이외에도 있다. 권9의 '詩評'에 보이는 다음 글이 바로 이에 해당한다.

   최경창과 이달은 한 때의 시를 잘하는 자들이다. 그들의 시는 당시풍에 가장 가깝다. 그러나 구를 만든 것이 당나라 사람의 문자를 습용한 것이 많고, 어떤 경우에는 전구를 잘라다가 사용하여서 사람이 이를 읽으면 마치 당나라 사람 시를 읽은 것 같을 때가 있다. 그래서 언뜻 당시풍이라 하여 좋아라고 하지만, 천기를 얻어서 스스로 조화를 운용한 공은 적은 것 같다. 만약 환골탈태를 말하기로 한다면 그들의 시는 그렇지 못할 것이다. (崔慶昌李達, 一時能詩者也. 其詩最近唐, 而但作句多襲唐人文字, 或截取全句而用之, 令人讀之, 有若讀唐人詩者. 故驟以爲唐而喜之, 然其得於天機, 自運造化之功, 似少, 若謂奪胎換骨, 則恐未也.)

이와 달리 긍정적으로 평가한 것도 있다. 『동인시화』에 보이는 다음 논평은 그 중 하나이다.

> 원외랑 김극기의 「취시가」에서 "釣必連海上之六鼇, 射必落日中之九烏. 六鼇動兮魚龍震盪, 九烏出兮草木焦枯. 男兒要自立奇節, 弱羽纖鱗安足誅(낚시를 하면 반드시 바다 위의 여섯 자라를 꿰고 활을 쏘면 반드시 해 속의 아홉 까마귀를 떨어뜨려야 하리. 여섯 자라가 움직이면 어룡이 진탕하고 아홉 까마귀가 나타나면 초목이 타버린다네. 남아는 모름지기 뛰어난 절조를 스스로 세워야 하리니 섬약한 새나 물고기야 죽일 게 뭐 있으랴?)"라고 하였는데, 말이 호장하고 걸출하다. 그 뜻은 소릉 시[190]의 "射人先射馬, 擒賊先擒王(사람을 쏘려면 먼저 말을 쏘아야 하고 적을 사로잡으려면 먼저 그 왕을 사로잡아야 하리)"에서 근원을 두었고, 그 어투는 황정견 시[191]의 "酌君以蒲城桑落之酒, 泛君以湘纍秋菊之英, ……酒洗胸中之磊塊, 菊制短世之頹齡(그대에게 포성의 상락주를 따라주고 그대에게 상루의 가을 국화 꽃잎 띄워 준다네……술로 가슴 속 불만을 씻어내고 국화로 짧은 세상의 노쇠한 시절을 다스리구료)"이라고 한 것에서 근원을 두었다. 비록 두 시가의 어투와 뜻을 사용하였지만 혼연하여 도끼로 찍어낸 흔적이 없으니 참으로 호백구를 훔쳐낸 솜씨로구나. (金員外克己醉時歌, 釣必連海上之六鼇, 射必落日中之九烏. 六鼇動兮魚龍震盪, 九烏出兮草木焦枯. 男兒要自立奇節, 弱羽纖鱗安足誅. 語甚豪壯挺傑, 其意本少陵射人先射馬, 擒賊先擒王, 其詞本涪翁酌君以蒲城桑洛之酒, 泛君以湘纍秋菊之英, 酒洗胸中之磊塊, 菊制短世之頹齡. 雖用二家詞意, 渾然無斧鑿痕, 眞竊狐白裘手.)[192]

김극기의 시가 내용상의 의미는 두보 시에서 취하고 외형상의 표현 형태는 황정견의 시를 흉내 내었지만 그것들을 흔적 없이 잘 융해하여 사용하였다는 것이다. 앞에서 본 이규보의 경우에 서거정의 평가가 비판적이었는데, 이는 그것이 단순한 습용의 수준에서 벗어나지 못했기

190. 「前出塞九首」.
191. 「送王郎」. 『山谷集』에는 '洗'가 '澆'로 되어 있다.
192. 『동인시화』 卷上.

때문이다. 반면에 김극기는 모방이나 표절의 폐단에 빠지지 않고 재창조의 성과를 이루어 내었기 때문에 긍정적으로 평가하였다. 따라서 서거정이 전인의 시를 배워 자신의 창작에 활용하는 것을 무조건 반대하지 않았음을 알 수 있다.

(3) 시구의 비교

시화에는 다른 시인의 시구를 상호 비교하여 품평한 것이 많다. 시구 상호간의 풍격상의 차이를 지적하고 우열을 평가하는 것은 그 자체가 비평 작업의 주요한 영역이기도 하거니와, 이를 통하여 시에 대한 안목을 길러서 좋은 창작을 할 수 있기 때문에 시를 학습하는 자들이 깊은 관심을 갖고 보는 부분이기도 하다. 따라서 시화에 관련 조항이 많이 수록되었으리라 짐작된다.

두시와 관련된 조항도 많은데, 『지봉유설』 '詩評'에서 예를 들어 보기로 한다.

> 맹호연의 시에 "江淸月近人(강이 맑으니 달이 사람에게 가깝다)"이라는 것이 있고, 두자미 시에[193]는 "江月去人只數尺(강물 속 달이 사람에게서 겨우 두어 자 떨어진 곳에 있다)"이라고 하였다. 나대경은 "맹호연의 시구는 혼후하고 두자미의 시는 정교하다"라고 하였다. 나는 두자미의 시구가 맹호연에 크게 못 미친다고 생각한다. (孟浩然詩曰, 江淸月近人, 杜子美云, 江月去人只數尺, 羅大經以爲浩然渾涵, 子美精工. 余謂子美此句, 大不及浩然).[194]

두보의 시구와 맹호연의 시구는 풍격이 다르다는 나대경의 설을 소개하면서 아울러 두 시구의 우열을 논하면 맹호연의 시구가 훨씬 뛰어나다는 이수광 자신의 견해도 밝혔다. 제시된 맹호연의 시구는 오언절구인 「宿建德江」의 제4구로, 제3구인 "野曠天低樹(들이 비어 하늘이

193. 「漫成」.
194. 『지봉유설』 권9.

나무 아래에 있다)"와 함께 대장이 정교하고 情韻이 넘쳐서 널리 알려진 佳句이다. 두보의 시구를 이 시구와 대등하게 놓고 풍격의 차이를 논한 나대경은 지나치게 두보를 편들어 준다는 혐의를 벗어나기 어려울 것 같다. 그리고 이수광의 우열 판정은 지당한 것이니, 이를 수긍하지 않을 사람은 없을 것이다.

아래의 예도 『지봉유설』 '시평'에 보인다.

> 두보 시에 말하기를 "江流天地外, 山色有無中(강은 천지 밖으로 흐르고 산빛은 있는 듯 없는 듯하다)"이라고 하였는데, 옛사람들은 이를 절창이라 하였다. 송시[195]에서 "山從平地有, 水到遠天無(산은 평지로부터 있고 강물은 먼 하늘에 이르러 없어졌다)"라고 하였는데 말뜻이 공교한 것 같지만 기력이 壯健함을 결핍하였다. 우리나라 사람에게 금강산을 읊은 시구가 있는데 "地勢北高山不盡, 天容東闊海無窮(지세는 북쪽이 높아 산이 끝나지 않고 하늘의 모습은 동쪽이 광활하여 바다가 끝이 없다)"이라고 하였다. 사람 중에는 훌륭하다고 칭찬하는 이도 있지만 이는 유치한 아이들의 말일 뿐이니 입에 올릴 가치도 없다. (杜詩云, 江流天地外, 山色有無中. 古人以爲絶唱. 宋詩云, 山從平地有, 水到遠天無. 語意似巧而氣力欠健. 又東人有金剛山一句云, 地勢北高山不盡, 天容東闊海無窮, 人或稱佳, 然乃是兒稚語, 無足掛齒牙耳.)

당시와 송시, 그리고 우리 선인의 시 셋을 상호 비교하여 우열을 논하였는데, 그 평가가 합당한 것으로 보인다. 단 두보의 시구로 예시한 것은 실은 왕유의 오언율시인 「漢江臨汎」의 頷聯이다. 이수광이 失檢한 것이리라.

5) 章法 분석

한국의 시화에 자법과 구법에 대한 논의는 적지 않지만, 장법에 대한

195. 송시라고 한 것은 착오가 있는 듯하다. 당나라 시인인 周繇의 시 「甘露寺東軒」에 보인다. 이 시는 『전당시』에 수록되어 있다.

것은 거의 없다. 그러나 극히 일부지만 이와 관련된 논급이 있어서 우리 선인들의 장법에 대한 인식을 일단이나마 엿볼 수가 있다.

아래는 李瀷의 『성호사설』의 '洗兵馬四章'條인데 우리 선인의 장법에 대한 이해를 보여주고 있어서 이채롭다.

> 두소릉의 「세병마」는 공을 송찬한 작품이다. 여섯 운마다 반드시 바꾸고 네 번 바꾸고서 편을 이루었는데, 그 체제는 이사에 기원한 것이다. 「시황본기」를 살펴보면 그가 공을 송찬한 명문이 모두 여섯인데, 어떤 것은 2구를 연으로 하고 어떤 것은 3구를 연으로 하되 6운을 법식으로 하지 않은 것이 없다. 아마도 송체는 관현에 맞추어서 음악이 되어야 하니, 그 박자가 의당 이와 같은 이후에야 가능했을 것이다. 그 중 「양보」 및 「지부」·「동관」 세 송은 모두 2번 운을 바꾸고 합쳐서 12연이다. 「낭야송」은 4번 운을 바꾸어, 앞 18운은 동음이고 뒤 18운은 모두 3번 바꾸는데, 합쳐서 36운이다. 그리고 매 6운마다 '황제'자로 말을 시작하였으니 결국 6번 운을 바꾼 셈이다. 오직 「갈석송」은 앞 3연이 9구이고 뒤 6연이 18구이며 연이 각 2운이니 6운을 넘지 않았다. 모두 기구에 반드시 '황제' 자가 있는데 이것만 유독 그렇지 않으니, 혹 빠진 부분이 있으리라. 어찌하여 다른 편과 예가 다른가? 그 중 「회계송」 24연은 동운으로 또한 6단위가 되는 것이 넷이다. 소릉의 이 편은 『시경』의 체례로 말하면, 모두 4장이고 각 장은 12구이니 이는 일대의 아악 시가의 준칙이 될 수 있는데, 다만 이 점을 보아낸 사람이 없었을 뿐이다. (杜少陵洗兵馬篇, 卽頌功之作也. 六韻必遞, 至四遞而篇成, 其體祖於李斯. 按始皇本紀, 其頌功之銘, 凡六, 或兩句爲聯, 或三句爲聯, 莫不以六韻爲式. 意者頌者必將被之管絃爲聲樂, 則其節拍之宜必有如是, 而後可者耳. 其梁父及之罘東觀三頌皆兩遞韻, 合十二聯. 瑯琊頌四遞韻, 前十八韻同音, 後十八韻凡三遞, 合六六三十六韻, 而每六韻以皇帝字起語, 則便是六遞韻也. 惟碣石頌前三聯九句, 後六聯十八句, 聯各二韻, 則未有過六韻者也. 凡起句必有皇帝字, 而此獨不然, 亦恐有闕, 是何與他篇異例, 其會稽頌二十四聯同韻, 亦爲六者四也. 少陵此篇, 以詩例言之, 凡四章, 章十二句, 斯足爲一代之雅樂詩歌之準則, 顧無人看到此耳.)[196]

---

196. 『성호사설』 詩文門.

위의 글에 의하면「세병마」의 6운마다 환운하여 시상을 전개하는 장법은 이사의 명문에 뿌리를 두었고, 이런 장법은『시경』의 장법과도 맥을 같이한다는 것이다.

이익의 주장을 확인하기 위하여 아래에「세병마」와 이사의 각석을 비교해 보자.

「세병마」

中興諸將收山東(운)	중흥을 이룬 장수들이 산동을 수복하니
捷書夜報淸晝同(운)	승첩의 소식은 밤에 전달되고 낮에도 마찬가지이네.
河廣傳聞一葦過	황하는 넓은데 갈대 한 잎으로 건넜다고 들었으니
胡危命在破竹中(운)	오랑캐들은 위태로워 그 운명이 파죽지세에 놓여 있네.
祇殘鄴城不日得	다만 업성만 남아 며칠 안 되어 얻을 수 있으니
獨任朔方無限功(운)	오로지 삭방군의 끝없는 공에 맡기면 될 것이네.
京師皆騎汗血馬	경사의 군대는 모두 한혈마를 타고
回紇餧肉葡萄宮(운)	회흘은 포도궁에서 고기를 먹고 있네.
已喜皇威淸海岱	이미 황제의 위엄이 발해와 태산까지 깨끗이 한 것을 기뻐하나
常思仙仗過崆峒(운)	늘상 천자의 의장대가 공동산을 지나던 것을 생각하네.
三年笛裏關山月	삼 년 동안 피리가「관산월」을 부르더니
萬國兵前草木風(운)	만국의 병기 앞에서는 초목 바람이라네.

成王功大心轉小(운)	성왕은 공이 클수록 마음이 더욱 세심해지고
郭相謀深古來少(운)	郭子儀의 계책 깊음은 고래로 드물다네.
司徒淸鑒懸明鏡	사도 李光弼의 맑은 통찰력은 밝은 거울을 단 것 같고
尙書氣與秋天杳(운)	상서 王思禮는 기개가 가을 하늘처럼 아득하네.
二三豪俊爲時出	두 세 분의 호걸들은 이 시절을 위해 나오시어
整頓乾坤濟時了(운)	천지를 정돈하고 시절을 구제하길 끝마치니,
東走無復憶鱸魚	동으로 달아난 이는 다시 농어를 생각할 마음이 없고
南飛覺有安巢鳥(운)	남으로 날아간 이는 둥지에 안식하는 새가 있음을 느끼네.
靑春復隨冠冕入	푸른 봄은 다시 벼슬아치를 따라 들어가고
紫禁正耐煙花繞(운)	궁성은 한창 안개 어린 듯한 봄꽃에 둘러싸여 있네.

鶴駕通宵鳳輦備	태자 수레가 밤을 새고 천자의 수레가 갖추어져
雞鳴問寢龍樓曉(운)	닭이 우는 이른 새벽에 용루에서 문안을 드리네.
攀龍附鳳勢莫當(운)	용을 부여잡고 봉황에 붙어 그 권세를 당할 이가 없으니
天下盡化爲侯王(운)	천하의 관리들이 모두 바뀌어 제후나 왕이 되었네.
汝等豈知蒙帝力	너희들이 어찌 황제의 힘을 입었음을 알겠는가?
時來不得誇身强(운)	시절이 온 것뿐이니 자기 몸 강하다고 자랑해서는 안 되네.
關中旣留蕭丞相	관중 땅에는 이미 蕭何 같은 승상이 머물러 있고
幕下復用張子房(운)	막하에는 다시 장자방 같은 이를 쓰고 있다네.
張公一生江海客	장공은 한평생 강해를 떠돌던 객이라
身長九尺鬚眉蒼(운)	키가 구척에 수염과 눈썹이 희끗희끗하다네.
徵起適遇風雲會	불려와 기용되었을 때 마침 풍운이 모이는 난세를 만나
扶顚始知籌策良(운)	엎어진 시국을 바로세우니 비로소 책략이 뛰어남을 알겠네.
靑袍白馬更何有	청포 입고 백마 탄 반군이 다시 어찌 있으랴!
後漢今周喜再昌(운)	후한 光武帝와 周 宣王처럼 나라를 부흥시킴을 기뻐하노라.
寸地尺天皆入貢(운)	한 치의 땅과 한 자의 하늘에서도 모두 공물을 들여바쳐
奇祥異瑞爭來送(운)	기이하고 상서로운 물건들을 다투어 보내온다.
不知何國致白環	어느 나라인지는 모르겠으나 흰 환옥을 보내왔고
復道諸山得銀甕(운)	또 여러 산에서 은 항아리를 얻었다고 말하네.
隱士休歌紫芝曲	은사들은 자지곡 부르기를 그쳤고
詞人解撰淸河頌(운)	시인들은 청하송을 지을 줄 알게 되었네.
田家望望惜雨乾	농가에서는 안달하며 비가 마른 것을 애석해하고
布穀處處催春種(운)	뻐꾸기는 곳곳에서 봄 곡식 뿌리기를 재촉하네.
淇上健兒歸莫懶	기수가의 건아들이여 고향에 돌아오는 일에 게으르지 마라
城南思婦愁多夢(운)	성 남쪽 시름겨운 아낙은 근심 속에 꿈을 많이 꾼다네.
安得壯士挽天河	어떻게 하면 장사를 얻어 하늘의 은하수를 끌어다가
淨洗甲兵長不用(운)	갑옷과 무기를 씻어 길이길이 쓰지 않게 할 수 있을까?

「之罘刻石」

維二十九年 시황제 29년
時在中春 때는 仲春이라
陽和方起(운) 봄기운이 한창 일어났다.
皇帝東游 황제께서 동쪽을 순유하시다가
巡登之罘 지부에 올라
臨照于海(운) 바다를 바라보셨다.
從臣嘉觀 따르던 신하들이 경치를 찬양하며
原念休烈 황제의 위대한 업적을 생각하고
追誦本始(운) 창업의 공적을 추송하였다.
大聖作治 위대한 성군께서 治世를 만들고
建定法度 법도를 세워 정하고
顯箸綱紀(운) 기강을 분명히 밝혔으며,
外教諸侯 대외적으로 제후를 교화하고
光施文惠 널리 예악제도와 은덕을 베푸시어
明以義理(운) 대의와 도리를 밝히셨다.
六國回辟 육국의 군주들이 사악하고
貪戾無厭 탐욕스러워 만족할 줄 모르니
虐殺不已(운) 학살이 그치질 않았다.

皇帝哀衆 황제께서 백성들을 불쌍히 여기시어
遂發討師 마침내 군사를 일으켜 토벌하시어
奮揚武德(운) 무덕을 크게 떨치셨다.
義誅信行 정의에 맞게 주살하고 신의에 따라 행동하니
威燀旁達 황제의 위엄이 사방 먼 지방에 이르기까지 빛나고
莫不賓服(운) 신하로 복종하지 않는 자가 없었다.
烹滅彊暴 강포함을 소멸시키고
振救黔首 백성들을 구제하시어
周定四極(운) 사방을 두루 안정시켰으며,
普施明法 밝은 법을 널리 베풀고
經緯天下 천하를 다스리니
永爲儀則(운) 영원토록 법칙이 되셨다.
大矣哉 위대하구나!

宇縣之中	천하의 모든 사람들이
承順聖意(운)[197]	황제의 성스러운 뜻을 이어받아 순종하도다.
群臣誦功	여러 신하들이 황제의 공덕을 노래하며
請刻于石	청하여 돌에 새겨
表垂于常式(운)	영원한 법식으로 후세에 전해지도록 하였다.

위의 두 편을 비교해 보면 한 구의 자수와 한 연의 구수가 다르다. 「세병마」는 7言 1句, 2句 1聯인 데 비하여 「지부각석」은 3言 1句, 3句 1聯이다. 따라서 두 편의 형식이 외견상 상당한 차이를 보인다. 그러나 6연이 같은 운이고 6연마다 환운한다는 점에서는 동일하다. 「지부각석」 외 다른 5편은 구체적인 예를 들지 않겠지만, 그 장법은 이익의 글을 통하여 충분히 짐작할 수 있을 것이다. 환운를 하든지 하지 않든지 간에 6연을 단위로 하는 짜임을 이루고 있다는 점에서 공통적인데, 「세병마」가 바로 그런 장법인 것이며, 「지부각석」처럼 6연 환운일 경우 유사성은 더욱 뚜렷해진다.

「세병마」의 장법은 특이하다. 두보 시에서 4장 모두 편폭이 동일한 예는 규격적인 장법을 중시하는 근체시—편폭으로 보아 배율에 해당할 것이다—에서도 찾아보기 힘드니, 고체시의 경우는 말할 나위도 없을 것이다. 이 시는 이런 장법상의 규격성뿐만 아니라 대장을 이루는 연이 적지 않아서, 일견 근체시처럼 보인다. 이런 장법상의 특징으로 인하여 이 시를 근체시처럼 보이는 고체시라고 할 수 있는데, 이 시의 이런 장법은 우리에게 이 시의 작시 의도가 무엇인지에 대하여 이런저런 의문을 제기하게 한다. 각 장의 편폭이 같고 많은 대장구를 사용하려는 의도가 있었다면, 차라리 근체시의 시형을 이용하지 왜 고체시를 지었을까? 고체시는 형식상 자유로움을 지향하고 정제함을 꺼리기 때문에 각 장의 편폭이 같은 이러한 장법을 쓸 경우 자유로움을 지향하는 시체의

197. 『史記』 권6의 索隱: 협운으로 음이 '억'이다. (協韻音憶.)

특성에 손상이 생길 가능성이 있음에도 불구하고, 왜 굳이 이런 정제한 장법의 고체시를 지었을까?

이익은 이 시가 이사 각석에서 장법을 배운 것이며, 어쩌면 『시경』 시와도 연원 관계가 있을 수 있다고 하였는데, 이런 지적은 설득력이 있다. 왜냐하면 『시경』 시는 첩영체의 특성으로 인하여 각 장의 편폭이 같은 시가 많다. 그리고 「豳風 · 東山」 · 「小雅 · 采芑」 등은 4장이고 각 장 12구로서, 「세병마」와 장구의 형식이 완전히 일치한다. 그러나 『시경』의 시는 6운을 장법상의 법식으로 하지 않는다. 이에 비하여 이사 각석은 대다수가 6운을 기본 법식으로 하고 있어서 압운상에 있어서도 상호간의 유사성이 뚜렷하다. 그리고 이런 유사성은 다른 어떤 데에서도 찾을 수 없다.

이익이 제기한 설은, 그것이 사실과 부합하는지의 여부를 막론하고, 그가 시의 장법에 대한 인식을 하고 있었음을 보여주고 있으며, 우리나라 시화에 장법에 대한 논의가 거의 없다는 점에서 가치를 가진다. 그리고 이익은 구체적으로 언급하지 않았지만, 그의 설을 통하여 「세병마」 시의 장법이 어디에서 어떻게 연원하였는지를 다음과 같이 추론해 볼 수도 있다.

첫째, 두보는 고대 각석의 장법을 수용하여 고대 각석이 갖는 내용상의 권위를 담고 싶었기 때문에 이사의 각석을 모델로 「세병마」 시를 지은 것이다. 그리고 이사의 각석은 시기적으로는 오래된 것이면서 내용 전개상 규격화된 것이니, 이를 따른 두시는 고체이면서 정제한 장법을 가질 수밖에 없었던 것이다.

둘째, 이사의 각석의 장법은 『시경』의 첩영체에서 기원한 것이니, 이는 각 장에 '황제'가 반복 출현하는 현상에서 알 수 있다. 단 6운을 법식으로 하는 것은 악곡상의 문제와 연관되는데 그 구체적인 상황은 아직 확실하지 않다.

이상에서 본 「세병마」를 제외하고는 장법과 직접 관련된다고 할 수 있는 예를 찾기가 어렵다. 단 단편적이고 간접적이기는 하나 장법과 관련된다고 보이는 예를 더 찾아본다면, 『지봉유설』에서 「등악양루」의 경련을 비판한 것을 들 수가 있겠다.

> 두자미의 「등악양루」 시는 고금의 절창이다. 그러나 "親朋無一字, 老病有孤舟(친지와 벗에게서 일자 소식이 없고, 늙고 병든 몸에는 외로운 배만 있다)"는 위의 구와 뜻이 이어지지 않는다. 그리고 악양루와도 서로 어울리지 않는다. (杜子美岳陽樓詩, 古今絶唱, 而親朋無一字, 老病有孤舟, 與上句不屬, 且於岳陽樓不相稱.)[198]

이수광의 비판은 「등악양루」의 시상이 함련과 경련 사이에서 단절되어 시상의 전개가 좋지 않다는 것인데, 이런 비판은 율시의 장법에 대한 이해의 부족에서 기인한 것이다. 함련과 경련 사이의 시상 전개 양상은 두 가지가 있다. 하나는 표층구조에서 보아 시상이 연결되는 것이고, 또 하나는 전환되는 것이다. 단 장법상 완전한 율시라면 전자의 경우 심층 구조에서 시상이 전환되어야 하고 후자의 경우 전반부와 후반부의 시상이 완전히 분리되지 않아야 한다. 이렇게 하여야만 비로소 시상의 전환을 통하여 변화와 필세를 얻으면서 동시에 시상의 연결을 통하여 전체의 통일성도 추구할 수 있는 것이다.[199]

율시의 기승전결은 詩家라면 누구나 아는 상식인데도 이수광이 이런 비판을 한 것을 보아, 그는 경련에서의 시상 전환이 지나쳐 단절감을 느끼게 하는 데에 부정적인 인식을 가지고 있었던 것 같다. 바꾸어 말하면 함련과 경련의 시상이 어느 정도 연결되어야 한다고 생각한 것이다. 율시에는 표층구조에서 함련과 경련의 시상이 연결되는 것이 있다. 두보의 시에서 이런 예를 하나 들어 보자.

---

198. 『지봉유설』 권9.
199. 졸고, 「두시장법연구」(제2장), 『中國文學』 제33집, 2000 참고.

去郭軒楹敞　성곽에서 떨어져 있으니 헌영이 탁 트였고
無村眺望賖　마을이 없다 보니 보이는 게 멀다
澄江平少岸　맑은 강물 질펀히 펼쳐져 강 언덕이 줄어들었고
幽樹晩多花　그윽한 나무에는 저녁 무렵 꽃이 많구나
細雨魚兒出　가랑비에 물고기 나오고
微風燕子斜　가는 바람에 제비 비껴 난다
城中十萬戶　성 안에는 십만 채의 집이 있지만
此地兩三家　이곳은 두세 채뿐이라네

위의 시는 「水檻遣心二首」의 제1수로, 두시 오율 중 명편으로 꼽힌다. 함련과 경련이 모두 寫景이어서 표층구조에서는 두 연 사이 시상의 전환이나 단절이 없다. 따라서 이 시의 장법이 '기승전결'식이 아니라고 생각할 수 있지만 사실은 그렇지 않다. 심층구조를 보면, 여전히 두 연 사이에는 시상의 전환이 있는 것이다. 이 시는 성도 초당의 물가 정자에서 읊은 시로서 경물 묘사를 위주로 하는데, 경물 묘사가 확장되다가 다시 수렴하는 양상으로 시상이 전개되었다. 수련의 '軒楹敞'과 '眺望賖'는 경물 묘사의 확장을 유도하며 시선을 건물 내부에서 외부로 이끄는데, 함련이 이를 이어받아 크고 포괄적인 경물을 그리고 있다. 미련은 초당이 위치한 곳을 성도 성 안과 비교하여 시선을 초당으로 수렴함으로써 수련과 대척 관계를 이루는데, 경련의 작고 구체적인 경물이 미련에 앞서 나와 미련을 유도한다. 특히 '제비'는 집에 둥지를 두는 새라는 점에서 제8구의 '家'와 직접 연계된다. 따라서 견식이 있는 독자라면 이 시도 심층구조는 중간 부분에서 시상을 전환하고 있음을 알 수 있다.

이수광은 「등악양루」의 경련의 시상이 함련과 단절되었다고 비판하였지만 「수함견심이수」는 연결 속에서도 동시에 단절이 있어야 함을 보여 주었다. 이제 이수광이 문제삼은 「등악양루」를 통하여 율시 장법의 또 다른 양상을 보자.

昔聞洞庭水　예전에 동정호에 대해서 들었는데
今上岳陽樓　오늘에야 악양루에 오르게 되었다.
吳楚東南坼　오나라와 초나라가 동쪽 남쪽으로 갈라지고
乾坤日夜浮　하늘과 땅이 밤낮으로 부동한다.
親朋無一字　친지와 벗에게는 일자소식도 없고
老病有孤舟　늙고 병든 몸에 외로운 배 한 척만 있다.
戎馬關山北　관산 북쪽은 여전히 전쟁 중이라
憑軒涕泗流　난간에 기대어 눈물 콧물 흘린다.

이 시는 이른바 '전경후회'의 장법으로 지은 것이다. 따라서 「수함견심」과 반대로 표층구조에서 함련과 경련 사이에 시상의 전환이 있게 되는데, 전환의 정도가 아주 뚜렷하여 단절감을 느끼게 할 정도이다. 전경후회의 구조와 그에 따른 경련의 뚜렷한 전환감이 '전반의 장쾌함과 후반의 비애 사이의 대비'라는 풍격상의 특징과 결합하여 이 시는 강한 頓挫를 느끼게 한다. 이런 돈좌는 일반적으로 두시의 긍정적 특징으로 여겨져 왔는데 이수광은 도리어 부정적인 평가를 한 것이다. 확실히 이 시는 표층구조에서 전반과 후반의 단절감이 있다. 만약에 이 시가 표층구조의 단절만 있고 심층구조에서 전반과 후반을 연결하지 못하였다면 이 시는 좋은 율시일 수가 없고 이수광의 지적은 이유 있는 것이 될 것이다. 그러나 이 시에는 전반 후반 사이의 연결이 있다. 단 식견 있는 감상자가 아니면 찾아보기 힘든 것인데, 『두시상주』에 보이는 구조오의 해석은 그를 포함하여 여러 감상자들이 이 시의 전반 후반의 연결에 대하여 이해하고 있었음을 알려준다.

위의 네 구는 경치를 그렸고, 아래 네 구는 정을 말하였다. '昔聞' 구와 '今上' 구는 처음 악양루에 오른 것을 기뻐한 것이다. 오와 초를 포괄하고 하늘과 땅을 물로 적신다는 것은 악양루 앞의 수세를 형용한 것이다. 아래 단락은 떠돌아다니는 외로운 몸에 대한 느낌과 만 리 밖에서의 고향 생각인데, 모두 이 때문에 발동하였다. 『두억』은 "제3구와 제4구에서 이미 장관을 다 그렸으니 훗날의 시인이 손쓸 데가 없게 되었다. 아래 네 구는 단지 정을 말한 것인데, 이것으로 인해 비로소 자기의 시가 되었으니 악양루를 범범하게 읊은 시가 아니다"고 하였다. 황생은 "마지막에서 '憑軒' 두 자로 '누각에 올랐다'는 것과 연결하였다"라고 말하였다. (上四寫景, 下四言情. 昔聞, 今上, 喜初登也. 包吳楚而浸乾坤, 此狀樓前水勢. 下則隻身漂泊之感, 萬里鄉關之思, 皆動於此矣. 杜臆, 三四已盡大觀, 後來詩人, 何處措手, 下四只寫情, 方是做自己詩, 非泛詠岳陽樓也. 黃生曰, 末以憑軒二字, 綰合登樓.)[200]

"위의 네 구는 경치를 그렸고 아래 네 구는 정을 말한다"라는 구조오의 지적은 이 시의 표층구조가 기승전결임을 지적한 것이다. 그러나 떠돌아다니는 신세에 대한 느낌이나 고향에 대한 그리움이 모두 전반부의 경물에서 촉발되었다는 그의 지적은 이 시의 전반과 후반 사이에 시상의 전환이 있을 뿐만 아니라 동시에 연결도 있음을 말해 준다.

구조오가 『두억』에서 인용한 왕사석의 지적은 "제3구와 제4구가 훌륭하지만 후반 네 구가 있어야만 비로소 이 시가 시인 자신의 정서를 표현한 시로서의 가치를 가지게 될 것이다"는 뜻인데, 이러한 지적은 제3구와 제4구의 뛰어난 표현이 후반 네 구의 존재로 말미암아 비로소 의미를 가진다는 사실을 말해 준다. 또 황생의 지적은 이 시의 마지막 구가 제1연과 조응함을 말한 것이다.

이상 『두시상주』에 보이는 평자들의 지적은 이 시의 장법에 대한 정확한 인식에 바탕을 둔 것이다. 그리고 이들과 이수광을 견주어 볼 때 이수광의 비평이 표층의 장법에 대한 이해에 그치고 있음을 안타깝지만 인정할 수밖에 없다. 그렇기는 하지만 장법에 대한 논의 자체가 거의 없었던 당시 상황을 감안할 경우, 장법에 대한 논의를 한 것만으로도 의의가 있다는 사실도 간과해서는 안 될 것이다.

장법과 관련하여 한 가지 더 검토하고 넘어가야 할 시가 있다. 賈至가 대명궁에서 조회하고 쓴 「早朝大明宮呈兩省僚友」 시에 화답한 두

---

200. 『두시상주』 권22.

보 시 「奉和賈至舍人早朝大明宮」이다. 가지의 시에 대하여 두보 외에도 王維·岑參이 화답하였는데 이들 작품이 모두 佳作이어서 이들 중 어느 것이 가장 뛰어나냐 하는 문제를 놓고서 역대 중국 비평가들의 평가가 분분하였다.

그리고 이 문제는 우리 선인들의 관심도 끌어 시화에 관련된 논의가 보인다. 우리나라 시화의 내용을 검토하기 전에 먼저 해당 시를 살펴보기로 하자.

「賈至의 시」
銀燭朝天紫陌長　은 초 밝히고 천자를 조회할 때 京城 큰 길 뻗어 있고
禁城春色曉蒼蒼　새벽녘 궁성의 봄빛은 푸르디푸르구나.
千條弱柳垂青瑣　천 가닥 부드러운 버들 청쇄문에 드리워져 있고
百囀流鶯遶建章　백 마리 우는 꾀꼬리 건장궁을 감돌며 날아다닌다.
劍佩聲隨玉墀步　궁전 계단의 발걸음 따라 칼과 패옥 소리 울리고
衣冠身惹御爐香　의관 갖춘 몸에는 궁전 향로의 향이 배어난다.
共沐恩波鳳池裏　우리 함께 鳳凰池에서 은총으로 목욕한 몸,
朝朝染翰侍君王　아침마다 글을 쓰며 임금님을 모신다.

「杜甫의 화작시」
五夜漏聲催曉箭　五夜의 물시계 소리가 새벽을 재촉하고
九重春色醉仙桃　구중궁궐 봄빛은 신선 복숭아를 취하게 할 것 같다.
旌旂日暖龍蛇動　날이 따뜻하자 깃발에는 용과 뱀이 움직이고
宮殿風微燕雀高　바람 잔 궁전에는 제비 참새 높이 난다.
朝罷香煙攜滿袖　조회가 파한 후면 향연이 소매에 가득하시고
詩成珠玉在揮毫　시를 지으실 때면 구슬이 붓에 있는 듯.
欲知世掌絲綸美　대대로 조칙을 담당한 훌륭한 집안을 알고 싶다면
池上于今有鳳毛　지금 봉황지에 계신 봉황 羽毛 가진 분을 보면 된다네.

「王維의 화작시」
絳幘鷄人報曉籌　붉은 두건 차림의 계인이 새벽 시간 알리니
尙衣方進翠雲裘　상의는 바야흐로 취운구를 드린다.

九天閶闔開宮殿　구중궁궐 문이 열려 궁전이 개방되자
萬國衣冠拜冕旒　만국의 사신들이 임금님을 배알한다.
日色纔臨仙掌動　햇빛이 막 仙人掌에 비치자
香烟欲傍袞龍浮　향연은 곤룡포 옆에서 浮動하는 듯.
朝罷須裁五色詔　조회를 마치고 나면 오색 종이에 조칙을 적으셔야 하니
佩聲歸向鳳池頭　패옥 소리 울리며 봉황지로 돌아가신다.

「岑參의 화작시」
鷄鳴紫陌曙光寒　큰 길에 닭이 울 적 새벽 빛은 차갑고
鶯囀皇州春色闌　꾀꼬리 우는 경성에는 봄 빛이 저물었다.
金闕曉鐘開萬戶　궁궐의 새벽 종 소리에 많은 문이 열리니
玉階仙仗擁千官　옥 섬돌의 의장대는 많은 관리 호위한다.
花迎劍佩星初落　꽃이 칼과 패옥을 맞이할 때 별이 막 떨어지고
柳拂旌旂露未乾　버들이 깃발에 스칠 때 이슬은 아직 마르지 않았다.
獨有鳳凰池上客　유독 봉황지 가에 손이 계시니
陽春一曲和皆難　그의 양춘곡은 우리 모두 화답하기 어렵구나.

가지의 시도 좋지만, 화작시 세 편은 더욱 훌륭하다. 화려한 수사·전아한 풍격·장중한 기상을 고루 갖추어 조회의 장엄함을 잘 묘사하였고, 가지에 대한 송찬의 뜻도 빠뜨리지 않았다. 세 편이 모두 심후한 공력을 쏟아서 정성들여 지은 것임을 알 수 있다. 그러나 표현 방법이나 시상 배치에 있어서 차이를 보이고 있어서, 관점에 따라 평가가 달라질 수 있다. 아래에 각 시에 대한 우호적 평가를 하나씩 들어보기로 하자.[201]

顧璘의 王維 시에 대한 評: 기상이 크고 음율이 웅혼하고 구법이 전중하고 용사가 청신하여 갖추지 않은 것이 없는데, 아름다움을 온전히 하지 못한 것은 의복에 관련된 자를 너무 많이 사용하였기 때문이다. (氣象闊大, 音律雄渾, 句法典重, 用事新淸, 無所不備, 未全美者, 以用衣服字面太多耳.)

201. 이하는 『두시상주』 권5에 附錄한 것을 재인용하였다.

胡應麟의 岑參 시에 대한 評: 8구가 모두 정명하고 교묘하며 치밀하다. 그리고 모든 자가 자연스러우니, 왕유의 시보다 나은 것 같다. (八句皆精工整密, 字字天成, 比王似勝.)

黃生의 두보 시에 대한 평: 王世貞은 이 시가 후반에 뜻이 다한 것을 꺼려하였는데, 이는 자작시와 남에게 화창한 시가 체제가 본래 다르다는 사실을 몰라서이다. 당나라의 뛰어난 시인들의 화작시는 반드시 화작의 뜻을 드러낸다. 왕유와 잠참의 시는 미련에서 모두 찬미의 뜻을 가지에게 귀착시켰는데, 두보만이 후반 전부를 쏟아 부었다. 이것이 바로 두시의 격률이 심후하고 노성한 면인데, 도리어 이를 병폐로 여겨서야 되겠는가? 또 왕유는 미련에서 조칙을 담당한 일을 찬미하였고 잠삼은 시를 먼저 읊은 것을 찬미하였는데 두보만이 아울러 언급하였고, 또 대대로 직분을 맡은 것을 드러내어 뜻을 주도면밀하게 그려내었으니, 두 사람이 미칠 바가 아니다. (王元美嫌此詩後半意竭, 不知自作詩與和人詩, 體固不同. 唐賢和詩必見出和意. 王岑二首, 結並歸美於賈, 少陵後半特全注之, 此正公律格深老處, 可反以此爲病哉. 且王結美掌綸, 岑結美倡詠, 惟杜兼及之, 又顯其世職, 寫意周到, 更非二子所及.)

시의 우열을 다양한 관점에서 평가할 수 있음을 위의 세 평론만 보더라도 짐작할 수 있다. 세 편 모두 나름대로 훌륭한 측면이 있는데, 황생의 설을 보면 알 수 있듯이 두보의 시는 시상의 배치에 그 뛰어난 면이 있다.

두보의 화작시는 전체적으로 보아 전반 4구는 조회 모습을 묘사하고, 후반 4구는 화작의 뜻을 드러내고 있다. 다시 후반을 보면 경련은 가지가 퇴조한 후에 시를 지은 일을 언급하여 그의 재주를 기렸고, 미련은 가지 부자가 두 대에 걸쳐서 조칙을 담당한 사실을 지적하여 그의 직분을 기렸다. 이에 비하여 王維와 岑參의 시는 제6구까지 모두 대명궁의 조회를 묘사하는 데에 사용하여 가지에 대한 송찬은 미련 2구에만 그쳤다. 따라서 왕유는 가지의 직책만 언급하고 잠참은 시만 언급할 수밖에 없었다. 首唱者가 대명궁의 조회를 내용으로 하는 시를 지었으니 화작시는 이에 대한 언급이 결여될 수 없다. 이 점에서는 3수 모두가 문제될 것이 없다. 또 수창자가 황제의 近臣 신분으로서 동료에게 시를 지어 보냈으니, 그의 직책과 보내온 시 둘을 모두 찬양해야만 화작의 목적을 원만하게 달성할 수 있다. 이 점에서는 오직 두보의 시만 성공을 거두고 있다.

시상의 배치가 작시 목적에 잘 부합하느냐를 평가기준으로 하면 세 작품 중 두보 시가 최고이다. 이는 결국 두보 시가 장법상에서 우위에 있음을 의미한다. 중국인 황생은 이 사실을 파악하고 있었다. 그렇다면 우리 선인들은 어떠했을까? 아래에 보이는 이수광의 평가는, 논의가 상세하고 또 자기 자신의 관점을 담고 있다는 점에서 우선적으로 살펴볼 만한 가치가 있다.

> '早朝大明宮' 詩 중에서, 옛사람은 잠참의 시를 제일이라 하고, 왕유를 제이, 두보를 제삼, 가지를 제사라고 하였다. 내 생각에는 네 편의 시가 모두 아주 뛰어나서 우열을 가리기가 힘들어 보인다. 만약 그 조그마한 흠을 말한다면, 岑參의 '鶯囀皇州春色闌' 구는 빈약한 것 같고, '曙' 자와 '曉' 자를 연달아 사용하였다. 또 '花迎劍佩'의 한 연은 좋긴 하지만, '星初落'의 세 자는 어울리지 않은 것 같다. 왕유의 시는 옷과 색의 글자를 거듭 사용하였고, 또 '翠雲裘'·'冕旒'·'袞龍' 등의 말은 중첩된 것 같다. 두보 시의 '五夜漏聲催曉箭' 구는, 이미 五夜라고 말하였다면 새벽이라고 말하는 것은 부당한 것 같다. 또 '旌旗日暖龍蛇動, 宮殿風微燕雀高' 구는 공교롭기는 공교로운데, 다만 이른 아침에 조회하는 일과 관련하여서는 뜬소리 같다. 가지의 시는 첫 구가 가장 좋다. 그러나 '劒佩聲隨玉墀步' 一聯은 느슨한 것 같다. 대체로 네 편의 시가 결구에는 모두 鳳池를 썼는데, 이른바 화답인 것이다. 두보 시가 鳳毛를 써서 시를 맺은 것이 가장 묘하다. 내가 참람되이 논평함이 이에 이르렀으나 감히 단언하지는 못하겠다. 그래서 '그런 것 같다'는 '似' 자를 여섯 붙여 놓고서, 아는 자를 기다린다. (早朝大明宮詩, 古人以岑參爲第一, 王維爲第二, 杜甫爲第三, 賈至爲第四. 余謂四詩俱絶佳, 未易優劣. 若言其微瑕, 則岑參鶯囀皇州春色闌, 似餒, 而連用曙曉二字, 且花迎劒佩一聯好矣, 而星初落三字, 似不襯矣. 王維詩, 疊使衣色字, 且翠雲裘冕旒袞龍等語似疊矣. 杜甫詩, 五夜漏聲催曉箭, 旣曰五夜, 則似不當言曉, 且旌旗日暖龍蛇動, 宮殿風微燕雀高, 工則工矣, 但於早朝似泛矣. 賈至詩首句甚佳, 而劒佩聲隨玉墀步一聯,

似鬆矣. 大抵四詩結句, 皆用鳳池, 所謂和也. 杜作乃用鳳毛以結之, 最妙. 余僭論至此, 不敢質言, 故着六似字, 以俟知者.)[202]

가지의 시와 세 사람의 화작시에 대한 전인의 평가를 소개하고 이수광 자신의 견해도 피력하였다. 각 시의 잘된 면과 잘못된 면에 대한 여러 지적은 대체로 수긍할 만하다. 그러나 두보 시를 평가함에 있어서 장법과 관련짓지 못하였다. 장법상의 성취가 우선 고려되어야 할 시를 평가하면서 다른 면만 지적하였으니, 시의 장법에 대한 이수광의 이해가 한계가 있었거나, 아니면 장법이 아예 관심 밖에 있었음을 알 수 있다.

'조조대명궁' 창화시의 우열에 대한 평가는 다른 시화에서도 보인다. 『청창연담』에서 예를 하나 더 들어 보자.

「조조대명궁」 시는 王維・賈至・岑參이 모두 절창이지만 두보의 시가 가장 우수하다. 뒤에 본받아 지은 것이 모두 미치지 못한다. (早朝詩, 王維賈至岑參皆絶唱, 少陵詩爲最優, 後來效而作者皆不及.)[203]

두보의 시가 최고라는 주장을 하였는데, 그 근거는 무엇인지 밝히고 있지 않다. 혹 중국 평자의 견해를 받아들여 장법상의 성취를 높이 평가한 것일까? 우리나라 시화에 두시 장법에 대한 논의가 거의 없다는 점을 감안하면 신흠이라고 별나게 두시의 장법을 깊이 이해하고 있었을 것 같지는 않다.

6) 표현 수법과 風格 분석

시화에는 두보 시의 표현 수법이나 풍격 등에 대하여 논의한 것도 있다. 단 그 내용이 다양하지 못하여, 이에 대한 우리 선인들의 이해가

---

202. 『지봉유설』 권9.
203. 『청창연담』 上.

어떠했는지를 깊이 있게 고찰하기에는 한계가 있다.

(1) 표현 수법

시에 사용되는 표현 수법은 실로 다양하다. 특히 수사 방면에 탁월한 성취를 이룬 두시의 경우야 말할 나위도 없다. 그러나 우리 시화에서 이와 관련된 논의가 별로 발견되지 않는다.

> 두보의 시[204]에 "江碧鳥愈白, 山靑花欲燃(강이 푸르니 새가 더욱 희고 산이 푸르니 꽃이 타는 듯하다)"이라고 하였다. 붉은색과 흰색을 청색과 碧色 사이에 두었기 때문에 그 빛이 더욱 선명하니, 조어의 묘이다. (杜甫詩, 江碧鳥愈白, 山靑花欲燃, 以其紅白在靑碧之間故, 其光色益鮮, 造語之妙也.)[205]

『성호사설』 '詩家增光' 조의 일부분인데, 색채의 경우를 예로 들어 대비의 효과를 말한 것이다. 두보 시는 표현상에 있어서 대비의 수법을 즐겨 사용한다. 심지어 장법에서도 대비의 수법을 활용하기도 한다. 즉 대비가 두시의 주요한 특색이라고 할 수 있는데, 우리 시화에는 이와 관련된 논의가 별로 없다.

다른 표현 수법을 보자.

> 예전에 시를 평론한 자가 말하기를 무후묘의 잣나무는 겨우 열 길인데 두보가 이천 자라고 하였으니 지나치게 높다고 하였고, 또 "霜皮溜雨四十圍, 黛色參天二千尺(서리 맞은 양 하얀 껍질에 빗물 흐르는 듯 윤택있는 밑둥은 마흔 아름이요, 검푸른 빛으로 하늘에 치솟은 줄기는 이천 자이다)"이라고 하였으니, 이렇다면 높이가 이천 자에 지름이 일곱 자가 되는 셈이니 지나치게 가는 것이 된다고 하였다. 노두는 시성인데도 훗날의 평에 오히려 이런 것이 있다. 영헌공 김지대의 「낙산사」 시[206]에 "雲間絶磴七八里, 天末遙岑千

204. 「絶句二首」.
205. 『성호사설』 詩文門.
206. 이 시의 제목이 『동문선』에는 「瑜珈寺」로 되어 있다.

萬重(구름 사이로 깎아지른 돌 비탈길 칠팔 리요, 하늘 끝 먼 봉우리 천만 겹이다)"이라고 하였다. 천만 겹이라 한 것은 그럴 듯하지만 깎아지른 돌 비탈길을 칠팔 리라고 지칭한 것은 무슨 말이냐? 이는 아마도 시어를 구사하는 데에 있어서 잘못된 것이리라. (古之評詩者曰, 武侯廟栢纔十丈, 杜云二千尺, 過於太高. 又云, 霜皮溜雨四十圍, 黛色參天二千尺, 是則高二千尺, 而徑七尺, 過於太細. 老杜詩聖也, 後之評者尙有之. 金英憲之岱洛山寺, 雲間絶磴七八里, 天末遙岑千萬重, 其曰千萬重則然矣, 絶磴指稱曰七八里, 何也. 是太失之於詞爾.)[207]

『동인시화』에 보이는 것이고, 논의 대상인 두시는 「古栢行」이다. 시의 과장에 대하여 이야기하고 있는데, 전반적인 논지는 과장에 대하여 부정적이다. 비록 부정적 평가를 담고 있지만, 두시의 표현수법과 관련된 드문 예 중의 하나이다. 과장은 한시에 자주 사용되는 수사법인데도 대문호인 서거정이 이처럼 비판적인 시각을 가지고 있었다니 의외의 일이다.

(2) 風格

대가의 경우가 대부분 그러하듯이, 두시의 풍격은 다양하여 한두 가지만으로 포괄할 수 없다. 단 대표적인 것이 무엇이냐 하였을 때, 다수의 평자들은 '沈鬱頓挫'를 들었다. 침울은 감정의 진지성과 심각성을 말하는데, 이는 감정이 오랜 시간 축적되고 다져져서 가볍게 노출되지 않음을 뜻하는 것 같다. 그리고 구체적으로는 시국에 대한 憂患意識과 자기 신세에 대한 비분 정서로 표현되는 경우가 많으며 무거운 느낌을 주어 남성적인 기상을 조성하는 특징이 있다. 침울이 정서적인 면에 관계하는 용어라면 돈좌는 주로 시의 필치와 관계하는 것으로 시상에 변화곡절이 많다는 것이다. 이러한 변화곡절은 한편으로는 필세에 힘을 불어넣고 또 한편으로는 변화다단한 시인의 심사를 느끼게 해준다.

---

207. 『동인시화』 上.

'침울돈좌'는 사실 적확하게 정의하기가 어려워 역대로 여러 논자들이 다양한 정의를 하였지만 대부분 요령부득이라는 느낌을 지우기 어렵다. 따라서 필자의 견해로는 '悲壯'이라는 용어로 두시의 풍격을 대표하는 것이, 비록 거칠기는 하지만 단순 명료하여 좋을 것 같다. 실제로 두보 시를 조망해 보면, '悲' 즉 비애를 느끼게 하는 시도 적지 않고, '壯' 즉 장쾌한 기세나 장활한 의경을 느끼게 하는 시도 있으며, 이 둘이 한 시 속에서 공존하여 서로 충돌하면서 독특한 미감을 조성하는 것도 많다.

우리나라 시화를 보면 두시의 풍격 자체를 두고 직접적으로 논의한 것은 거의 눈에 띄지 않지만, 간접적으로 관련된 것은 몇 조항이 있다. 그 내용을 검토하면 우리 선인들이 주로 두시의 '壯'한 면에 주목하였음을 알 수 있다.

다음은 『동인시화』에 보인다.

> 동정과 파릉은 천하의 장관으로 시인과 묵객 중에 이것을 시제로 삼아 읊은 자가 많다. 예를 들면, "水涵天影濶, 山拔地形高(물은 하늘의 그림자를 담아 광활하고 산은 땅의 형세를 뽑아서 높다)"라고 한 것,[208] "四顧疑無地, 中流忽有山. 鳥飛應畏墮, 帆過却如閑(사방을 돌아보니 땅이 없나 의심하였는데 물 가운데 갑자기 산이 솟아 있네. 새가 날아가면 응당 떨어질까 두려워할 텐데 돛단배는 도리어 한가롭게 지나가네)"이라고 한 것[209] 등은 모두 세상 사람들에게 칭찬받았다. 그러나 양양 맹호연의 "氣蒸雲夢澤, 波撼岳陽城(물 기운이 운몽택에서 피어오르고 물결은 악양성을 흔드네)"[210]이라고 한 것만 못하고, 또 두소릉의 "吳楚東南坼, 乾坤日夜浮(오나라와 초나라는 동남으로 터졌고 하늘과 땅이 밤낮으로 떠 있네)"[211]보다 더욱 못하니, 이 노인네 가슴 속은 몇 개의 운몽택을 감추고 있는지 모르겠다. 목은이 '오중팔경'을

208. 可朋「賦洞庭」.
209. 許棠「過洞庭湖」.
210. 「望洞庭湖贈張丞相」.
211. 「登岳陽樓」.

읊은 절구 한 수에서 "一點君山夕照紅, 濶呑吳楚勢無窮, 長風吹上黃昏月, 銀燭紗籠暗淡中(한 점의 군산에 저녁 노을이 붉게 타오르니, 오와 초를 삼킬 듯 광활한 기세 무궁하네. 긴 바람은 황혼의 달을 불어 올리는데, 은 촛불은 비단 초롱 가운데 가물거리고 있다)"이라고 하였다. 광막하고 충만한 기운은 비록 노두에 훨씬 미치지 못하지만, 어찌 앞에서 열거한 여러 연구들에게야 많이 양보하겠는가? (洞庭巴陵, 天下壯觀, 騷人墨客題咏者多. 如水涵天影濶, 山拔地形高. 四顧疑無地, 中流忽有山. 鳥飛應畏墮, 帆過却如閑. 俱見稱於世. 然不若孟襄陽氣蒸雲夢澤, 波撼岳陽城. 又不若少陵吳楚東南坼, 乾坤日夜浮. 未知此老胸中, 藏幾箇雲夢歟. 牧隱吳中八景一絶云, 一點君山夕照紅, 濶呑吳楚勢無窮, 長風吹上黃昏月, 銀燭紗籠暗淡中. 其曠漠冲融之氣, 雖不及老杜徑庭, 豈足多讓於前數聯哉.)[212]

서거정은 동정호를 읊은 여러 중국 시인들의 시구와 우리나라 목은 이색의 시구를 열거하여 그 장활한 풍격을 보여주고, 아울러 목은의 시구가 두보에게는 못 미쳐도 다른 중국 시인에게는 손색이 없다고 하였다. 서거정이 최고로 꼽은 「登岳陽樓」의 함련은 두보 시 중에서도 최고의 '壯語'로 꼽을 수 있는 것이며, 동정호를 읊은 수많은 시구 중에서 압권으로 칭송받는 명구이다.

시화에는 두시를 다른 시와 상호 비교하여 그 특색을 논하는 것이 있는데, 이들 중에는 풍격과 관련되는 것이 있다. 다음은 『제호시화』에 보이는 것인데, 바로 이런 경우에 해당한다.

두보의 시는 그 말뜻이 근엄하여 전혀 향렴체의 느낌이 없다. 「여인행」의 경우 시사를 풍자하려고 지은 것으로 국풍의 뜻이 있고, 그 나머지 혹 '가인' 자를 든 것은 그것으로 시구를 문식하려는 것일 뿐이니, 만당과 송나라 사람 시의 섬세 교묘하고 정을 두는 말과는 다르다. (杜陵之詩, 其語意矜嚴, 絶無香奩體. 麗人行則出於諷詠時事, 有國風之意. 其餘或擧佳人字, 以文詩句而已, 不如晚唐及宋人作纖巧留情之詞.)[213]

---

212. 『동인시화』 上.
213. 『제호시화』.

향렴체란 부녀 신변의 이런저런 자잘한 일을 제재로 하고 부녀와 연관되는 시어를 사용하는 시를 말하는데, 그 풍격은 綺麗하고 요염한 경향이 있다. 일종의 艶體詩이다. 두시가 만당시나 송시와 달리 향렴체가 없다는 것은 결국 두시의 풍격이 남성적이라는 것이다.

다시 『성호사설』의 '退之效李杜' 조를 보자.

> 한퇴지는 평생 이백과 두보를 흠모하고 본받았다. 그러나 이백과 비교해 보면, 풍신이 부족하고, 두보와 비교해 보면, 기골이 부족하다 ……마땅하구나, 그가 시에서 "이백과 두보의 시가 있어서 광염을 만장이나 발출한다. 어리석은 뭇 아이들 고의로 비방 중상하나 무슨 소용이 있을까? 개미가 큰 나무를 흔들려고 드니 스스로의 역량 알지 못하는 꼴 가소롭구나"라고 한 것이. 이는 사실이다. 왕안석은 한유가 이백보다 낫다고 하였고 구양수는 한유가 두보보다 낫다고 하였다. 그들이 한유도 모르는 판에 도리어 이백과 두보를 알아볼 수 있었겠는가? (韓退之一生慕效李杜, 然比諸李, 風神不足, 比諸杜, 氣骨不足……宜乎其詩曰, 李杜文章在, 光焰萬丈長, 不知群兒愚, 那用故謗傷, 蚍蜉撼大樹, 可笑不自量. 此, 實際也. 王安石云, 韓勝於李, 歐陽修云, 韓勝於杜, 彼既不知韓矣, 却能識李杜乎.)[214]

한유가 두보를 배우고 싶어 했지만 두보의 기골을 따를 수 없었다는 것이다. '기골'이 뜻하는 것이 구체적으로 무엇인지 적시하기는 어렵지만, 작품의 기세와 骨力을 말하는 것으로 본다면, 이도 두시의 '壯'한 풍격에 맥이 닿아 있음이 분명하다.

이상에서 본 것처럼 두시의 풍격과 관련된 우리 시화 속의 논의는 주로 '壯'한 면에 초점이 두어져 있다. 그러나 그것에만 한정된 것은 아니어서 다른 풍격에 관련된 예도 찾을 수 있다.

> 궁전에서 조알하는 것을 읊은 시는 시가들이 부귀하고 화려한 말을 사용하는 경우가 많다. 예를 들어 노두의 「조조대명궁」과 같은 시는 岑參과 賈至

214. 『성호사설』 詩文門.

의 무리가 화창한 것이 한두 편이 아닌데, 모두 지극히 아름답고 화려하여 화롯가에서 궁상을 떠는 소리가 없다. 목은이 「天壽節入朝大明殿」 시에서 "大闢明堂曉色寒, 旌旗高拂玉蘭干, 雲開寶座聞天語, 春滿金巵奉聖懽, 六合一家堯日月, 三呼萬歲漢衣冠, 不知身世今安在, 疑是靑冥控紫鸞.(활짝 열린 명당에 새벽빛 차가운데 깃발은 옥난간에 드높이 휘날리네. 구름 걷힌 보좌에서 황제의 말씀 들려오고 봄기운 가득한 금 술잔에 성상의 기쁨 받드노라. 육합이 한 집안이니 요임금의 태평세월이요 만세소리 세 번 부르니 한나라의 문물이라네. 이 몸이 지금 어디에 있는지 모르노니, 푸른 하늘에 보랏빛 난새를 타고 있는 것은 아닌지)"이라고 하였다. 통정 강회백이 역시 남경에 가서 「早朝奉天殿」 시를 지어 "御溝楊柳正依依, 月上觚稜玉漏遲, 環佩丁當鵷鷺集, 羽林磨戛虎賁馳, 螭頭忽暗香烟動, 鳳尾徐開彩仗移, 稽首紅雲瞻肅穆, 日光先照萬年枝(어구의 버들은 하늘거리는데 달이 떠오른 대궐 위에 옥루 소리 더디다. 패옥 소리 쟁쟁 울리며 문관들 모여들고 우림군이 부딪치니 호분들 달려서라. 이두가 갑자기 어두워지니 향 연기 피어오르고 봉미 부채 천천히 펼치니 채색 의장 옮겨가네. 붉은 구름에 머리 조아리며 엄숙히 바라보니 햇빛이 먼저 만년지에 비치네)"라고 하였다. 아마도 가지와 두보 등 여러 공들이 남긴 작품에서 영향을 받았을 것이다. 선덕 연간에 목은의 손자인 문열공 이계전이 연경에 갔다가 조회를 마치고 궁중에서 나오니, 주객낭중이 아침 조회를 읊는 시를 지어줄 것을 요청하였다. 이에 문열공은 궁색한 나머지 목은의 시를 써서 보여주니, 주객낭중은 크게 칭찬하였다. 그 후 통정의 손자인 문경공 강맹경이 장차 연경에 가게 되자, 문열공은 놀리기를 "만일 중국 선비가 그대의 문장을 시험하면 어찌할 것이오?"라고 하니, 문경공은 즉시 대답하기를 "우리 집안에도 또한 『통정집』이 있지요"라고 하여, 자리에 있던 모든 사람들이 포복절도하였다. (宮殿朝謁之類, 詩家多用富貴綺麗之語, 如老杜早朝大明宮, 岑參賈至之徒, 和者非一, 皆極艶麗, 無爐頭寒乞之聲. 牧隱天壽節入朝大明殿詩, 大闢明堂曉色寒, 旌旗高拂玉蘭干, 雲開寶座聞天語, 春滿金巵奉聖懽, 六合一家堯日月, 三呼萬歲漢衣冠, 不知身世今安在, 疑是靑冥控紫鸞. 通亭姜淮伯亦赴南京, 賦早朝奉天殿詩, 御溝楊柳正依依, 月上觚稜玉漏遲, 環佩丁當鵷鷺集, 羽林磨戛虎賁馳, 螭頭忽暗香烟動, 鳳尾徐開彩仗移, 稽首紅雲瞻肅穆, 日光先照萬年枝. 盖有得於賈杜諸公餘賸矣. 宣德年間, 牧隱之孫李文烈公季甸, 赴燕京, 朝罷出掖, 主客郎中請賦早朝詩, 文烈窘, 書牧隱詩示之, 主客大加稱賞. 後通亭之孫姜文景公孟卿, 將赴燕京, 文烈戱曰, 奈如華士試文何, 文景應聲曰, 吾家亦有通亭集, 滿座絶倒.)[215]

위의 이야기는 서거정의 『동인시화』에 나온다. 이 책은 서명에서 저술 의도를 밝힌 것처럼 기본적으로 우리나라 시인과 우리나라 시를 이야깃거리로 삼거나 논평거리로 삼는다. 위의 이야기도 마찬가지이다. 麗末鮮初의 명망가인 목은 이색과 통정 강회백 두 집안이 함께 얽혔고, 두 집안 다 공교롭게 할아버지 손자가 함께 등장하여 독자에게 재미를 느끼게 해주는 이야기를 소개한 것인데, 그런 과정에 두보의 시가 거론된 것일 뿐이다. 그러나 이를 통하여서도 두시에 대한 서거정의 이해가 어떠하였는지 살펴볼 수 있는 것이다.

궁전에서 조알한 것을 소재로 한다면 시는 당연히 부귀하고 기려한 시어를 사용하여야 한다. 따라서 그런 시는 풍격이 艶麗해야 하고 贍富하여야 한다. 대명궁의 조회를 읊은 가지의 시, 두보·岑參 등의 화답시도 모두 그 조건을 잘 지켜서, 그 부류의 모범작이 되었다. 따라서 이색 등 우리나라 시인에게도 영향을 끼친 것이다.

조알을 소재로 한 시는 풍격이 섬부하고 염려해야 한다는 사실, 두보의 조알시의 풍격이 그러했다는 사실, 두보의 조알시가 우리나라에도 모범이 되었다는 사실 등을 잘 지적하였다. 단 두보의 시를 가지가 화답하였다고 한 것에는 착오가 있었던 것 같다.

7) 體裁와 格律 분석

조선조 시화에는 시의 체재와 격률에 대한 논의가 적지 않다. 두보와 관련된 것도 많은데, 이를 통하여 우리 선인들이 시의 체제와 격률에 대하여 어떤 인식을 하고 있었는지 그 일단을 알 수가 있다.

(1) 體裁

두보는 고체와 근체를 막론하고 시의 모든 체재에 고루 뛰어난 성과를

215. 『동인시화』 上.

이루었다. 우리 시화에 두시의 여러 체재가 논의되고 있어서, 우리 선인들이 두시 전반에 두루 관심을 가지고 있었음을 알 수 있다.

먼저 고체시를 보자.

> 악부는 관서의 이름이다. 후인들이 악부에서 채집한 시를 바로 악부라고 명명하는데 아주 잘못된 일이다. ……요즈음 사람들은 제목에 따라 의작하는데 화가가 초상화를 그리는 것 같으니 비록 모양과 빛이 서로 닮아도 살아 있는 사람의 神氣를 어떻게 표현할 수 있겠는가? 두보는 제목을 따르지 않고 스스로 지었으니 「전출새」·「후출새」·「신혼별」·「무가별」·「신안리」·「옥화궁」 같은 것이다. 이들을 악부와 비교하면 어찌 백중의 수준에 그치겠는가? (樂府是官署之名, 后人乃以樂府所采之詩卽名之曰樂府, 誤甚……今人就題擬作, 如畵者寫眞, 雖形色相肖, 而生人之神氣安可得哉, 杜少陵不擬題而自作, 如前後出塞, 新婚別, 無家別, 新安吏, 玉華宮, 參之樂府, 何啻伯仲.)[216]

위의 글은 李圭景의 『詩家點燈』 '樂府誤稱' 조에 나오는 것이다. 악부라는 명칭이 잘못되었다는 주장을 하면서 擬古樂府와 新題樂府를 거론하고 두보의 신제악부가 우수하다는 사실을 지적하였다. 이규경이 악부시의 변천사와 두보 신제악부의 詩歌史적 의의를 잘 파악하고 있었음을 알 수 있다.

이규경의 지적처럼 두보가 신제악부를 창시하여 고체시 방면에서도 성취를 이루었지만, 아무래도 그의 장기는 율시에서 발휘되었다고 해야 할 것이다. 두보는 오언율시의 최고 수준을 이루었을 뿐만 아니라 그 때까지 별로 창작되지 않았던 칠언율시를 대량으로 창작하고 그 격률을 완성하였다. 그리고 배율 방면에서도 획기적인 업적을 남겼다.

두보 율시의 성취에 대하여 우리 문인들도 익히 알고 있었고 이와 관련된 언급이 시화에 적지 않다. 특히 배율에 대한 관심이 높아서 이와 연관되는 조항이 많다.[217]

---

216. 『詩家點燈』 3권.

> 오언배율은 초당에 처음 보였는데 두자미가 일백 운을 지었고, 고려조의 상국 이규보의 경우 삼백 운을 지었다. 칠언 배율은 성당에 처음 보였는데 명나라 사신인 장영은 육십 운을 지었고 근세의 오산 차천로는 일백 운을 지었으니 가히 아주 많다고 할 것이다. 그러나 그 가운데에 겹친 구가 많으니 칭찬할 만한 것이 아니다. (五言徘律, 始見於初唐, 而杜子美爲一百韻, 至高麗李相國奎報爲三百韻. 七言排律始見於盛唐, 而皇明張天使寧爲六十韻, 至近世車五山天輅爲一百韻, 可謂尤多矣. 然中多累句, 不足稱也.)[218]

위는 이수광의 말이다. 두보의 일백 운 배율은 그 유명한 「秋日夔府詠懷奉寄鄭監審李賓客之芳一百韻」이다. 이 배율은 비록 重意와 重韻이 흠으로 지적되기는 하지만[219] 배율의 최고 걸작으로 평가받았다. 우리 시화에는 주로 이 시가 논의의 대상이었는데, 이수광의 말에서도 짐작할 수 있듯이 편폭이 긴 것에 대해서 대체로 부정적인 시각을 가지고 있었다. 신흠의 『청창연담』에 보이는 다음 글이 그 단적인 예이다.

> 율시만 해도 너무 벌여놓은 병통이 있는데 또 이를 늘려서 배율로 하여, 두보는 백 운 시를 짓기까지 하고 있으니 시의 병통이다. (律詩已病排矣, 又長之爲排律, 子美爲至百韻, 詩之病也.)[220]

신흠의 시관은 그가 "시는 말이 다하여도 뜻이 다하지 않는 것을 귀하게 여기는데, 배율을 짓는 자는 뜻이 다하여도 말이 여전히 많다. 심한 경우 바깥의 물색을 취하여서 엮어 놓기를 음식을 늘어놓아 상을 꾸미는 것 같아서 전혀 의미가 없다(詩貴言盡而意不盡, 作排律者, 意已

---

217. 전영란은 한국 시화에서 두시의 체재와 관련된 조항은 겨우 15조인데 그 중 8조가 오언배율을 논한 것이라고 하였는데(『韓國詩話中有關杜甫及其作品之研究』, 68쪽), 필자가 직접 확인하지 못하였다.

218. 『지봉유설』 권9.

219. "滿座涕潺湲(자리 가득 눈물을 줄줄 흘리다)"와 "伏臘涕漣漣(복일과 납일에 눈물이 끝이 없다)"에 글자가 중복되고 뜻이 중복되었다. 그리고 '不敢墜周旋'과 '澤國遶廻旋'에서 운자가 중복되었다.

220. 『청창연담』 上.

盡而言有多. 甚者, 鉤取外邊物色, 連綴如飣餖飾案, 苦無意味.)"[221]라고 한 데에서 알 수 있듯이 시의 흥취를 중요시하고 排比의 방식을 반대하였다. 따라서 그가 장편 배율을 반대하는 것은 당연하다. 그러나 그의 취향과 다르다고 하여 중국 배율사의 기념비적인 업적으로 평가받고 또 후인들이 전범으로 받들어 추종하던 명편을 한 마디로 매도한 것은 극히 편협한 시각이라고 비난받아야 마땅할 것이다.

두보의 칠언배율도 그다지 환영받지 못하였다. 이수광의 다음 글을 보자.

> 왕세정이 말하기를, "칠언배율은 두보로부터 시작되었지만, 또한 잘 지을 수가 없었다. 아마도 일곱 자로 한 구를 삼고 소리 짝으로 묶으려고 하여서, 기력이 다하였는데도 다시 또 이를 부연하여 길게 하니, 곡조가 높으면 계속하기가 어려워 전편을 해치고 곡조가 낮으면 凡冗하기가 쉬워서 구를 해치기 때문이다"라고 하였다, 이 말이 진실로 옳다. (王世貞曰, 七言排律, 創自老斗, 然亦不得佳, 蓋七字爲句, 束以聲偶, 氣力已盡矣, 又衍之使長. 調高則難續而傷篇, 調卑則易冗而傷句, 信哉, 斯言也.)[222]

두보는 여러 시체에서 새로운 격률을 창조하기 위한 실험을 하였다. 칠언배율도 한 예이다. 두보의 이러한 실험 정신을 이해하지 못하였다는 점, 자신의 관점을 독자적으로 제시하지 못하고 다른 사람의 견해를 인용하고 그대로 따른 점 등은 이수광의 한계라고 해야 할 것이다.

두보의 배율을 긍정적으로 평가한 것도 있으니, 『제호시화』가 바로 그것이다.

> 무릇 율시는 네 운을 한 편으로 하고, 늘려가서 배율이 된다. 그러므로 배율은 압운할 때 반드시 짝수로 하고 홀수로 하는 경우는 없으니, 바로 육

221. 『청창연담』 上.
222. 『지봉유설』 권9.

운 · 팔운 · 십운 · 이십운이 그것이다. 당나라 초기에 여러 시 가운데 혹 오운으로 된 배율이 있기는 한데, 이는 반드시 고시의 부류일 것이다 ……배율의 체재는 두보에 이르러 정묘함을 다하고 잡스러운 것이 없다. 두시 배율은 시구의 한도가 없지만 한 수도 홀수 운으로 된 것이 없으니 법으로 삼을 만하다. (凡律詩以四韻爲一篇, 演而爲排律, 故排律押韻, 必偶而無奇, 卽六韻八韻十韻二十韻者, 是已. 唐初諸詩中, 或有五韻排律, 此必古詩類也……排律之體, 至於老杜, 極精無雜, 杜詩排律何限, 無一首奇韻, 可爲法矣.)[223]

양경우의 주장에 의하면 배율이 두보에 와서 정묘함을 다하였으며, 그의 배율이 정격이기 때문에 모범으로 삼을 수 있다고 극찬하고 있다. 단 그런 주장의 근거로 제시한 것이 압운 수가 홀수인 경우가 없다는 사실 하나만 들었으니, 양경우의 찬사를 그대로 받아들여야 할지 망설여진다. 두보 배율이 최고 수준을 이룬 것이 어떻게 압운 수가 짝수인 점 때문이겠는가?

끝으로 절구와 관련된 것을 보기로 하자.

율시는, 오언은 육조에서 생겼고 칠언은 沈佺期와 宋之問에 의하여 생겼다. 이로부터 詩의 道가 크게 변하여 그 문식하고 다듬는 것이 가운데 두 연만한 게 없게 되었다. 그래서 여기에 전심하니 수련과 미련 두 연은 적당히 채워서 편을 이루는 역할이나 하는 것을 면하지 못했을 뿐이다. 그리고 오직 평측을 배열하는 데에 진력하였으니 旨趣를 상실하게 되었다. 나는 일찍이 이태백이 조탁하는 괴로움을 달갑게 여기지 않았기 때문에 두 연을 대장으로 하는 것에 능하지 못한 것은 당연하다고 말한 적이 있다. 비록 어떤 경우 있기는 하지만 그 아름다운 새니 날리는 꽃이니 하는 것은 비루하고 졸렬하여 볼 만한 게 없다. 그러나 두보는 두 연의 대장을 오로지하였고 또 왕왕 미련에 마음을 다하였으니 그가 절구에 있어서 의당 여유가 있었을 터인데 또한 절구를 짓지 않은 것은 무엇인가? 이는 기능에 국한되어서 그러했던 것이다. (律詩, 五言生於六朝, 七言生於沈宋, 自此詩道大變, 其文彩雕鏤, 莫有如中二聯, 故必專心於此, 而起尾二聯則不免苟陪成篇而已. 惟其盡力於抽配

223. 『제호시화』.

平仄之間，而旨趣則汨喪矣. 余嘗謂太白不屑爲掐琢之苦，則不能雙對，固也. 雖或有之，其好鳥飛花之語，鄙劣無足觀. 子美專於雙對，又往往致意于尾聯，則其於絶句宜優優，而亦絶不作，何也. 此局於技而然也.)[224]

두보는 대장에 능하여 율시를 지을 때 이익의 지적처럼 미련까지도 대장을 이루는 시를 많이 지었다. 뿐만 아니라 全對格의 작품도 많으니 두보가 대장구에 공을 들였고 또 자유자재로 그것을 다루었음은 분명하다. 그리고 이는 이백과 차이를 보이는 점이기도 하다.

두시는 여러 체재에서 모두 뛰어난데, 이상하게도 절구 특히 오언절구는 손색이 있다. 따라서 이익이 이를 문제삼을 만하다. 그러나 두보가 대장에 능하니 절구를 잘 지어야 마땅하다는 이익의 주장은 오해가 있는 것 같다. 절구는 두 연 모두 散句이어도 상관이 없으니, 대장이 필수 사항은 아닌 것이다. 또 율시 창작에서 요구되는 엄격한 격률 면에서 두시는 장기를 보이는데 이것이 절구에는 도리어 제약이 되었다는 이익의 주장도 전적으로 동의하기는 어렵다. 두보는 율시뿐만 아니라 고체에서도 자유자재의 기량을 보였기 때문이다.

두보에 대한 진단이 옳고 그르고 간에 이익의 절구에 대한 인식은 격률보다는 흥취를 중시하였음을 알 수가 있으니, 이는 그가 다른 글에서 이백의 오언절구를 높이 평가한 사실을 통해서도 재삼 확인할 수 있다.[225] 그리고 두보의 절구가 논변적인 경향을 보이기 때문에, 이백의 절구와 달리 흥취가 부족한 것은 사실이다.

(2) 平仄과 對仗

평측 배열을 격률에 맞게 하는 것은 작시상 주요한 요구 사항이다. 따

224. 『성호사설』 詩文門.
225. 『성호사설』 詩文門 '李白五言絶句'條: 이백의 오언절구가 특히 훌륭하다. (李太白五言絶句尤佳.)

라서 시를 학습하고 창작하려는 이들은 한자의 평측을 숙지하여야 하고, 평측의 배열과 관련한 규율을 알고 있어야 한다. 두보의 시라고 평측 문제에 있어서 다른 시인과 다를 바가 없다. 따라서 두시 자체를 대상으로 한 논의는 없다. 단 해당 사항을 논의하는 예로 두시가 으레 거론되고 있어서, 그것이 作詩상의 준거 중 하나로 인정받고 있었음을 알 수가 있다.

먼저 동일한 자가 평성과 측성의 두 음을 동시에 가지고 있는 것에 대한 논의를 보자. 이는 여러 시화에서 보이고 있어서, 우리 선인들이 이 문제에 관심이 있었음을 알 수 있다.

> 황정견 시는 "根須辰日斸, 筍要上番成(뿌리는 모름지기 진일에 깎아야 하고, 죽순은 상번에 이루어야 된다)"이라고 하여 '番'을 평성음으로 쓰고 있다. 왕건의 「궁사」에는 "上番聲鍾始得歸(상번의 종소리에 비로소 돌아갈 수 있게 된다)"라고 하였고, 두시[226]에는 "會須上番看成竹(모름지기 상번에서 자란 대나무를 보리라)"이라고 하여 모두 측성으로 쓰고 있다. 어느 것이 옳은지 알 수 없다. 송나라 섭몽득의 『王澗襍書』를 보니 "오직 첫 번에 나오는 죽순은 모두 대가 되지만 다음에 나오는 것은 개미와 벌레에게 상처를 입어 열 가운데 대여섯도 대가 되지 못한다"고 하였다. '상번'의 뜻은 아마 이것을 썼을 것이다. (山谷詩根須辰日斸, 筍要上番成, 番平音, 而王建宮詞, 上番聲鍾始得歸, 杜詩, 會須上番看成竹, 乃作仄聲用, 未知孰是, 按宋葉夢得玉澗襍書曰, 筍唯初出者盡成竹, 次出者多爲蟻蟲所傷, 十不得五六云. 上番之義, 蓋以此也.)[227]

위는 『지봉유설』에서 '番' 자의 평측을 논한 것이다. '번' 자는 본래 평성이다. 그러나 두시에서는 측성으로 사용하였다는 것이다. 실제로 동일한 글자가 평성과 측성의 음을 다 가지고 있을 때 시인이 편의에 따라 임의로 선택하여 사용하는 경우가 있는데, 이 '번' 자가 바로 그

226. 「三絶句」.
227. 『지봉유설』 권11.

예인 것이다.

다시 『제호시화』에서 이와 관련된 논의를 살펴보자.

시인이 혹 자음의 고저를 다 몰라서, '壬辰'의 '壬' 자를 거성으로 쓰기도 하고 '丈人行'의 '行' 자를 평성으로 쓰기도 하는데 이는 심히 모르는 것이다. ……'籠' 자의 경우 두시[228]에서 "野人相贈滿筠籠(시골 사람이 대바구니 가득 보내 주었다)"이라고 하였는데 이 구에서는 평성으로 썼고, 한유의 시에서는 "香隨翠籠擎初到(푸른 바구니 받들어 처음 왔을 때 향기가 따랐다)"라고 하였는데 이 구에서는 측성으로 썼다. 모두 앵두를 읊은 시이다. (詩人或未盡曉字音高低, 壬辰之壬字, 或作去聲用, 丈人行之行字, 或作平聲用, 是甚不知者也……籠字則杜詩曰, 野人相贈滿筠籠, 此平聲用也, 退之詩曰, 香隨翠籠擎初到, 此仄聲用也, 皆櫻桃詩也.)[229]

"衣服稱身(옷이 몸에 맞다)"의 '稱' 자는 측성이니, 바로 『시』[230]의 "不稱其服(그 옷에 어울리지 않는다)"이라고 한 것이 이 경우이다. 그러나 평성으로 써도 무방하니, 두시[231]에서 "細草稱偏坐, 香醪懶再沽(부드러운 풀은 특히 앉기에 적당하여 향기로운 막걸리 다시 사오기 게을러진다)"라고 한 구와 또 다른 시[232]에서 "意內稱長短, 終身荷聖情(마음속으로 어림하여 길이가 맞으니 평생 성인의 은정을 지게 되었구나)"이라고 한 구에서는 모두 평성이다. (衣服稱身之稱字, 仄聲也, 卽詩之不稱其服者, 是也. 然以平聲用無妨. 杜詩, 細草稱偏坐, 香醪懶再沽, 又曰, 意內稱長短, 終身荷聖情, 皆平聲也.)[233]

'從' 字는 혹 측성으로 쓰니, 대개 '侍從'·'從臣'에서의 '從'이다. 세상 사람들은 임금을 시위한다는 뜻일 경우에만 측성의 '從' 자를 쓰는 것이 아닐까 생각하고, 보통의 경우에도 쓴다는 사실을 전혀 알지 못한다. 두보의 시[234]에서 "華音發從伶(중화의 음악을 악사가 연주한다)"이라고 하였고 또

---

228. 「野人送朱櫻」.
229. 『제호시화』.
230. 『시경』 「候人」.
231. 「陪李金吾花下飮」.
232. 「端午日賜衣」.
233. 『제호시화』.

호문공의 「비장」 시에서 "曾從嫖姚立戰功(일찍이 표요를 따라 전공을 세운 적이 있다)"이라고 한 것들이 이 예이다. (從字或作仄聲, 蓋侍從從臣之從也. 世人疑其必於侍衛君上用仄聲從字, 頗不知尋常間用之. 杜詩曰, 華音發從伶, 又胡文恭飛將詩曰, 曾從嫖姚立戰功, 是也.)[235]

'空' 字는 본래 평성이나, 당나라 律詩[236]에 "潭影空人心(못 그림자가 사람의 마음을 비게 한다)"이라는 구가 있다. 아마도 못 물이 맑아서 사람의 마음을 물처럼 공허하게 함을 말하는 것이리라. 이 '空' 字는 '人心'의 위에 있다. 그래서 음이 측성이니, '酒醒(술이 깨다)'의 '醒'과 '醒酒(술을 깨게 하다)'의 '醒'이 平仄이 다른 것과 같다. '酒醒'의 '醒'은 평성이고 '醒酒'의 '醒'은 측성이니, 이는 상용하는 예이다. 단 두보의 시[237]에서 "湍駛風醒酒, 船行霧起堤(급류가 달리니 바람이 술기운을 깨게 하고 배가 갈 때 안개가 둑에서 피어난다)"라고 한 경우는 평성으로 사용하였으니……상용하는 예와 서로 다르다. 그러나 이는 아주 드문 경우이다. (空字本平聲, 而唐律詩中有潭影空人心之句, 蓋潭水澄淸使人心空虛如水之謂也. 此空字處人心之上, 故音高, 如酒醒之醒醒酒之醒, 有平仄之不同. 酒醒之醒, 平聲, 醒酒之醒, 仄聲, 是乃常用之例. 只杜詩, 湍駛風醒酒, 船行霧起堤者, 平聲用也……與常用之例反不同, 然此絶無而僅有矣.)[238]

양경우는 글자의 평측을 엄격하게 분별해서 써야 하는 자도 있지만, 평성과 측성을 통용할 수 있는, 이른바 '通高低'가 가능한 자도 있음을 말하였다. 예를 들어 '壬'이 干支를 뜻할 때는 반드시 평성이고, '壬人'과 같이 '간사하다'의 뜻으로 쓰일 경우에는 측성이니 이를 혼동하여서 사용하면 안 된다. 또 '行(항)'이 '排行'을 뜻할 때는 측성이고 '줄'을 뜻할 때는 평성인 것도 마찬가지이다. 이와 달리 '籠' 자·'稱' 자·'從' 자 등은 평측을 융통성 있게 사용할 수 있다는 것이다. 게다가 자

---

234. 「軍中醉歌寄沈八劉叟」.
235. 『제호시화』.
236. 常建, 「題破山寺後禪院」.
237. 「晩秋陪嚴鄭公摩訶池泛舟得溪字」.
238. 『제호시화』.

동사냐 타동사냐에 따라서 평측이 달라지는 '醒' 자의 용례까지 언급하였으니 평측 문제에 깊이 천착하였음을 알 수 있다.

이수광이나 양경우가 이상의 사실을 지적한 것은, 그 의도가 전인의 시를 읽고 배우는 과정에서 터득한 사실을 단순히 소개하는 데에만 있었던 것은 아니다. 후인들이 이런 사실을 알아서 시를 지을 때 참고하게끔 도와주려는 의도도 있었을 것이다.

시를 학습하고 창작할 때 한자 한자의 평측도 알고 있어야겠지만, 구에서의 평측 배열이나 전체에서의 배열도 당연히 알고 있어야 한다. 이는 결코 근체시에만 국한한 문제는 아니다. 고체시의 평측 배열도 격률과 연관되기 때문에 이에 대해서도 이해를 하고 있어야 한다.

근체시는 율시와 절구를 막론하고 평측의 배열에 규정된 법식이 있다. 따라서 시를 지을 때 반드시 이 법식을 알아서 준수해야 한다. 그리고 평측의 배열은 첫째 구에서 어떻게 시작하느냐에 따라서 전체의 배열이 결정된다. 이른바 正格과 變格으로 나뉘게 되는 것이다. 『지봉유설』에 보이는 다음 논의는 이와 관련된 것이다.

> 시가에서 소위 정격이라고 하는 것은 첫 구의 둘째 글자를 측성으로 하는 것이니 "天上秋期近(하늘 위에 가을이 다가왔다)"[239] 같은 따위가 이것이다. 소위 편격이라는 것은 "四更山吐月(사경에 산이 달을 토한다)"[240] 같은 따위가 이것이다. 당나라 사람들은 정격을 많이 사용하였으니, 두시에서도 편격을 사용한 것이 또한 열에 두셋도 없다. 그러나 옛사람들이 시를 짓는 것은 대체로 자연스럽게 한 것이니, 편격이니 정격이니 하는 것 자체에 마음을 둔 것은 아니다. (詩家所謂正格, 乃第二字側入, 如天上秋期近之類, 是也. 所謂偏格, 如四更山吐月之類, 是也. 唐人多用正格, 杜詩用偏格, 亦十無二三. 然古人於詩, 蓋出於自然, 非有心於偏正也.)[241]

---

239. 「月」.
240. 「月」.
241. 『지봉유설』 권9.

· 율시의 제1구의 제2자가 측성이면 仄起式이고, 평성이면 平起式이다. 이수광은 두보의 오언율시를 예로 들면서 측기식이 정격이고 평기식이 편격, 즉 변격임을 소개하였다. 단 이수광은 오언율시만을 대상으로 하였기 때문에 논의가 충분하지 못하다. 칠언율시의 경우에는 평기식이 정격이기 때문이다. 이수광이 이 사실을 모르지는 않았을 것이나, 그의 논의만 보면 오해를 일으킬 소지가 있다.

근체시의 시구 안에는 평측 배열상의 규율이 있는데, 부득이한 상황으로 시구 중 어떤 자가 그 규율을 지키지 못하여 음율상 '不協和'가 생기게 되는 경우가 있다. 이른바 '拗'의 현상이 생긴 것이다. 그러면 시인은 다른 자의 평측에 변화를 주어 전체적으로 음율에 맞게끔 조절해야 한다. 이른바 '拗救'를 해야 하는 것이다. 이 요구법과 관련된 논의도 시화에 보인다.

> 또 한 종류의 변체 격률이 있다. 두시[242]에서 "早泊雲物晦, 逆風波浪慳(일찍 정박해 보니 구름이 어둡고, 거슬러 운행하면 파도가 인색하리라)"이라 하였는데, '雲' 자와 '波' 자가 모두 평성이니 '物' 자가 측성인 것이 해가 되지 않는다. 또 다른 시[243]에서 "生理飄蕩拙, 有心遲暮違(떠돌아다니니 생계에 졸렬하고 마음먹었던 일은 늙어서 어긋났다)"라고 하였고, 유우석의 시[244]에서 "髮短梳未足, 枕涼閑且欹(머리 짧아 빗질하기에 부족하고 베개 서늘하여 한가롭게 기대 본다)"라고 하였는데, 시인은 이런 격률을 즐겨 사용하였다. 칠언에도 또한 이런 체가 있으니 이상은의 시[245]에 "卷簾飛燕還拂水, 閑戶暗蟲猶打窓(발을 걷었는데도 나는 제비가 다시 물을 스치고 지게를 열었는데도 어두운 벌레가 여전히 창을 때린다)"이라고 한 것이 이런 예이다.(又有一種變律, 杜詩曰, 早泊雲物晦, 逆風波浪慳, 雲與波皆平聲, 則不害物之爲仄聲, 又曰生理飄蕩拙, 有心遲暮違. 劉夢得詩曰, 髮短梳未足, 枕涼閑且欹, 詩人喜用此律, 七言亦有此體. 李商隱詩曰, 卷簾飛燕還拂水, 閑戶暗蟲猶打窓, 是也.)[246]

---

242. 인용한 시는 「銅官渚守風」이다. 인용구 속의 '風' 자는 '行' 자의 잘못이다.
243. 「登舟將適漢陽」.
244. 「秋思」.
245. 「水齋」. '閑' 자는 '開'의 잘못이다.

『제호시화』에 나오는 것이다. '雲' 자와 '波' 자가 모두 평성이니 '物' 자가 측성인 것이 해가 되지 않는다는 설명은 요령부득한 것이다. 도리어 '物' 자가 측성이니 평성자인 '波' 자를 썼다고 설명했어야 한다. 이는 요구의 한 방식인데, 자세히 말하면 出句의 제4자는 원래 평성자를 써야 하는데 이 시의 경우 측성인 '物' 자를 써서 음율상의 불협화가 생겼기 때문에 對句의 제3자를 평성자를 써서 요구하였던 것이다. 칠언시라면 출구의 제6자를 측성으로 하였을 경우 제5자를 평성자로 하여야 한다.

요구법은 그 양태가 다양하여 오늘날까지 그것에 대하여 논의가 계속되고 있다. 그리고 문헌상에 뚜렷하게 설명된 것이 없어서, 후인들이 용례를 귀납하여 그 방식을 이해할 수밖에 없었던 것이다. 실제 양경우도 요구의 개념 자체를 알고 있었던 것 같지는 않다. 왜냐하면 특수한 대장구와 함께 논의하면서 이들 모두를 격률상의 변체로 간주하였기 때문이다.[247] 그렇기는 하지만 요구의 현상을 관찰하고 그 용례를 추출하여 소개하였다는 것은 그만큼 양경우가 시의 형식에 관심을 가지고 궁리를 했다는 증거가 될 것이다.

고체시는 평측 배열상 특별한 규율이 없어서 자유롭다. 단 근체의 평측 배열을 따르면 근체의 氣息이 느껴지기 때문에 가급적 이를 피하기만 하면 된다. 따라서 오언 구의 모든 자가 평성이거나 측성이어도 무방하다. 무방하다기보다는 오히려 권장할 일이라고 해야 할 것이다. 왜냐하면 근체의 격률과 다른 정도가 아주 심하여 고체의 기식이 진하게 느껴지기 때문이다. 하지만 칠언구의 모든 자가 평성이거나 측성인 것은, 비록 고체시구로서 부적절한 것은 아니지만, 아무래도 특수한 예에 속한다고 할 수 있다. 이수광은 『지봉유설』에서 이 사실을 다음과 같이 지적하였다.

---

246. 『제호시화』.
247. 격구대 등과 함께 논의하였다.

옛 시에는 일곱 자를 모두 평성으로 한 것과 일곱 자를 모두 측성으로 한 것이 있다. "梨花梅花參差開(배꽃과 매화꽃이 어지럽게 피었네)"[248]라고 한 것은 일곱 자가 모두 평성이고 "有客有客字子美(손이 있네, 손이 있네, 자를 자미라 하네)"[249]라고 한 것은 모두 측성자이다. 한유의 시에도 또한 이런 체가 있으니 대개 시의 변체이리라. 또 다섯 자를 모두 평성으로 한 것과 다섯 자를 모두 측성으로 한 것이 있으니 이백 시의 "處世若大夢(세상에 사는 것이 큰 꿈을 꾸는 것과 같다),"[250] "胡爲勞其生(무엇 때문에 그 삶을 수고롭게 하는가)"[251]이라고 한 것이 이 예인데, 시가에 이런 체가 많다. (古詩有七平七仄, 梨花梅花參差開, 七平也. 有客有客字子美, 七仄也. 韓詩中亦有此體, 蓋詩之變也. 又有五平五仄, 如李白處世若大夢, 胡爲勞其生, 是也. 詩家多有此體.)[252]

위의 논의는 근체시뿐만 아니라 고시의 평측 문제에도 주목하였다는 데에 의의가 있는데, 글의 맥락을 보면 칠언시가 애당초 논의의 주된 대상이었음을 알 수 있다. 이백 시에 보이는 오언시에서의 '五平'과 '五仄' 현상은 시에 종종 출현하는 것으로 별스러운 것은 아니다. 그러나 칠언시에서의 '七平'과 '七仄'은 다르다. 일곱 자나 평측이 동일하다면 지나치게 단조롭고 중복되는 것이라서 음율상 파격의 정도가 심하다. 그런데도 두보 시 등에서는 이런 방식을 취하였고 뒤이어 한유가 이를 따랐는데, 이는 격률상 변체라는 것이다. 한 가지 눈에 띄는 것은 인용된 칠언시의 경우 누구의 시라는 사실이 명기되어 있지 않다. 혹 밝힐 필요조차 없을 정도로 당시에 유명한 시구였을까?

두보는 율시의 격률을 완성한 시인이기도 하지만 동시에 기존 격률을 깨뜨려서 새로운 격률을 찾아보려는 노력을 했던 시인이기도 하다. 이른바 拗體니 吳體니 하는 것이 바로 그 노력의 산물이다. 그러한 두

248. 崔櫓, 「春日卽事」.
249. 「乾元中寓居同谷縣作歌七首」.
250. 「春日醉起言志」.
251. 「春日醉起言志」.
252. 『지봉유설』 권9.

보가 격률에 대한 시험을 고체에서도 하였음을 '七仄'을 통하여 짐작할 수 있는데, 이수광도 바로 이 점을 파악하고 있었던 것일까?

근체시는 평측의 배열뿐만 아니라 對仗상에 있어서도 규율이 있다. 즉 기본적으로 함련과 경련은 대장을 이루어야 하는 것이다. 그러나 그 규율이 절대적이지는 않아서 일정 정도 융통성이 있다. 그 결과 율시의 대장 방식은 여러 형태를 보이게 된다. 『제호시화』에 보이는 다음 논의는 바로 율시 대장의 변격에 대한 것이다.

> 오언율시에 '半律體'라는 것이 있다. 함련의 구에 대우를 맞추지 않고, 다만 경련에만 대장구를 만든 것이 이것이다. 이백의 「聽胡人吹笛」 율시에 "胡人吹玉笛, 一半是秦聲. 十月吳山曉, 梅花落敬亭. 愁聞出塞曲, 淚滿逐臣纓. 却望長安道, 空懷戀主情.(호인이 옥피리를 부니 반이 진나라 소리라네. 시월 오산의 새벽, 매화는 경정에 떨어지네. 시름에 젖어 출새곡을 들으니, 눈물이 쫓겨난 신하의 갓끈에 가득 흐르네. 장안 길 바라보며 공연히 임금님 그리워하는 마음을 품네.)"이라고 하였고, 두보의 「一百五日夜對月」 시에서 "無家對寒食, 有淚如金波. 斫却月中桂, 淸光應更多. 仳離放紅蘂, 想像嚬靑蛾. 牛女漫愁思, 秋期猶渡河.(집 없이 한식 맞으니 눈물 있어 금물결 같다. 달 가운데 계수나무 베어 내면 맑은 빛 응당 더욱 많아지리라. 헤어져 있어도 붉은 꽃을 피어냈으니 상상컨대 푸른 아미 찌푸리리라. 견우와 직녀는 괜스레 시름하는구나, 가을 기약한 날에 오히려 은하를 건너갈 터인데)"라고 하였다. 시인들은 이 법을 많이 썼다. (五言律詩有半律體. 頷聯做句不用對偶, 只頸聯作對做句, 是已. 李白聽胡人吹笛律詩曰, 胡人吹玉笛, 一半是秦聲, 十月吳山曉, 梅花落敬亭, 愁聞出塞曲, 淚滿逐臣纓, 却望長安道, 空懷戀主情. 老杜百五日夜對月詩曰, 無家對寒食, 有淚如金波, 斫却月中桂, 淸光應更多, 仳離放紅蘂, 想像嚬靑蛾, 牛女漫愁思, 秋期猶渡河. 詩人多用此法)[253]

양경우가 말하는 반율체는 함련은 대우를 맞추지 않고 경련에만 한 것을 말한다. 두 곳 중 한 곳, 즉 반만 했으니 '반율체'라는 것이다. 이런 양경우의 주장에는 오해가 있었던 것 같다. 인용된 이백의 시는 분

253. 『제호시화』.

명 경련 한 연에만 대장구를 썼다. 그러나 두보 시는 이와 다르다. 비록 함련에는 대우를 맞추지 않았지만 대신 수련에 미리 대장구를 사용하였다. 따라서 시 전체를 보면 여전히 두 연에 대장구를 사용한 셈이다. 이런 형태는 이른바 '偸春格'이니, 이백 시와는 분명 다른 형태의 율시이다. 양경우는 이 두 가지를 함께 묶어 같은 형태로 보았으니, 투춘격에 대한 지식이 없었던 것이 아닐까 의심이 된다.

또 반율체라는 용어 자체도 적합한 용어라 할 수가 없다. 율시의 형식 요건에 대장만 있는 것이 아니다. 압운 · 평측 배열 · 대장 등이 모두 율시의 요건이 된다. 그런데 대장을 반만 했다고 하여 '반율체'라고 하면, 대장이 율시 형식 요건의 전부가 되어야 할 것이다. 사실은 그렇지 않기 때문에 반율체라는 용어는 부적합하다. 도리어 시의 전반은 고체이고 후반은 근체인 시, 혹은 평측 배열과 대장은 근체인데, 측성으로 압운한 시 등을 두고 이런 용어를 썼으면, 이는 아마 설득력 있는 주장으로 받아들여졌을 것이다.

『제호시화』의 가치는, 우리 시화 중에서는 드물게도 논의가 시의 형식 방면에 注重하였다는 데에 있다. 율시의 대장 방식에까지 논의를 한 시화가 실제 많지 않다는 사실을 감안하면, 『제호시화』는 비록 편폭은 짧지만 그 속에 시의 형식에 대하여 다양한 논의를 하고 있음을 알 수 있다. 그러나 위에서 지적한 것처럼 논술 중에 착오가 있었던 것은 아쉬운 점이라 하지 않을 수 없다.

(3) 拗體詩

조선조 시화에 보이는 두시의 구법에 대한 논의는 고려조와 마찬가지로 대장구가 주된 대상이었고, 구 자체의 격률을 논의한 것은 찾기가 힘들다. 그런 점에서 『지봉유설』에 보이는 아래의 논의는 아주 드문 예이다.

왕세정이 말하기를 “소식은 故事를 많이 사용하였는데, 그것은 두보의 오언고시와 배율에서 나왔으며, 황정견은 요구법을 사용하였는데, 그것은 두보의 歌行體에서 나왔다”라고 하였는데, 이 말을 믿으니, 송나라 이후의 시는 대개가 두보를 조종으로 삼고 있는 것이다. (王世貞曰, 子瞻多用事, 從老杜五言古詩排律中來. 魯直用拗句法, 從老杜歌行中來, 信斯言也. 宋以後詩, 槪以老杜爲祖耳.)[254]

요구란 구의 격률이 비정상적인 것으로 이런 구가 있는 시가 拗體詩이다. 두보는 여러 편의 요체시를 지었고, 송대의 황정견은 이를 계승 발전시키고자 하여 의도적으로 요체를 지었고 그 수도 많다. 이들은 모두 기존 격률을 깨뜨림으로써 새로운 격률을 추구하고자 하였던 것이다.

위에 언급된 왕세정의 주장은 송시의 뿌리가 두보라는 것인데, 그런 주장을 하는 중에 요구가 제기되었고, 이수광도 왕세정의 주장을 소개하는 데에서 그치고 말았다. 따라서 이수광이 요구에 대하여 어느 정도로 이해하고 있었는지, 그리고 시구의 격률과 관련지어 그것을 이해했는지 등을 위의 인용문만으로는 알 수가 없다.

『지봉유설』에 요구와 관련된 기록이 하나 더 있는데, 이를 보면 이수광이 요구를 어떻게 이해했는지 알 수가 있다.

왕유의 율시[255]에서 “酌酒與君君自寬, 人情飜覆似波瀾, 白首相知猶按劍, 朱門先達笑彈冠(술을 따라서 그대에게 주니 그대는 스스로 마음을 편안하게 하시라, 인정이 바뀌는 것 물결과 같도다. 백발이 되도록 서로 알고 지냈어도 오히려 칼을 손에 잡고 적대시하며, 주문에 일찍 영달한 이는 갓 터는 이 비웃는다)” 운운하였다. ……왕세정은 이런 것들은 요체라고 하였다. 이로써 말한다면, 요즈음 사람들은 용자상의 평측으로 요체가 되는 것은 알지만, 격률상의 평측으로 요체가 됨은 알지 못하고 있는 것이다. (王摩詰律詩, 酌酒與君君自寬, 人情飜覆似波瀾, 白首相知猶按劍, 朱門先達笑彈冠云云, ……王

---

254. 『지봉유설』 권9.
255. 「酌酒與裴迪」.

世貞以爲皆拗體. 以此言之, 今人知用字平仄之爲拗體, 而不知用律平仄之爲拗體也.)256

인용된 왕유시는 평측 배열이 잘못되어 失黏한 것이니, 이른바 '折腰體'이다. 한 구 안에 사용된 글자가 평측의 규율을 어기는 경우뿐만 아니라 절요체처럼 전체 시의 격률상 파격이 있어도 요체라는 이수광의 지적은, 요체를 시 전체의 격률과 연관지어 보려는 의도에 의한 것이다. 단 구절 내부의 요체, 즉 용자상의 요체에는 별다른 의미를 부여하지 않는 것 같은데, 이는 요체를 잘못 이해한 것이다. 실점실대는 근체시의 격률이 채 완성되기 전의 흔적이 남아 있는 것이다. 반면에 근체시의 격율이 완성된 이후에 두보나 황정견 등에 의해 추구된 요체는 실점실대의 문제에 초점을 둔 것이 아니고, 도리어 한 구절 안에서의 격률 파괴에 주안점을 두었다. 『지봉유설』에 보이는 위의 기록은 비록 두보의 시를 두고 한 것은 아니지만, 그 내용으로 보아 이수광이 요체시의 이런 점에 대해 이해하지 못하고 있었을 가능성이 있다.

(4) 押韻

우리 시화에서 압운과 관련하여 논의한 내용은 다양하여, 通韻·轉韻·압운자 중첩 등이 모두 논의되었다. 우선 통운과 관련된 것을 보자. 아래는 『동인시화』에 보이는 것으로 입성 通押의 문제에 대하여 논의한 것이다.

내 일찍이 춘방의 여러 학사들과 입성 통압의 옳고 그름을 논하였는데, 어떤 이가 "두소릉은 시성인데, 평생 동안 통압한 적이 없습니다. 예컨대 「早發射洪縣南道中作」 시의 경우 전편에 '緝' 운을 사용하였습니다"라고 말하였다. 이에 나는 "그대는 두시를 아직 잘 모르는군요. 예컨대 「七月三日亭午

256. 『지봉유설』 권9.

已後校熱退晩加小凉穩睡有詩因論壯年樂事戱呈元二十一曹長」 시에는 '末' 자를 운으로 하면서 통운으로 다섯 운을 사용하였고 「南池」 시에는 '谷' 자를 운으로 하면서 통운으로 네 운을 사용하였으며 「客堂」 시에는 '蜀'자를 운으로 하면서 통운으로 세 운을 사용하였으니, 노두가 어찌 일찍이 통압하지 않았단 말입니까? 그리고 한창려 같은 경우에는 통운으로 예닐곱 운을 사용해서 벗어났다가는 곧 합하여 자유롭게 두루 썼으니, 예컨대 「此日足可惜贈張籍」 한 편이 이것이지요. 소동파의 「贈陳季常」 시에도 통운으로 여섯 운을 사용하였으니, 그대는 어찌 통압하는 것을 이상하게 여깁니까?"라고 말하니, 그 이는 그제야 굴복하였다. 그러나 옛사람이 입성을 가지고 통압한 것을 두루 보니, 백 개 중에 한두 개이어도 단지 그 재주가 궁색함을 나타낼 뿐이니, 저 경우는 너무 많다 하리라. (予嘗與春坊諸學士, 論入聲通押是非. 或曰, 少陵詩聖也, 平生未嘗通押, 如早發射洪縣詩, 終篇用緝韻. 予曰, 子於杜詩未熟, 如戱呈元十二[257]詩, 末字韻傍用五韻, 南池, 谷字韻傍用四韻, 客堂, 蜀字韻傍用三韻, 老杜何嘗不通押乎. 至如昌黎, 則傍出六七韻, 乍離乍合, 縱橫泛溢, 如此日足可惜一篇是已. 東坡贈陳季常詩, 韻旁用六韻, 子何怪於通押乎. 或者乃屈, 然歷觀古人入聲通押者, 百中之一二, 秖足見其才窘耳, 夫已多乎哉.)[258]

다음으로 전운과 관련된 것을 보자. 아래는 『제호시화』에 보이는 것으로 전운한 후 첫째 구를 入韻하는 문제를 논의하고 있다.

무릇 칠언시는 여러 운을 사용하는 경우가 많은데, 운을 바꿀 때 바꾼 연의 위 아래 구를 모두 한 운으로 압운한다. 그런 뒤에 그 아래의 모든 연은 하구에만 압운한다. 운을 바꿀 때마다 매양 이와 같다. 오언고시의 경우는 비록 운을 바꾸어도 아래 구에만 압운하는데, 간혹 칠언체처럼 한 연 모두 압운하는 예도 또한 있다. 두시인 「送重表姪王砅評事使南海」는 오언시인데, 첫 구부터 "盛事垂不朽(훌륭한 일이 영원히 전해질 것이다)" 구까지는 모두 '有' 字 韻을 썼고, 그 아래에서 '豪'字 운으로 고쳐서 "鳳雛無凡毛, 五色非汝曹(봉황 새끼는 평범한 털이 없으니 오색이 너희 무리가 아니나)"라고 하였다. 이 경우 '毛'와 '曹'가 모두 운자이니 칠언시와 같다. 이를 보고서 논한

257. 二十一의 잘못이다.
258. 『동인시화』 上.

다면, 칠언은 반드시 정해진 법을 지켜야 하고 오언은 반드시 상례로 하지 않는다고 할 것이다. (凡七言多散押諸韻, 其改韻之際, 一聯上下句皆押一聲之韻, 然後其下諸聯, 只押下句, 每改韻每如是. 五言古詩, 則雖改韻, 只押下句, 間或一聯皆押依七言體者, 亦有之, 杜詩送王評事五言詩, 自初句至盛事垂不朽, 皆用有字韻, 其下改韻豪字, 曰鳳雛無凡毛, 五色非汝曹, 此則毛與曹皆韻也, 與七言同, 以此論之, 七言則必守定法, 五言則不必爲例.)[259]

압운과 관련하여 시화에 가장 많이 논급된 것은 압운자의 중첩 사용이다. 아마 이 점이 우리 선인들에게 큰 의문거리였던 것 같다. 다음은 『지봉유설』에 보인다.

시에서 글자가 중첩되는 것을 옛사람들이 꺼리지 않았으니, 가장 기피하는 것은 뜻이 중첩하는 것이었다. 가령 소자첨의 율시나 절구에는 몇 자를 중첩하여 사용한 것이 많다. 그리고 두보와 한유 두 시인의 시에서는 운자를 중첩하여 압운하였다. 이것은 병폐가 되지 않으니, 오직 지은 시구의 잘되고 못된 것이 어떠한지를 볼 뿐이었다. 그러나 정밀한 경지를 두고 말한다면, 아마 작은 흠이 되는 것을 면치는 못할 것이다. (詩用疊字, 古人不以爲嫌, 最忌意疊, 如蘇子瞻律絶中疊使數字者多矣, 至於杜韓兩詩疊押韻字, 此則不爲病, 唯觀作句工拙如何, 然語其精, 則恐亦不免小疵耳.)[260]

글자의 중첩 문제를 논하면서 압운의 중첩도 함께 거론하고 있는데, 압운의 중첩이 작은 흠은 될지라도 병폐는 되지 않는다는 주장은 동의하기가 쉽지 않다. 부득이한 경우에 보이는 예외적인 것이기 때문이다. 이런 점에서 『제호시화』에 보이는 다음 설명이 도리에 합당한 것으로 보인다.

무릇 압운할 때에 한 자가 두 가지 뜻을 가지면 중첩하여 압운하여도 무방

259. 『제호시화』.
260. 『지봉유설』 권9.

하다. 두보의 「園人送瓜」 詩에서 이미 "愛惜如芝草(아끼기가 지초와 같다)" 라고 하고서 끝 구에서 다시 "種此何草草(이를 심느라 얼마나 애를 썼을까)" 라 하였다. 한유의 시를 보면 붓을 마음껏 휘둘러 쓴 장편에 중첩하여 압운한 것이 몹시 많고 또 글자의 의미가 같은지 다른지를 따지지 않았는데, 이는 바른 법으로 삼을 수가 없다. (凡押韻, 一字有二義, 則疊押無妨. 杜詩園人送瓜詩, 旣曰愛惜如芝草, 終句又曰種此何草草. 韓詩則縱筆大篇疊押甚多, 亦不擇字義同異, 此則不可爲法.)

두보의 시 중에서도 특히 「飮中八仙歌」의 압운 방식이 우리 선인의 관심을 끌었던 것 같다. 이에 대한 논의가 여러 시화에 보이는데, 이규보의 압운 중첩과 연관지어 논의한 『동인시화』의 다음 글이 특히 자세하다.

어떤 이가 묻기를 "문순공 이규보의 삼백 운 시에 '施' 자와 '祇' 자를 두 번 거듭 압운했는데, 어디 보고 배운 데가 있습니까?"라고 하였다. 이에 나는 답하기를, "두보의 「음중팔선가」를 보면 '知章騎馬似乘船(하지장은 말을 탄 것이 배를 탄 것과 같다)'과 '天子呼來不上船(천자가 불러 와도 배에 오르지 않는다)'에서 '船' 자를 두 번 거듭 압운했고, '眼花落井水底眠(눈이 어질하여 우물에 떨어져서는 바닥에서 잠잔다)'과 '長安市上酒家眠(장안 저자의 술집에서 잠을 잔다)'에서 '眠' 자를 두 번 거듭 압운했다. 또 '汝陽三斗始朝天(여양왕은 세 말에 비로소 천자를 알현한다)'과 '擧觴白眼望靑天(잔을 들고 흰 눈으로 푸른 하늘 바라본다)'에서도 '天' 자를 두 번 거듭 압운하였다. 그리고 '皎如玉樹臨風前(맑기는 옥수가 바람 앞에 서 있는 듯하다)', '脫帽露頂王公前(왕공 앞에서 모자 벗어 정수리를 드러낸다)', '蘇晉長齋繡佛前(소진은 수놓은 불상 앞에서 오래 재계한다)' 등에서는 '前'자를 세 번 거듭 압운하였다. 또 소자첨의 「送江公著知吉州」 시에 '忽憶釣臺歸洗耳(갑자기 조대에 돌아와 귀 씻은 일 생각난다)'라 하고 또 '亦念人生行樂耳(또한 인생 행락을 생각할 뿐이네)'라 하고서는 스스로 주를 달기를 '두 개의 耳 자가 뜻이 같지 않으므로 거듭 압운할 수 있다'고 하였다. 내 생각에 한 운자를 두 번 압운하는 것은 소동파와 두보도 오히려 그러하고, 비단 소동파와 두보만이 아니라 위진 시대 여러 시집 가운데에도 많이 있으니, 어찌 유독 문순공만을 탓하겠는가?"라고 하였다. (或問, 李文順三百韻詩, 重押二施字二祇字, 有何

所祖乎. 予曰, 杜甫八仙歌, 知章騎馬似乘船, 天子呼來不上船, 重押二船字. 眼花落井水底眠, 長安市上酒家眠, 重押二眠字. 汝陽三斗始朝天, 擧觴白眼望青天, 重押二天字. 皎如玉樹臨風前, 脫帽露頂王公前, 蘇晉長齋繡佛前, 三押前字. 又蘇子瞻送王[261]公著詩, 忽憶酌臺歸洗耳. 又曰, 亦念人生行樂耳. 自註曰, 二耳字義不同, 故得重押. 予謂, 一韻重押, 蘇杜尙然, 非但蘇杜, 魏晉諸集中多有之, 獨何怪於李乎.)[262]

그리고 『지봉유설』의 다음 글은 「음중팔선가」의 압운 중첩 양상의 유래가 무엇인지도 제시하고 있어서 주목된다.

두보의 「음중팔선가」는 '船' · '眠' · '天' 등의 자를 중첩하여 사용하였고, '前' 자는 세 번 사용하였다. 해설하는 이가 말하기를 "이 시가는 8편으로 나뉘어 사람이 각각 다르니 운자를 중첩하여도 해가 되지 않는다. 또한 『시경』에서 장을 나눈 것과 같은 취지이다"라고 하였다. 이 말은 그런 것 같다. (杜飮中八仙歌, 疊用船眠天字, 三用前字. 說者以爲此歌分八篇, 人人各異, 故疊韻無害, 亦周詩分章意也, 此言然.)[263]

압운 방식이 『시경』의 장법에서 유래하였다는 설은, 그 옳고 그름을 떠나 의문 사항에 대하여 나름대로의 근거를 들어서 해답하려고 했다는 점에서 의미가 있어 보인다.

3. 詩話에 보이는 雜記

고려조와 달리 조선조는 시화집이 많아 잡기의 내용도 다양하다. 그 중 주된 것은 두시를 학습하거나 그 시구를 습용한 일과 관련한 것인데, 종종 우리 선인의 일화가 곁들여져 재미를 더해 준다. 아래에 그 예를 보자.

---

261. '江'의 잘못이다.
262. 『동인시화』 上.
263. 『지봉유설』 권9.

모재는 벼슬하기 전부터 이미 시를 안다고 당시에 이름을 떨쳤다. 판서 성경숙이 한 해 동안 집밖을 나가지 않고 집안에서 요양하면서, 두시를 숙독하여 사운 여덟 수를 짓고 스스로 득의의 작품이니 옛사람의 시에 견줄 만하다고 여겼다. 그 때 아들 하산 세창도 역시 과거에 합격하지 못하고 있었다. 하루는 하산에게 말하기를, "나의 이 시는 옛날 사람의 작품에 부끄럽지 않을 만하다. 듣자 하니 네 친구 김 아무개가 시의 수준을 잘 분변하다고 하던데, 네가 보통 종이에다 아랫사람을 시켜서 베끼고 부엌에 수십일 동안 매달아 연기를 쐬어 오래 묵은 것처럼 만든 뒤, 김 아무개에게 보이며 어느 시대의 작품인지 물어보거라"라고 하였다. 하산이 자기 집에 모재를 초청하여 손님 자리에 같이 앉았고, 판서는 다만 벽을 사이에 두고 그 안에 있으면서 그들이 하는 말을 들으려 하였다. 하산이 "집의 어른께서 이 시를 묵은 책 상자 속에서 찾아내셨으니, 옛날 사람의 작품임은 실로 알 수 있겠네. 그러나 송나라 말엽의 작품인지, 아니면 원나라 사람의 작품인지를 분명히 알 수가 없어서, 자네에게 이 시의 감정을 청하네"라고 하자, 모재는 두 편을 읽고 말하기를, "이 시는 격이 낮다. 송 말엽의 시가 아닐 뿐더러, 원나라 때의 시도 아니다. 바로 지금의 작품이다"라고 하였다. 또 "최치원이나 이색의 작품은 아니겠는가?"라고 묻자, "최치원과 이색의 시는 격이 높다. 그러니 그들의 작품은 아닐 것이고, 진실로 지금 사람의 작품이다. 그러나 지금 사람의 작품으로는 매우 훌륭하니, 아마도 다른 사람은 이것이 지금의 작품인지를 변별해 낼 수가 없을 것이다. 듣자 하니 대감께서 근래 두시를 읽으셨다고 하는데, 만약 정밀하게 생각하고 다듬으시면 이만한 작품을 쓰실 수 있을 것이다. 어쩌면 대감의 작품일 게다"라고 말하였다. 판서가 안에서 이 얘기를 듣고 문을 열고 나와서 모재를 보고 말하기를, "뜻밖에도 너의 시 공부가 이 정도 경지에 올랐구나"라고 하였다. 이에 술상을 차리고 마주 앉아서 오랫동안 조용히 얘기한 뒤에 파하였다 한다. (慕齋未釋褐, 已以知詩名於一時. 成判書磬叔, 適一年居家不出養病, 熟觀杜試, 作四韻八首, 自以謂得意之作可擬古人. 其時其胤夏山世昌, 亦未登第. 一日語夏山曰, 我之此詩, 可無愧古作. 聞汝友金某能辨詩高下. 汝可於常紙令下人寫我詩, 懸於竈上數十日使薰烟氣, 以作年久之樣, 以示金某, 而問其爲何代詩. 夏山如其言, 邀慕齋於親第, 同坐客位, 而判書在其內, 只隔壁欲聞其語. 夏山問曰, 家君檢得此詩舊冊籠中, 固知詩古人作, 而未知宋末之作耶, 抑元人作耶, 未能明知. 請君辨之. 慕齋讀二篇, 曰此時格卑, 旣非宋末, 又非元詩, 乃今時之作. 又問, 莫是崔孤雲李牧隱之作耶. 曰, 崔李格高, 實非其作. 然在今人之作甚好, 他人恐未能辨此. 聞大監

近讀杜詩, 若精思鍛鍊, 則可有此作, 或是大監之作也. 判書開閤而出, 見慕齋曰, 不意汝之知詩一至於此. 遂相對設酌穩話良久乃罷云.)[264]

尹根壽의 『月汀漫筆』에 소개된 일화이다. 당시 문인의 두시 학습과 관련된 재미있는 일화이다.

시화의 내용 중에는 勸戒의 뜻을 담은 것도 많다. 아래에 그 예를 보자.

萬曆 정유년과 무술년에 중원에서는 水軍을 출동시켜 倭賊을 막게 했다. 명나라 장수 陳隣 등이 남해에 배를 대니 오성부원군 이항복 공이 그들을 맞이하였다. 명나라 장수 중에 한 사람이 상자 안에서 비단 주머니로 열 겹을 싼 보물을 꺼내어 그것을 차례차례 풀어보는데 그 가운데에 한 권의 책이 있었다. 바로 두보의 手稿인 "倚江枏樹草堂前(강가 초당 앞의 남수)" 시로 고체시였다.[265] 구절구절 글자글자마다 모두 고쳐져 있어 온전한 말이라곤 없었다. 다만 "東南飄風動地至(동남쪽 폭풍이 땅을 진동하며 이르다)" 한 구만 손질한 데가 없었을 뿐 그 나머지는 모두 진한 먹으로 고쳐져 있었고, 그 글자체가 자못 졸박하였다. 두보가 온 마음을 기울여 고생하고 시 때문에 수척해진 것을 가히 상상할 수 있었다. 시의 성인도 시를 지음에 반드시 가필하고 삭제하여 감히 한마디의 말도 등한하게 짓지 않거늘, 하물며 남에 뒤지는 후인이야 더 말할 필요 있겠는가? 이보다 천배의 노력을 기울여야 할 것인데도 생각나는 대로 붓을 휘두르려고 하는 자는 비록 한때 마음이 쾌하겠지만 후대에 전하는 일에 있어서는 어떠하겠는가. (萬曆丁酉戊戌間, 中原發舟師防倭. 天將陳隣等到泊南海, 鰲城府院君李公候焉. 天將有一人, 於篋中出寶藏, 以錦褚十襲, 次第開之. 其中有一書, 乃杜子美手藁, 倚江枏樹草前者古詩也. 句句字字皆點竄無完語, 只東南飄風動地至一句, 無點化處, 其餘皆濃墨以改之, 其字體頗拙. 子美着心辛苦, 緣詩致瘦可想. 以詩中之聖, 必構草筆削, 不敢等閑作一語. 況後之人下此, 且千百倍而欲隨意揮洒者, 雖快於一時, 其於傳後也何如?)[266]

---

264. 『月汀漫筆』.
265. 시제는 「枏樹爲風雨所拔歌」이다.
266. 『於于野談』.

柳夢寅의 『於于野談』에 보이는 내용이다. 두보의 수고에 推敲를 반복한 흔적이 있었다는 사실을 알려주어 후인들이 창작에 각고의 노력을 경주할 것을 권계하였다.

다른 예를 하나 더 보자.

> 시는 비록 작은 일이지만 옛사람들이 시를 지을 적에는 반드시 후대에 전해질 것을 기대하였다. 그러므로 두소릉은 "늙어가니 새로운 시를 누구에게 전할까?" 하였고, 또 "맑은 시 구구마다 절로 전할 만하다" 하였으며, 또 "시를 굳이 만인에게 전할 필요가 없지"라는 시구가 있었던 것이다. 한자창 또한 말하기를 "시문은 마땅히 문인의 인가를 받아야만 비로소 스스로 의심하지 않게 된다" 하였으니, 그래서 선배들이 세상에 알려지기를 구하는 데 급급하였던 것이다. 위 · 진 · 당 · 송 이후로 우리 고려조에 이르기까지 문사들이 오히려 그러하였다. 그런데 근세의 문사 중에는 뜻이 있는 자가 적어서 시를 짓는 데에 유의하지 않으니, 하물며 감히 후세에 전해지기를 기대하겠는가. 간혹 뜻이 있는 자가 시문을 가지고 선생과 어른에게 질정해 줄 것을 요구하면 사람들이 무리지어 비방하고 웃으니, 문장의 기풍이 날로 비루해짐을 어찌 이상하게 여길 게 있겠는가? (詩雖細事, 然古人作詩, 必期傳後, 故少陵有老去新詩誰與傳,[267] 又淸詩句句自堪傳,[268] 將詩不必萬人傳[269]之句. 韓子蒼亦云, 詩文當得文人印可, 乃自不疑, 所以前輩汲汲於求知也. 自魏晉唐宋以來, 及我高麗文士尙然, 近世文士有志者少, 不留意於詩, 況敢期於傳後哉. 間或有志者, 以詩文求見正於先生長者, 羣聚而誹笑之, 文章氣習日就卑陋, 何足怪哉.)[270]

『동인시화』에 보이는 것으로 시를 지어서 남에게 인정을 받아 후대에 전해지도록 뜻을 세워야 하고 그러기 위해서는 선배들의 질정을 받아야 한다는 주장을 펼치고 있다.

---

267. 「因許八奉寄江寧旻上人」.
268. 「解悶十二首」.
269. 「公安送韋二少府匡贊」.
270. 『동인시화』 上.

시화에는 이상의 내용 이외에 갖가지 내용이 보이며, 심지어는 志怪小說에서나 보임직한 황당한 일화도 있다. 『동인시화』에서 예를 하나 들어보기로 한다.

영헌공 김지대가 의성관루에 대해 쓴 시에서 "聞韶公館後園深, 中有危樓百餘尺. 香風十里捲珠簾, 明月一聲飛玉笛. 烟輕柳影細相連, 雨霽山光濃欲滴. 龍荒折臂甲枝郎, 仍按憑闌尤可惜(문소의 공관에 후원 깊은데, 그 가운데 높은 누대 백 척이 넘는구나. 향기로운 바람은 십리 멀리 불어와 주렴을 걷고 달밤에 한 가락 옥 피리 소리 날아오네. 연기 옅은 속에 버드나무 그림자 가늘게 이어지고 비 개니 산 빛이 짙어 물방울이 떨어져 내릴 듯하다. 의주에 팔 부러진 갑지랑이여, 여전히 안찰하며 난간에 기대었으니 더욱 안타까워라)"이라고 하였다. 이 시는 한때 회자되었으나 그 후 10년 뒤에 누대가 병란에 불타고 현판도 따라서 없어지고 말았다. 그 후 수십년이 지난 뒤에 한 안찰사가 현에 들어와 영헌공의 시를 매우 급히 찾았으나 고을 사람들은 어찌할 도리가 없었다. 당시 고을의 원인 오적장에게 딸이 있었다. 일찍이 상국 장일의 아들 장정하와 혼인을 약속하였는데, 오적장이 딸을 데리고 임소로 가자, 장정하는 다른 짝을 맞아들였다. 이에 오적장의 딸은 광증이 나서 종잡을 수 없는 말을 마구 떠들어대곤 하였는데, 갑자기 영헌공의 시를 읊었다. 고을 사람이 이것을 채록하여 안찰사에게 올리니, 안찰사는 매우 기이하게 여겼다. 세상 사람들은 서로 말을 전하여 "귀신도 시를 좋아하여 잃지 않도록 잘 보호하고 아까워해서 다시 세상에 전하게 한 것이다"라고 하였다. 나는 이 말이 황당무계하여 믿을 것이 못 된다고 여겼다. 그런데 일찍이 두시의 주를 보니, "학질을 앓는 자가 소릉의 '子璋髑髏血模糊, 手提擲還崔大夫(피 엉긴 자장의 해골을, 손으로 던져 최대부에게 돌려주었네)'[271]라는 한 시구를 외고는 병이 갑자기 나았다"고 하였다. 또 『명신언행록』을 보니, "왕영로가 관주의 임소로 가느라 강을 건너는데 7일 동안 폭풍이 불어 건너가지 못하였다. 사람들은 말하기를 '강의 신이 매우 영험하니, 배 안에 반드시 기이한 물건이 있을 것입니다. 마땅히 이것을 강의 신에게 올려야 강을 건널 수 있을 것입니다'라 하였다. 왕영로는 다만 황주미 밖에 없어서 그것을 바쳤으나 바람은 여전하였다. 또 端溪硯을 바쳤으나 바람이 더욱 세차게 불었

271. 「戲作花卿歌」.

다. 또 다시 선포호장을 바쳤으나 역시 효험이 없었다. 밤에 자리에 누우니 황정견이 초서로 쓴 부채가 생각났는데, 바로 위응물이 지은 '獨憐幽草澗邊生, 上有黃鸝深樹鳴, 春潮帶雨晚來急, 野渡無人舟自橫(홀로 좋아하나니, 그윽한 풀 시냇가에 자라 있고 그 위에는 노란 꾀꼬리 깊은 나무 속에 울고 있네. 봄 물결이 비를 띠어 저녁이 되자 급해지니, 들 나루터에는 사람 없고 배만 절로 비껴 있네)'[272]이라는 절구 한 수가 적혀 있었다. 이것을 가져다 강의 신에게 바쳤는데 분향하여 향불이 다 타기도 전에 남풍이 불어와서 곧장 돛이 바람을 가득 받아 순식간에 건너게 되었다"라고 하였다. 승려인 홍각범이 말하기를 "이는 반드시 원우 연간에 유배 간 사람의 귀신일 것이다. 그렇지 않다면 어찌 이렇게 시를 좋아하겠는가"라고 하였다. 그렇다면 시가 귀신을 감동시킬 수 있음을 고인들도 이미 말한 것이니, 내 어찌 홀로 영헌공의 시에 대해서만 의심할 것이 있겠는가? (金英憲之岱, 題義城館樓詩, 曰聞韶公館後園深, 中有危樓百餘尺. 香風十里捲珠簾, 明月一聲飛玉笛. 烟輕柳影細相連, 雨霽山光濃欲滴. 龍荒折臂甲枝郎, 仍按憑闌尤可惜, 爲一時膾炙. 後十年樓火於兵, 板隨以亡. 又後數十年, 一按部入縣, 索金詩甚急, 邑人無如之何. 時縣守吳君廸莊 有一女, 曾與張相國鎰子庭賀, 約爲婚媾, 吳携女之任, 庭賀取他耦, 吳女發狂亂語, 忽詠出金詩, 邑人錄呈按部, 按部奇之. 世相傳以爲鬼物亦愛詩, 能護惜不失, 復傳於世. 予嘗以爲此說荒怪無足信者, 嘗觀杜詩註, 有病瘧者, 誦少陵子璋髑髏血糢糊, 手提擲還崔大夫之句, 病頓痊. 又名臣言行錄, 王榮老之任觀州渡江, 七日風作不涉, 人曰, 江神極靈, 舟中必有異物, 當獻得濟. 榮老只有黃塵尾, 獻之, 風如故. 又以端硯獻之, 風愈作. 又獻宣包虎帳, 皆不驗. 夜臥念黃魯直草書扇子, 乃韋蘇州獨憐幽草澗邊生, 上有黃鸝深樹鳴, 春潮帶雨晚來急, 野渡無人舟自橫, 一絶句也. 取獻之, 香火未收, 南風吹便帆飽一瞥而濟. 僧洪覺範曰, 此必元祐遷客之鬼. 不然, 何嗜詩之深耶. 然則詩能感鬼神, 古人亦已言之, 予何獨疑於金詩也哉.)[273]

---

272. 「滁州西澗」.
273. 『동인시화』.

V. 결 론

시의 장법 · 구법 · 자법 등은 상호 연관성을 가진다. 유협의 다음 글은 이런 사실을 명쾌하게 지적하였다.

> 대저 감정을 베풀려면 집이 있어야 하고 말을 두려면 자리가 있어야 한다. 감정을 베푸는 집이 '章'이고 말을 두는 자리가 '句'이다. 그러므로 '章'은 밝힌다는 뜻과 관련이 있고 '句'는 경계를 짓는다는 뜻과 관련이 있다. 말을 경계짓는다는 것은 글자를 연결하여 단위를 나누어 구성하는 것이며 감정을 밝힌다는 것은 뜻을 총괄하여 체재에 포괄하는 것이니, 이 둘의 범위는 서로 다르지만 길처럼 서로 통하게 된다. 대저 사람이 생각을 글로 쓸 때면, 글자로 句를 만들고 句를 쌓아 章을 만들고 章을 쌓아 篇을 이룬다. 편이 문채가 있어서 빛나는 것은 장에 하자가 없어서이고 장이 밝고 아름다운 것은 구에 흠이 없어서이고 구가 맑고 빼어난 것은 글자를 함부로 사용하지 않았기 때문이다. 근본적인 것을 잘 떨치면 말단은 따르게 되고 하나를 알아서 하면 만 가지가 다 갖추어지게 된다. (夫設情有宅, 置言有位, 宅情曰章, 位言曰句. 故章者, 明也, 句者, 局也. 局言者, 聯字以分疆, 明情者, 總義以包體, 區畛相異, 而衢路交通矣. 夫人之立言, 因字而生句, 積句而成章, 積章而成篇, 篇之彪炳, 章無疵也, 章之明靡, 句無玷也, 句之淸英, 字不妄也. 振本而末從, 知一而萬畢矣.)[1]

유협은 字와 句, 句와 章, 章과 篇이 상호 연관성을 가지며 글의 우열은 결국 이런 연관성에 의해서 결정된다는 사실을 지적하고 있는데, 이런 지적은 시와 산문을 막론하고 타당한 것이다. 그리고 이런 지적은 작품을 창작할 때에는 물론이고 작품을 비평하는 데에도 유익한 지침이 된다. 즉 작품의 구법·자법·장법 등을 분석하고 평가할 때에 이들 각각을 따로따로 볼 것이 아니라 상호 연관성 속에서 볼 수 있어야 하는 것이다.

위에 인용한 유협의 글은 작품의 구성 요소가 有機的으로 결합하여 있음을 시사한다. 유협은 부분과 전체의 관계를 이루는 자와 구, 구와 장, 장과 편 등에 한정하였지만, 대등한 층차의 요소들 상호간에도 동일한 이해가 필요하다. 왜냐하면 글자의 음운과 의미, 작품 전체의 형식과 내용 등 다양한 면에서 상호 연관성을 가지게 되기 때문이다.

필자는 두시와 관련된 우리나라의 역대 시화를 검토하면서 두시의 내용과 형식에 대한 우리 선인들의 이해가 어떠하였는지, 그리고 그것을 평가함에 있어서 주로 어떤 부분을 대상으로 하였는지 그리고 그 심도는 어떠하였는지 등에 관심을 가졌다. 특히 자법·구법·장법·운율·체재 등을 이해하고 평가함에 있어서 이들 상호간의 연관성까지 고려하고 있었는지, 고려하였다면 어느 정도까지 하였는지가 궁금하였다. 이는 우리 선인들이 두시의 형식 방면에 대하여 체계적인 인식을 가지고 있었고 또 이전의 두시 연구가 그것을 논의할 수 있는 수준에 이르렀으리라는 막연한 기대에 의한 것이었다. 그러나 그런 기대는 지나친 것이었다. 두시 자체가 어려워 중국에서도 청대에 들어서야 비로소 그 진면목과 가치를 파악할 수 있었다는 사실, 그리고 우리나라의 경우 체계적인 방식으로 두시의 형식을 이해하는 것은 시 비평을 위주로 하는 현재의 우리들에게도 미흡한 점이 있다는 사실 등을 감안한다

---

1. 『文心雕龍』「章句」.

면, 작시를 위주로 할 뿐 비평을 위주로 하지 않은 조선조 이전의 우리 선인들에게서 이를 기대한 것 자체가 애당초 무리였을 것이다.

또 시화 속에 두시에 대하여 전문적으로 분석하고 논의한 내용이 있는지 알고 싶었다. 두시의 수월성이나 그것이 詩史에서 차지하는 비중을 고려할 때, 설령 다른 시인의 경우에는 그렇지 않더라도 두시만은 전문적인 분석과 집중적인 논의가 있으리라고 기대하였다. 그러나 실제 상황은 기대한 것에 미치지 못하였다. 물론 다른 시인에 비하여 두시와 관련된 조항이 많기는 하였지만, 전문적인 분석이 이루어졌다고 평가할 수는 없었던 것이다. 내용 방면과 관련된 논의가 대부분 단편적인 것이었을 뿐 아니라, 시의 형식과 관련된 조항에는 두시 자체를 대상으로 한 것조차 많지 않았다. 즉 대다수의 경우 해당 사항을 설명하면서 다른 시인의 시와 함께 두시가 용례로 제시되어 있을 뿐이었다. 본고에서 형식 방면과 관련된 여러 사항을 다루면서 다른 시인의 시와 함께 열거된 두시를 용례로 추출하여 관련 사항에 대한 일반론을 소개하는 데에 그칠 수밖에 없었던 것은 바로 이 때문이다.

고려조와 조선조의 많은 지식인들이 두시를 읽고 그것을 통하여 시의 작법을 배우려고 하였다. 심지어 조선조의 유명한 시인 중에는 두시를 수천 번이나 읽은 이도 있었다고 한다. 시화에 전해지는 이 이야기는 사실 여부를 알 수 없지만 이를 통해 당시 지식인이 두시를 숙독하였음을 짐작할 수 있다. 두시를 숙독하였다면 자연히 두시의 작법을 깊이 있게 터득하였을 것이다. 다만 그 터득한 내용이 시화 속에 구체적이고 체계적으로 표현되지 못했을 뿐일 것이다. 한국 시화가 가지는 이러한 한계는 우선 시화 자체의 성격에 기인한다. 시화가 원래 잡기류의 성격이 강한 글이라는 점을 고려한다면 그것은 예견할 수 있는 것으로서, 중국의 시화를 검토하여도 크게 다를 게 없을 것이다. 그리고 우리나라의 경우 당시 문인들이 시화에 그다지 의미를 두지 않았거나 평론 작업에 익숙하지 않았기 때문에 이러한 한계를 보였을 수도 있다. 여하튼 시화만으로 가늠할 수는 없으니, 우리 선인들의 두시 이해 수준은 시화보다는 시작 자체를 대상으로 검토한 이후에야 비로소 정확한 진단이 가능할 것이다.

서론에서 언급하였듯이 한국 시화는 100종이 넘는데, 필자는 이 모두를 제대로 검토하지 못하였다. 특히 조선 후기에 편찬된 『龜磵詩話』·『詩家點燈』 등의 시화는 수십 권이나 되는 방대한 양이어서 그 속에 많은 귀중한 참고거리가 있으리라 예상하였지만, 양이 방대하였을 뿐만 아니라 필사된 것이어서 참고할 엄두도 내지 못했다. 따라서 본고는 일부만을 보고 전체를 논단했다는 혐의를 피할 길이 없다. 게다가 제대로 알지도 못한 채 편협하고 주관적인 시각으로 논지를 전개하고 결론을 도출한 폐단도 적지 않을 것이다. 좋은 후속 연구가 나와 미비한 점을 보완하고 오류를 바로잡기를 기대하며 본고가 그 연구에 조금이나마 도움이 되기를 바란다.

참고문헌

1. 詩話類

權應仁, 『松溪漫錄』.

金得臣, 『終南叢志』.

金萬重, 『西浦漫筆』.

南龍翼, 『壺谷詩話』.

南羲采, 『龜磵詩話』.

梁慶遇, 『霽湖詩話』.

徐居正, 『東人詩話』.

成俔, 『慵齋叢話』.

申欽, 『晴窓軟談』.

沈守慶, 『遣閑雜錄』.

楊萬里, 『誠齋詩話』(丁仲祜 편, 『續歷代詩話』(臺灣, 藝文印書館, 民國 63년)에 수록).

魚叔權, 『稗官雜記』.

柳夢寅, 『於于野談』.

尹根壽, 『月汀漫筆』.

李圭景, 『詩家點燈』.

李睟光, 『芝峯類說』.

李瀷, 『星湖僿說』.

李仁老,『破閑集』.
李齊賢,『櫟翁稗說』.
張維,『谿谷漫筆』.
曺伸,『謏聞瑣錄』.
趙鍾業 編,『韓國詩話叢編』, 서울, 太學社, 1996.
車天輅,『五山說林』.
崔滋,『補閑集』.
許筠,『惺叟詩話』.
許筠,『鶴山樵談』.
洪萬宗,『詩話叢林』.

2. 原典類

『稼亭集』.
『高麗史』.
『九家集注杜詩』.
『舊唐書』.
『讀杜心解』.
『東國李相國集』.
『東文選』.
『杜工部草堂詩箋』.
『杜詩鏡銓』.
『杜詩詳註』.
『杜詩澤風堂批解』.
『杜臆』.
『梅月堂集』.
『梅泉詩集』.
『牧隱詩藁』.
『文心雕龍』.
『分門集註杜工部詩』.
『補注杜詩』.
『史記』.
『象村先生集』.

『石洲集』.
『詩經』.
『新唐書』.
『益齋亂藁』.
『全唐詩』.
『楚辭』.
『稗林』.

3. 論著類
郭沫若,『李白與杜甫』, 北京, 人民文學出版社, 1971.
陶道恕 主編,『杜甫詩歌賞析集』, 巴蜀書社, 1993.
安大會,『朝鮮後期詩話史硏究』, 서울, 國學資料院, 1995.
李丙疇,『杜詩의 比較文學的 硏究』, 서울, 亞細亞文化社, 1976.
李丙疇,『韓國文學上의 杜詩硏究』, 서울, 二友出版社, 1979.
졸고,「杜詩對仗法硏究」(『中國文學』 제32집), 1999.
졸고,「杜詩章法硏究」(『中國文學』 제33집), 2000.
李鍾默,『海東江西詩派硏究』, 서울, 太學社, 1995.
李昌龍,『韓中詩의 比較文學的 硏究』, 서울, 一志社, 1984.
張鴻在,『高麗時代詩話批評硏究』, 서울, 아세아출판사, 1987.
全英蘭,『杜甫, 忍苦의 詩史』, 서울, 태학사, 2000.
全英蘭,『韓國詩話中有關杜甫及其作品之硏究』, 臺北, 文史哲出版社, 1990.
曹慕樊,『杜詩雜說』, 成都, 四川人民出版社, 1984.
崔晳元,「『芝峰類說』에 나타난 杜詩 비평 양상 연구」(서울대학교 석사학위논문), 2004.
한국정신문화원 인문연구실 편,『杜詩와 杜詩諺解 硏究』, 서울, 太學社, 1998.
韓成武·張志民,『杜甫詩全譯』, 石家莊, 河北人民出版社, 1997.
鄺健行, 「韓國學者李睟光芝峯類說中解杜諸條擧隅評析」(『인문과학논총』 제6집), 1998.

中文提要

韓國詩話中所論杜詩試探

自從高麗以來, 韓國文人尊崇杜甫而學習其詩, 其所心得, 論之詩話. 韓國詩話超過100種, 其中有關杜詩之資料不可勝計, 內容亦多樣, 包括作家論創作方法論風格論等諸方面. 拙稿先分類詩話內容, 又加分析, 以糾明韓國文人之對於杜詩如何評價. 從來研究韓國詩話中杜詩者不多, 其研究亦注重於內容方面, 故拙稿所論以形式藝術爲主, 特別詳檢字法句法章法之相關關係.

韓國詩話之性質與中國詩話大同小異, 屬於雜記類者甚多, 其論說方式亦不過瑣談, 別無體系性, 其値得特記者不多. 然而其中亦有精論, 若細審之, 加以分析, 則於韓國文人學杜之方法與評杜之指意, 亦可得其大略矣.

韓國詩話中論杜詩內容者多, 論形式者少. 所論內容有談生平身世, 有論寄託思想, 亦有論詩作題材. 考察其內容, 則可知杜甫之爲韓國文人推崇在於其儒家思想. 中國批評家評價杜詩有二端對蹠樣相, 揚瑜者雖居多, 指瑕者亦不無. 韓國文人對於杜詩之評價與中國自無異樣. 李杜優劣是歷代中國文人之所爭論, 韓國文人亦關心於此事, 有關論議收錄於詩話.

韓國詩話中論杜詩用語者不少, 其中亦有勝於中國詮釋者. 朝鮮李瀷云, 杜甫杜鵑行云, 業工竄伏深樹裏, 今考事文類聚, 以業工作業業, 蓋一字疊書者只加兩點, 如工字樣, 此所以傳訛也, 業業卽恐懼之義也. 李瀷所擧本屬刊誤, 今依其訂正, 文義方順通矣.

論形式藝術者, 論句法者最多, 字法者其次也. 杜律對偶旣示整齊對比之妙, 又盡錯綜變化之致, 足資後人取法. 韓國文人於此特別佩服, 多爲極讚, 高麗李仁老云, 琢句之法, 唯少陵獨盡其妙, 如日月籠中鳥, 乾坤水上萍, 十暑岷山葛, 三霜楚戶砧之類, 是已, 卽其例也. 詩話大多引用踏襲杜詩者, 或以批判剽竊, 或以相形優劣. 其例甚多, 但擧例而已, 不詳論究句法之妙竟在何處.

字法者, 鍊字遣詞之法也. 詩貴鍊字, 所謂詩眼, 亦屬其說, 韓國詩話不少有關條項. 其外, 論虛字俗語等類, 亦與用字法相關. 杜詩用事, 堪稱精闢, 論此者亦不少. 杜甫長於鍛鍊, 無句無字, 極盡工夫, 嘗自評曰, 爲人性癖耽佳句, 語不驚人死不休. 韓國文人深知其妙, 但詩話上只見其所解得之一部分而已.

有關章法者僅二三例, 唯於李瀷『星湖僿說』與李睟光『芝峰類說』二書見其例. 杜詩章法到達於空前絶後之境, 尤其是長篇, 無古無律, 分段井井, 而有天然起伏, 其前後句數, 必多寡勻稱, 詳略相諧, 章旨亦緊相照應, 可謂整齊中含變化. 唐宋以來, 解之者實少, 至於淸代仇兆鰲浦起龍等具眼者, 才得其奧. 韓國文人不得深解, 豈不當然耶.

論字法句法章法之相關者全無, 可知韓國文人之沒理解, 甚爲可憾. 然而試覽中國名家評杜, 至此幾無把鼻, 若責之韓國詩話, 應爲失之過度也.

찾아보기

발간사

'한국학'에 대한 관심과 요구가 국내외에서 높아지고 있다. 한국학을 전공으로 하는 학과도 생겨나고 한국학 연구자들의 국제학술대회도 종종 접하게 된다. 한국사회가 짧은 시기에 보여 준 역동적인 변화에 대한 학문적 관심이 나라 안팎으로 증대된 결과일 것이다. 한국의 역사와 문화, 사회적 경험이 점점 더 많은 연구자들의 관심대상으로 되고 있다는 사실은 매우 반가운 일이다.

한국학이란 고정된 분과학문 체계 내의 한 부분영역이 아니라 다양한 분과학문들이 함께 참여하는 학제적 연구의 성격을 지닌다. 한국학은 과거의 전통에 깊은 관심을 갖지만 현재의 문제들에도 주목하며 미래의 전망을 모색하는 작업도 포함한다. 인문학적 논의와 사회과학적 관심은 물론이고 자연과학적 문제의식과 예술적 시각이 함께 어우러지는 곳이다. 당연히 한국학은 국내의 연구자들이 자신의 특수성만을 부각시키는 폐쇄적인 장이 아니라 전 세계의 학자들이 자유롭게 참여하는 지적 토론의 공간이다. 한국을 대상으로 한 다양한 연구를 지원하며 진지한 논의와 지적 실험을 뒷받침하는 것이야말로 한국학의 가장 중요한 역할이라 할 것이다.

이런 의미에서 한국학은 한국의 문화와 역사적 경험을 전 인류의 문화유산과 역사적 경험의 한 부분으로 바라보는 전 지구적 시각을 요구받고 있다. 한국학은 한국사회의 경험을 연구하되, 그것을 21세기 세계사적 과제들과 더불어 사고함으로써 새로운 문명적 대안을 모색하는 전 지구적 논의에 적극적으로 동참하는 작업이 되어야 한다. 이런 종합적이고 개방적인 연구의 집적을 통해서만 한국의 특수성만을 절대화하는 오류에서 벗어나면서 동시에 서구의 눈으로 한국을 대상화, 타자화하는 오리엔탈리즘적 지역학의 한계도 극복할 수 있는 길이 열릴 것이다.

한국의 학문 발전에 큰 책임을 지고 있는 서울대학교는 한국학의 바람직한 발전을 위해 적극적인 역할을 하고자 한다. 이를 위해 별도의 연구기금을 마련하여 '한국학 장기기초연구 지원사업'을 추진하고 이 사업의 결과물들을 모아 연구총서, 자료총서, 모노그래프를 출간하기로 했다. 서울대학교 교수진의 연구역량과 진지한 문제의식들이 결집됨으로써 한국학의 연구수준이 더욱 높아지고 내용이 보다 풍부해질 것을 믿고 있다. 이 연구사업이 해를 거듭할수록 한국사회에 대한 이해가 깊어짐은 물론이고 한국의 경험을 통해 세계 학계의 시각과 논의도 더욱 풍성해질 것을 기대해 마지않는다.

2003년 8월

서울대학교 한국학연구사업위원회

저자 소개

이영주(李永朱)

서울대학교 인문대학 중어중문학과 졸업

동 대학원 졸업(문학박사)

현재 서울대학교 인문대학 중어중문학과 교수

주요 저서: 『唐詩選』(공저), 서울대학교출판부, 1998

『漢字字義論』, 서울대학교출판부, 2000

『癸未集』(漢詩集), 신라출판사, 2004

『杜律分韻－완역 杜甫律詩』(공저), 명문당, 2005

『甲申集』(漢詩集), 집문당, 2005 외 다수

서울대학교 한국학 모노그래프 41

韓國詩話에 보이는 杜詩

저자 이영주

2006년 8월 25일 초판 제1쇄 인쇄
2006년 8월 30일 초판 제1쇄 발행

발행인 이장무
발행처 서울대학교출판부
151-742 서울 관악구 신림동 산 56-1
판매과 02-889-4424, 02-880-7995
Fax 02-888-4148
E-mail snubook@snu.ac.kr
Home-page http://www.snupress.com

출판등록 제15-3호

ISBN 89-521-0748-9 93820

값 9,000 원

서울대학교 한국학연구시리즈 모노그래프

예빈도에 보인 고구려 — 당 이현묘 예빈도의 조우관을 쓴 사절에 대하여
노태돈

현대 한국유교와 전통
금장태

살인의 진화심리학 — 조선 후기의 가족 살해와 배우자 살해
최재천, 한영우, 김호, 황희선, 홍승효, 장대익

무협소설의 문화적 의미
전형준

정조시대의 무예
나영일

벼락도끼와 돌도끼 — 고고자료에 대한 전통적 인식 연구
이선복

한국 옛 경관 속의 생태지혜
이도원

식민권력과 통계 — 조선총독부의 통계체계와 센서스
박명규, 서호철

한국의 천연염료 — 전통염료와 천연염색기술
김재필, 이정진

북한의 의학교육
박재형, 김옥주, 황상익

위성영상을 이용한 북한지역의 해안습지 연구 — 평안남도를 사례로
유근배

사할린 귀환자
이순형

조선시대 간척지 개발 — 국토 확장과정과 이용의 문제
박영한, 오상학

한국 구비문학에 수용된 재담 연구
서대석

구어 한국어의 의향법 실현방법
권재일

한국 고소설에 나타난 오이디푸스 콤플렉스 — <심청전> · <콩쥐팥쥐전>
류인균

한국자본자유화와 금융자유화의 근년변화 — OECD 가입 및 IMF 사태 이후의 실상, 평가 및 대응
이천표

한국에서 마르크스주의 경제학의 도입과 전개과정
김수행
전통마을 경관 요소들의 생태적 의미
이도원
경제개방이 우리나라 노동시장에 미친 효과
김대일
남북한 경제의 이질성—경제통합에 관한 함의
이지순
한국의 중산층
홍두승
조선시대 복식에 나타난 적색계 색명의 의미
남윤자, 김순영, 박성실
20세기 초기 국어의 문법
권재일
우리나라 인체기생충 및 의용절지동물의 동물상(fauna)과 개요
채종일
웃음으로 눈물 닦기— 한국 언어문화의 한 특질
김대행
한국 장수인의 개체적 특성과 사회환경적 요인— 호남지방 장수벨트를 중심으로
박상철, 이미숙, 이정재, 한경혜
한국의 좌파 경제학자들
김수행, 김공회
心과 性 — 茶山의 『孟子』 해석
금장태
한국 여성의 건강증진행위
윤순녕, 김숙영, 이지윤
한국 고대의 온돌—북옥저, 고구려, 발해
송기호
한국의 고령노동—경제활동과 고용구조의 장기적 변화
이철희
3칸×3칸—한국 건축의 유형학적 접근
전봉희·이강민
정약용 사상 속의 과학기술-유가 전통, 실용성, 과학기술
김영식
한국문화를 쓴다—강용흘의 『초당』과 이미륵의 『압록강은 흐른다』 비교연구
최윤영
서양인의 한국 종교 연구
김종서
한국 시민단체의 내부의사결정과정에 관한 연구
김준기

서울대학교 한국학연구시리즈 연구총서

지방문학사 — 연구의 방향과 과제
조동일

한국 근대과학 형성과정 자료
문만용 · 김영식

목석의 울음 — 손창섭 문학의 정신분석
조두영

통일한국의 농업 — 통일 이후 남 · 북한 농산물의 통합생산 방안
김완배 · 이태호 · 김한호 · 이정재 · 정하우

사회운영원리 — 현대 한국사회의 철학적 문제
백종현

한국유교의 과제
금장태

재벌체제와 다국적기업 — 경제개발의 두 가지 유형
이승훈

『무과총요』 연구
나영일

韓國 古代 · 中世初期 土地制度史 — 古朝鮮~新羅 · 渤海
이경식

붉은악마와 월드컵
이순형

한국 근대의 사회복지
안상훈 · 조성은 · 길현종

『조선왕조실록』 보존을 위한 기초 조사연구(1)
송기중 · 신병주 · 박지선 · 이인성

북한 주요산업지역의 토지이용 변화와 개방지역에 관한 연구
황만익 · 이기석

韓國 中世 土地制度史: 朝鮮前期
이경식

후발 산업화와 국가의 동학—탈관료화와 강성국가의 공동화
하용출